아동과 소비문화

서정희

UUP

아동과 소비문화

■2019년 3월 28일 **초판 인쇄**
■2019년 4월 4일 **초판 발행**
■**지은이** **서정희**
■**펴낸이** 오연천
■**펴낸곳** **UUP.**(울산대학교출판부) 44610 울산광역시 남구 대학로 93(무거동) 울산대학교 출판부
■전화 (052)259-2488 팩스 (052)277-3011 ■ **홈페이지** http://uup.ulsan.ac.kr
■**출판등록** 제370-1996-000001호(1996.3.13)
■₩ 13,000

■이 도서의 국립중앙도서관 출판예정도서목록(CIP)은 서지정보유통지원시스템 홈페이지(http://seoji.nl.go.kr)와 국가자료종합목록시스템(http://www.nl.go.kr/kolisnet)에서 이용하실 수 있습니다. (CIP제어번호 : CIP2019011712)

ISBN 978.89.7868.035.6 (93300)

목차

제 1 부

제 2 부

머릿말

근대 이전에는 아동이라는 용어는 존재했으나, 오늘날과 같이 하나의 인격체로 어른과 구별되는 개념으로서 아동은 존재하지 않았다. 중세시대 아동화에 등장하는 아동은 신장과 몸무게는 작으나 근육과 같은 신체적 특징은 어른과 비슷해 보인다. 생산이나 부족의 보존에 기여할 수 있는지의 여부가 아동의 생존가치를 판단하는 중요한 판정기준이 되었기 때문에 아동은 사회의 풍습이나 미신에 의하여 생명의 위협을 크게 받아야 하는 아주 무력한 존재였다.

많은 나라에서 비정상적인 신체조건을 가진 아이들이나 여자 아이를 종족보존에 크게 도움이 되지 않거나, 다른 가족을 위한다는 명분으로 살해하는 경우들이 있었다. 부모를 살리기 위해서 자식을 희생시키거나 자신이 복을 받기 위하여 자신의 가장 귀중한 자식을 신에게 희생제물로 바치는 일들이 성경과 구전동화 또는 전설로 전해지고 있다. 특히 후진국에서는 남아선호 사상 때문에 여아를 살해하는 경우가 있었고, 특정 종교 때문에 여아를 산채로 암매장하는 경우도 있었다.

아동은 거의 모든 생활을 어른과 유사하게 하고 있었기 때문에 아동만을 위한 재화와 서비스가 따로 마련될 필요성을 거의 느끼지 못하였다. 특히 언제 죽을지도 모르는 인간으로 인격을 가지고 있지 못하다고 여겼다는 점에서 일부 극소수의 귀족을 제외한 대부분의 아동들을 대상으로 하여 특별한 물건을 만들어주거나 사줘야 한다는 생각을 대부분의 사람들은 하지 못했다.

근대 이후에 아동의 인권에 대한 관심이 커지고 아동을 어른과 구별되는 독립된 존재로 정의하게 되면서, 현대 소비사회에서 아동이 차지하는 비중은 인류 역사상 어느 시기보다 크고 소비자로서 아동의 역할도 강력해 지고 있다. 비록 아동이 직접 지불하지는 않지만, 아동을 위한 소비가 급증하였고, 출산율이 떨어지면서 아동인구는 감소하고 있으나, 가정에서 아동이 차지하는 중요성이 더욱 커지면서 아동소비가 고급화되어 가고 있고, 가족원이 공동으로 사용하는 자동차를 비롯한 내구재를 구매하는 의사결정과정에서 아동의 영향력도 증가하고 있다.

이 책은 크게 2부로 구성되어 있다. 4장으로 구성된 1부는 문헌연구를 활용하여 아동소비시장의 확산과정을 다루었고, 5장으로 구성된 2부는 저자가 직접 조사한 자료를 분석하여 현대 한국의 아동소비문화를 기술했다. 1장은 근대 이전의 서양과 우리나라에서 아동관이 다양하게 변천되는 과정과 아동소비를 다루었다. 서양에서는 중세부터 기독교가 지배하였기 때문에 기독교의 아동관을 분석했다. 서양과 달리 우리나라에서는 불교와 유교의 아동관을 다루었고, 소파방정환의 아동관에 큰 영향을 미친 천도교의 아동관도 분석했다. 2장은 근대 이후의 서양과 우리나라에서 아동을 어른과 구별되고 독립된 하나의 인격체로 개념화하는 과정과 아동만을 위한 소비가 증가하는 과정을 기술했다.

3장에서는 양육비와 사교육비를 중심으로 2차 자료를 활용하여 아동을 위한 소비지출이 얼마나 크고 다양하게 증가하고 있는지를 분석했다. 아직도 우리나라에서 교육은 사회계급을 구성하는 요인으로 계급재생산과 사회이동의 중요한 통로 역할을 한다. 특히 교육이 중요한 사회자본이 된다는 점에서 소위 일류대학을 가기 위한 사교육 열풍이 불고 있고, 특정 학교나 학위가 자신의 신분적 지표가 되어 사회적으로 높은 위신을 만들어주는 상징재가 된다. 이러한 사교육에 대한 투자는 유아기부터 시작되고 있고 사회문제로까지 확대되고 있기 때문이다. 2018년에는 서울의대에 보내기 위하여 수십억대의 돈이 드는 맞춤형 코디가 등장하는 스카이 캐슬이라는 드라마가 인기리에 방영될 정도이다. 4장에서는 엔젤산업의 다양화와 확산, 골드키즈 시장의 다양한 유형과 확대를 중심으로 아동시장의 다각화 양상을 깊게 분석했다.

2부는 최근에 소비시장에서 프리틴 소비자로 급부상하고 있는 초등학교 5-6학년생 431명을 직접 조사한 자료를 분석하였다. 각 장마다 관련된 선행연구를 고찰하고 수집한 자료를 다양하게 분석했다. 5장은 아동소비자의 중요한 사회화 작용인의 하나인 매체를 분석했다. 특히 아동소비자의 매체이용과 정보원천별 영향, 아동소비자의 광고에 대한 태도와 인식을 분석했다. 6장에서는 개인의 소비자행동을 결정하는 중요한 선행변수의 하나인 가치를 분석했다. 다양한 가치 중에서 아동소비자의 소비문화에서 중요한 역할을 한다고 볼 수 있는 이타주의, 물질주의 및 소비에 대한 자기조절능력을 분석하였다.

7장에서는 과거에 비해 점점 자기 욕구와 선호도는 분명하지만 충동조절장애가 있고, 소비욕구를 조절하는 능력이 다른 세대에 비해 떨어지는 아동소비자의 충동소비성향과 충동소비성향에 미치는 변수를 분석하였다. 8장에서는 유교사상의 영향을 많이 받아 체면문화가 강한 한국사회에서 다른 사람이 자신을 어떻게 보고 평가하는가를 중요하게 여기는 생활문화 때문에 나타나는 과시소비성향의 양상과 과시소비에 영향을 미치는 변수를 분석했다. 9장에서는 아동의 윤리적 소비행동을 다루었다. 소비사회에서 발생하는 다양한 환경이나 경제, 인권 등과 같은 문제에서 기업의 사회적 책임과 역할을 강조하면서, 소비자도 소비자로서의 사회적 책임과 역할을 다하기 위해 윤리적 소비행동을 해야 한다는 인식이 고조되고 있기 때문이다.

이 책은 아동의 소비행동에 관심이 많은 아동학자와 소비자학자, 아동학과 소비자학을 전공하는 대학생과 대학원생, 유치원과 어린이집에서 아동교육을 담당하고 프로그램을 개발하는 교사, 아동과 관련된 소비재를 생산하고 유통하는 일을 기획하고 유통하는 전문가 등에게 중요한 자료가 될 수 있다.

이 책을 쓰면서 크고 작은 도움을 주신 분들께 이 지면을 빌어 고마움을 전한다. 가장 먼저 2부의 7장부터 9장까지 함께 논문을 쓴 광주여자대학교 복미정교수에게 감사드린다. 5장과 6장의 자료를 분석하고 표를 만드는데 도움을 준 전향란박사에게도 고마움을 전한다. 마지막으로 이 책을 출판하는데 도움을 준 울산대학교 출판부의 모든 분들께 감사드린다.

2019년 1월

제 1 부

아동소비시장의 확산

우리나라는 유치원 수가 1965년에는 423개로, 4~5세 아동 196만 명 중 2만 명만 유치원에 다녀 취원율이 1%에 불과하였으나, 2014년 현재 유치원 수는 8,826개로 20배 이상 급증했고, 유치원에 다니는 아동은 65만 2천여 명으로 취원율이 47%로 유치원에 다니는 아동의 수와 취원율은 1965년에 비해 기하급수적으로 증가하였다. 초등학교 교원 1인당 학생 수도 1965년 62.4명에서 1985년 38.3명, 2013년 15.3명으로 크게 줄었고, 학급당 학생 수도 1970년 평균 62.1명으로 '콩나물 교실'로 회자되었으나, 2000년 35.8명, 2013년 23.2명으로 크게 개선되었다(현대경제연구원, 2015).

1

근대 이전의 아동관과 아동소비

부족과 종족의 안전이 가장 중요한 고대사회에서 아동은 인간으로 당당한 권리를 가지는 인격적인 존재가 아닌 종족을 보존하기 위한 수단에 불과하였다. 생산이나 부족의 보존에 기여할 수 있는지의 여부가 아동의 생존가치를 판단하는 중요한 판정기준이 되었다. 아동은 사회의 풍습이나 미신에 의하여 생명의 위협을 크게 받아야 하는 아주 무력한 존재였다(강란혜, 2003). 많은 나라에서 비정상적인 신체조건을 가진 아이들이나 여자 아이를 종족보존에 크게 도움이 되지 않거나, 다른 가족을 위한다는 명분으로 살해하는 경우들이 있었다. 특히 개발도상국에서는 남아선호 사상 때문에 여아를 살해하는 경우가 있었고, 특정 종교 때문에 여아를 산채로 암매장하는 경우도 있었다. 우리나라의 전래동화인 심청전에서도 심청이가 아버지의 눈을 뜨게 하기 위하여 목숨을 버리는 사건이 효녀의 표본처럼 그려졌다. 이 장에서는 서양과 우리나라를 구분해서 근대이전까지 아동에 대한 관념이 어떻게 형성되어 왔고, 이러한 아동개념을 바탕으로 하여 아동소비의 특성을 살펴보았다.

1. 서양

죽음의 개념, 사적 영역과 공적 영역의 구분, 아동성의 개념 등과 같은 문화사적 연구로 새롭게 각광받고 있는 프랑스의 아날학파 역사학자인 Aries의 연구를 중심으로 서양에서 중세의 아동의 특성에 관하여 설명하고자 한다(김정운, 2000; 조형근, 2010). Aries는 자신의 저서 앙샹 레짐기 어린이와 가족의 생활(L'Enfant et la vie familliable sous l'Anceint Regime)에서 중세에는 아동이라는 개념이 없었고, 14세기에 들어서면서 아동은 어른과 다르다는 인식이 나타나기 시작했다고 주장했다. 인구사가와 심성사가들도 이 시기에 아동에 대한 무관심을 인정했다. 심성사가들은 그 당시에 기록된 가정일기를 분석한 결과 아이들이나 아이들의 죽음에 대한 암시가 적다는 점을 지적하였다. 당시 문서들에 수록된 인적사항에 출생일자가 기록되지 않았다는 사실도 인간의 출생과 성장과정에서 연령의 구분에 대한 뚜렷한 기준이 없었다고 볼 수 있다. 십자군전쟁에서 어린이들이 동원되어 종교적 이데올로기의 희생양이 되었던 사실도 아동기가 구분되지 않았음을 뒷받침해준다고 볼 수 있다(정영근, 2002).

중세의 아동관을 보다 잘 이해하기 위해서는 유럽을 지배했던 기독교의 아동관을 살펴보아야 한다. 기독교의 신관, 인간관, 아동관에는 유목문화의 의식이 투사되어 있다. 즉 인간과 신과의 관계를 맺는 제의방법 중에서 가장 중요한 것이 희생제의다. 유목문화에서는 상처가 없고 깨끗한 어린 동물을 바친다. 그래서 신도 아이를 어른보다 보다 순수하고 깨끗한 존재로 본다고 믿었다. 구약에서 아브라함이 자신의 아들 이삭을 신에게 바치는 것과 모세를 통해 이집트 왕에게 내린 10대 재앙 중에서 사람이나 동물을 막론하고 처음 난 숫놈을 죽이는 것을 예로 들 수 있다. 예수님도 어린아이와 같지 않고서는 하늘나라에 들어갈 수 없다고 하였고, 자신을 하나님이 어린양, 인간을 위한 속죄양 등으로 불렀다. 이처럼 기독교에서는 아동을 순수하고 신이 축복하는 존재라고 보았다. 그러나 순수하다는 의미는 다른 한편으로는 무지하고 의존적이고 무력한 존재라는 의미도 갖는다. 이러한 아동의 특성은 원죄설과 관련되어 죄에 물들 가능성도 높은 것으로 보게 하는 요인이 되었다. 이러한 아동관은 아동을 어른의 축소판으로 인식하게 하였다. 아동 속에는 어른들이 가지고 있는 모든 소질과 성품이 신의 섭리에 의하여 이미 결정되어 있다. 어른은 그 가능성과 소질을 선한 방향으로 발휘하도록 교육할 책임이 있다(김인회, 1979). 아우구스티누스와 클레멘스는 어린이라는 용어를 인간의 순수함을 지칭하는 표현으로 사용했다. 교황 이노센트 3세는 인간으로 태어나는 것을 원망하며 지속적으로 죄를 지으며 살아야 하는 것을 한탄하였다(정영근, 2002).

11세기 오토 3세 시대의 한 세밀화는 예수님이 어린 아이들이 자신의 곁에 오는 것을 막지 말라고 하는 복음서의 장면을 담고 있다. 이 복음서의 라틴어 성경원문은 아주 어린 아이라고 명기하고 있으나, 세밀화에서 예수님의 옆에 모여 있는 8명의 남자 아동들은 단순히 어른을 축소하였기 때문에 아동기의 특징이 전혀 묘사되지 않았다. 11세기말 성 니콜라스의 부활 장면을 그린 프랑스의 한 세밀화도 성인 남자의 근육을 가지고 있고 성인 남자와 크게 다르지 않고 단지 몸집만 작은 벌거벗은 3명의 아이들이 소생하는 장면을 묘사하고 있다.

12세기 말 또는 13세기 초에 제작된 것으로 보이는 성 루이 드 레드의 시편을 보면 막 태어난 이스마엘[1]이 성인 남자처럼 가슴과 배에 근육을 가지고

---

1 유대인들이 조상으로 간주하는 아브라함은 하나님으로부터 장차 위대한 나라의 아버지가 되게 해주겠다는 약속을 받았으나 나이가 많이 들었음에도 불구하고 아브라함과 그의 아내 사라에게는 자식이 없었다. 아브라함이 아내의 하녀인 하갈에게서 얻은 아들이 이스마엘이다. 이스마엘은 신이 말을 들어준다는 의미를 가지고 있다. 이스마엘이 태어난 뒤 하갈은 사라를 무시하였고, 사라는 그 사실을 남편 아브라함에게 알렸다. 아브라함이 사라의 뜻대로 하라고 하자, 사라는 하갈을 박대했고 하갈은 이를 피해 황야로 도망쳤다. 그러나 신의 천사가 그들이 죽지 않도록 도와주었다(창세기 16).

이스라엘 민족은 처 사라가 노년에 낳은 이삭의 후손이고, 종 하갈이 낳은 이스마엘은 다른 큰 민족의 시조가 될 것을 야훼가 약속했다고 창세기는 전하고 있다. 이스마엘이라

있다. 성 루이의 교화성서 속에도 아이들이 자주 출현하고 있는데 이 아이들도 크기 외에는 어른과 다른 특성이 보이지 않는다. 야곱의 일생을 담은 삽화에서 이삭은 두 부인과 자식들로 보이는 15명의 작은 남자들로 둘러싸여 있는데, 이 남자들은 키만 작았고, 다른 특성들은 어른과 거의 유사하였다.

13세기 생트 샤펠의 복음서 초록에 예수님이 하신 오병이어의 기적을 묘사한 삽화가 있다. 이 삽화에는 예수님과 사도 한명, 키가 어른의 허리 정도 되는 작은 남자 아동이 등장하고 있다(Aries 저, 문지영 역, 2003). 오병이어의 기적은 신약성서 마태복음 14장 14-21절, 마가복음 6장 35-44절, 누가복음 9장 12-17절, 요한복음 6장 5-14절 등에 나오는 예수 그리스도의 기적 사건이다. 예수가 갈릴리호의 빈들에 있을 때 많은 사람들이 쫓아왔고, 예수는 이들 중에서 병든 사람들을 고쳐주었다. 저녁때가 되어 먹을 것이 없어 고민할 때 예수는 어린아이가 내놓은 보리떡 다섯 개와 물고기 두 마리로 축사하고 떡을 떼어서 제자들에게 주어 5천명(여자와 어린이는 뺀 숫자)이나 되는 많은 사람들이 배불리 먹고 남게 하였다.

13세기 말까지 서양에서 그림속의 아동은 신체 크기만 성인에 비하여 작았을 뿐 얼굴의 표정, 어깨, 팔, 다리의 근육 등은 성인과 동일하게 묘사되어

는 이름은 사회에서 추방된 자를 가리키는 뜻이 되었다. 창세기 16장에는 이런 구절이 있다. "그가 사람 중에 들나귀같이 되리니 그의 손이 모든 사람을 치겠고 모든 사람의 손이 그를 칠지며 그가 모든 형제와 대항해서 살리라."

아랍인들은 자신들이 이스마엘(코란에는 이스마일로 나온다.)의 자손이라고 믿는다. 무슬림 전설에는 아브라함과 이스마엘이 신성한 도시 메카에 카바 신전을 세웠다고 되어 있다. 성서와 달리 코란은 이삭이 아니라 이스마일이 아브라함의 총애를 받은 아들이며, 제물로 바쳐질 뻔한 아들이라고 말한다. (유대인과 그리스도교도가 의도적으로 아브라함의 이야기를 곡해했다는 의미를 담고 있다.)

황야로 내쫓긴 딱한 하갈과 이스마엘은 여러 회화 작품의 주제가 되었다. 프랑스 화가 코로는 「사막의 하갈」(1835)이라는 감동적인 작품을 남겼다. 그러나 문화적인 관점에서 가장 유명한 이스마엘은 허먼 멜빌의 걸작 『모비딕』에 나온다. 이 소설은 "나는 이슈마엘이라고 한다." 라는 구절로 시작한다. 1800년대에 이 작품을 쓴 멜빌은 독자들이 성서에 익숙하므로 이슈마엘이라는 이름이 성서의 이스마엘처럼 뿌리 없는 유목민을 상징한다는 것을 즉각 알아채리라고 여겼던 것이다(『바이블 키워드』, 2007. 12. 24., 도서출판 들녘).

있다. 아이들은 단지 작은 모습으로 어른의 축소된 모습으로만 묘사되고 이해되었다는 점에서 아동에 대한 개념이 존재하지 않았다고 볼 수 있다(Aries, 1962: 33). 이러한 점은 10-11세기의 서양 사람들에게 아동기의 이미지는 논의와 관심의 대상이 되지 못했고, 현실감도 없었다는 것을 의미한다. 이러한 사설들은 그 당시에 아동기는 실생활 영역과 심미적 영역에서 빨리 지나가고 그만큼 빨리 잊혀지는 전환의 시기였다는 점을 암시한다고 볼 수 있다(아리에스 저, 문지영 역, 2003).

13세기말부터 아동기에 대한 근대적 의식이 반영된 아동 그림이 발견되었는데, 이는 3가지 유형으로 구분할 수 있다(아리에스 저, 문지영 역, 2003). 첫 번째 유형은 랭스 대성당의 천사인데, 약간은 여성적이면서 통통하고 귀여운 모습으로 묘사되어 있는데, 아이라기보다는 다 자란 소년의 모습을 가지고 있다. 청소년의 모습을 한 이러한 천사상은 14세기에는 아주 흔하게 되었고, 15세기말까지 이탈리아의 그림에 등장한다. Fra Angelico, Botticelli, Ghirlandajo의 작품에 등장하는 천사들이 여기에 해당된다.

두 번째 유형은 중세 고딕 시기에 나타나는 벌거벗은 아이이다. 벌거벗은 아이의 이미지는 죽음과 영혼의 알레고리를 묘사하기 위한 양식으로만 사용되었다. 따라서 이 시대의 그려진 아기예수가 벌거벗고 있는 모습은 찾아볼 수 없다. 5세기 전기 비잔틴 양식과 마찬가지로 로마네스크 양식에서도 죽은 사람들의 신체는 아주 작게 그려졌다. 프랑스 중세미술에서 영혼은 흔히 중성의 벌거벗은 아이로 묘사되었다. 최후의 심판에서 의인들의 영혼도 중성의 벌거벗은 모습으로 아브라함의 팔에 안겨 있고, 빈사상태의 병자들의 영혼이 떠나가는 모습은 입으로 아기를 토해내고 있는 장면으로 묘사되었다. 수태고지 장면도 벌거벗은 아이가 하늘에서 내려와 마리아의 입 속으로 들어가는 장면으로 묘사되었다.

세 번째 유형은 미술사에서 나타나는 아이들의 모델이자 선조격이라고 할 수 있는 아기 예수이다. 초기의 예수는 어른의 축소판으로 묘사되었으나,

12세기 후반의 한 세밀화에서 거의 투명하고 가벼운 옷을 걸친 예수는 선채로 두 팔을 마리아의 목에 걸고 볼을 맞대고 몸을 바짝 기대고 서 있다. 상루이의 교화성서에는 모세의 가족상에서 남편과 아내는 손을 맞잡고 있고, 부모를 둘러싼 작은 남자 아이들이 어머니 쪽으로 손을 내밀고 있는 그림이 있다. 이러한 그림들은 성모의 모성과 함께 유아기에 관심을 가지게 된 것을 의미한다고 볼 수 있다. 그러나 이러한 유아기에 대한 호감은 아기 예수에게만 한정되었다. 이처럼 아기 예수에게만 한정되어 종교적으로 표현된 아기는 성모 마리아의 아동기가 추가되면서 마리아의 탄생과 마리아의 읽기 교육에 관한 주제로 발전되었다. 이어 아기 예수의 놀이 친구인 성 요한, 성 야고보의 아동기, 마리아 살로메, 마리아 세베데 같은 성녀들의 아이들도 묘사되기 시작하였다.

15-16세기에 이르러 아동기를 묘사한 세속화가 종교화로부터 분리되었다. 가족속의 아이, 성인 놀이친구들과 함께 있는 아이, 군중 속의 아이, 어머니의 팔에 매달려 있는 아이, 기적과 순교 장면을 군중과 함께 목격하고 있는 아이, 설교를 듣고 있는 아이, 할례나 아기 예수 봉헌 축일과 같은 전례의식을 따르는 아이, 귀금속 세공 장인과 화가에게 견습수업을 받고 있는 아이, 학교에 있는 아이 등이 그려졌다.

17세기 이전에 유럽에서 아이 또는 어린이라는 관념은 의존이라는 관념과 연결되어 있었다. 하인, 직공, 군인 등과 같이 주인(master)에게 의존하는 모든 사람들을 어린이라고 불렀다. 예를 들면 장인(master)은 자신의 도제에게, “Come along, children, get to work”라고 말했고, 지휘관은 자신의 부하들에게 “Courage, children, stand fast”라고 격려했다. 그래서 최전방에서 위험에 노출된 부대를 ‘잃어버린 아이들’이라고 불렀다(Aries, 1962: 27).

Aries(1962)는 중세 아이들의 생활상을 다음과 같이 설명하였다(김정운, 2000; 조형근, 2010; 조기제, 2011). 중세 아이들은 어른들과 함께 어울려 생활하고 있었다. 어른들은 아이들을 특별한 존재로 의식하지 않고 자신들의 모든 일상사에 참여시켰다. 아이들은 일, 오락, 스포츠 등과 같은 모든 모임에 어른들과 함께 하였다. 심지어 아이들은 어른들과 성에 대해서도 거리낌없이 이야기할 수 있었다. 프랑스의 왕 앙리 4세의 주치의로 루이 13세가 태어날 때부터 그의 성장과정을 일기로 기록했던 Heroard의 목격담이 이러한 상황을 잘 설명해준다. 세 살때 스페인의 왕녀와 정략적으로 약혼을 한 어린 루이 13세에게 왕녀가 가장 사랑스러워하는 것이 어디 있느냐는 시종들의 질문에 어린 루이 13세는 자랑스럽게 자신의 성기에 손을 올리곤 했다는 기록도 있다.

예수회의 역사가인 Pere de Dainville은 상스런 언어, 음란한 행동과 상황들이 아이들이 있는 곳에서 행해진 음탕스러운 현실을 보고 16세기에는 아이들에 대한 존중이 전혀 없었다고 주장했다. 아동이 성에 대하여 관심을 가지면 순수함이 더럽혀질 수 있다는 생각은 17세기에 들어서야 가능해졌다.

17세기에 엄격한 규율을 가진 기숙학교제도가 크게 발달하게 되고, 18-19세기에는 아동기를 완전하게 기숙사에 감금시키게 된다. 자녀교육에 관심을 가지는 부모, 아이들을 사랑하는 부모, 자녀가 더 현명해지도록 엄격하게 교육시키려는 부모들이 성인으로서의 삶을 준비하기 위한 시기로 아동기를 정의하였고, 아동은 어른과 다른 존재라는 관념이 탄생하였다.

아이들과 어른들이 구별되지 않았던 중세의 관습 때문에 아이들에게는 어른 옷과 구분되는 별도의 옷을 입히지 않았다. 갓난아이들은 강보를 벗자마자 자신이 속한 계급의 성인 남녀들과 동일한 옷을 입었다. 중세인들에게 복장의 차이는 연령의 차이가 아니라 사회적 위계, 신분의 차이에 의한 것이었다. 고대와 중세의 의복은 단순하고 흐르듯 처지며 상대적으로 비정형화된 형태였다. 그러나 르네상스 초기에 의복은 점점 움직이기 어렵게 조여져서 숨조차 쉬기 어려울 정도가 되었다. 아동도 엘리자베스 여왕이 입었던 러프칼라나 고래 뼈로 만든 콜셋, 꼭 끼는 진동, 굽이 높은 구두, 치마를 부풀려 보이기 위한 속치마의 일종이라고 할 수 있는 farthingale[2], 가루를 뿌린

머리와 가발 등과 같이 신체를 왜곡하여 건강과 성장에 지장을 주는 성인복과 동일한 형태의 옷을 입었다. 중상류층의 아동은 부모의 부를 과시하기 위한 전시품과 같은 존재였기 때문에 이러한 옷을 입었다(Martin, 1978).

당연히 오늘날처럼 아동을 위한 장난감과 놀이동산 등은 없었다. 17세기가 되어서야 어른의 옷과 구별되는 아동을 위한 옷이 귀족과 상인의 자녀들을 위하여 등장하였다. 따라서 아동이라는 개념은 17세기 유럽 귀족의 정원에서 태어났다고 볼 수 있다.

아이들은 열 살 정도가 되면 본격적으로 어른들의 세계에 진입해서 자신의 생활을 수행해야 했다. 중세나 초기 튜터왕조 시대에 영국에서 가난한 집의 아이들은 어린 시절부터 장시간의 육체노동에 시달려야했고 상인의 자식이나 중상류층 아이들조차도 흔하게 다른 집에 도제살이나 시동으로 보내졌다(Townsend, 1996:14).

15세기 말의 이탈리아의 한 문헌에도 영국의 이러한 풍습에 관한 상세한 설명이 나온다. 영국인들은 아이들을 7-9세부터 14-18세까지 남자 아이와 여자 아이 모두 견습생으로 다른 사람의 집으로 보내 다양한 봉사를 하게 한다. 이 가간 동안 아이들은 가정의 모든 의무를 완수해야 했다. 극소수의 귀족을 제외한 거의 모든 가족이 자신의 아이들은 남의 집에 견습생으로 보냈고 자신의 집에도 남의 집 아이들을 견습생으로 받아들였다. 이 문헌을 쓴 이탈리아 사람은 영국인들이 다른 사람의 자식을 견습생으로 받는 이유는 자신의 자식들에게서 보다 견습생에게서 더 나은 노동을 받을 수 있기 때문이라고 적었다. 그러나 영국인들은 아이들에게 더 좋은 예의범절을 가르치기 위해서라고 설명을 했다. 이러한 가내봉사인을 15세기에는 'wayting

---

2 16세기 후반에 스커트를 부풀게 하려는 목적으로 만들어진 속치마의 일종. 고래수염, 철사, 등나무 등의 고리를 여러 단 엮어 만든 원추형(스페인형)과, 말털 등으로 채워 바퀴와 같은 형태로 허리의 부분을 부풀게 하는형(프랑스형)의 두 종류가 있다. 프랑스어로 베르튀가댕(vertugadin)이라고도 한다(패션전문자료사전, 1997. 8. 25., 한국사전연구사).

servant' 라고 하였고, 현재는 'waiter'라 한다. 이 시종들은 식탁을 차리거나 침대를 정리하는 것 뿐만 아니라 식사예법을 가르친다는 명목으로 식사시중까지 들었다.

이렇게 아동에 대한 개념이 없었던 이유는 피임이나 위생학이 발전하지 못해 유아사망률이 높았기 때문이다. 아동은 언제 죽을지 모르는 존재이기 때문에 아동기를 중요하게 생각해서 그림이나 기록으로 남길 필요성을 느끼지 못했다. 아이들의 생존 자체가 중요했기 때문에 죽은 아이는 곧 잊혀야 하는 별로 중요하지 않은 존재였다. 사람들은 곧 죽을 수 있는 존재인 아동에 집착을 하지 않았다. 어머니들은 아이들에게 특별한 애정을 주기를 주저했고, 아이들을 하나의 인격체라고 생각하지도 않았다. 부모는 아이가 죽으면 아무데나 버렸고, 부모가 아이를 학대하는 것이 특별히 비난을 받아야 하는 일도 아니었다.

사람들은 아이를 하나의 동물 즉 버릇없는 원숭이 같은 애완동물처럼 대했고, 17세기까지 암묵적으로 영아살해를 했다. 암묵적 영아살해는 로마시대의 영아 유기처럼 공인된 관행은 아니었고, 엄하게 처벌을 받는 범죄였으나, 일반적인 사고의 형태로 위장되어 비밀리에 행해졌다. 영아들은 부모의 침대에서 자연사인 것처럼 질식사 당했고, 어른들은 아이들을 보호하거나 구하기 위한 어떠한 노력도 하지 않았다. 온전한 성인으로 자랄 것 같지 않은 존재를 없애 자연을 돕는다는 명분으로 행해졌던 영아살해는 인정을 받을 수 있는 일은 아니었지만 부끄러운 일로 간주되지도 않았다.

18세기에 가톨릭 주교들은 트리엔트 공의회에서 질식사가 빈번하게 일어나는 부모의 침대에 아이들을 함께 재우는 것을 강경하게 금지하였다. 폴랑드랭은 18세기에 영아사망율이 감소한 것은 의료와 위생 때문이 아니라, 암묵적인 영아살해를 막기 위하여 부모의 침대에 아이를 재우는 것을 금지시켰기 때문이라고 하였다. 이때부터 사람들은 아이들의 생명을 존중하기 시작하였다(Aries 저, 문지영 역, 2003).

유명한 계몽주의 철학자인 몽테뉴조차도 2-3명의 아이들이 어렸을 때 죽었는데, 크게 슬퍼하지 않았다고 하였다. 죽은 자식이 둘인지 아니면 셋인지도 정확하게 기억하지 못하였을 뿐 아니라 자신의 자식이 몇 명인지도 정확하게 알지 못했다. 이 당시에는 페스트가 한번 지나가면 인구의 1/3이 죽었는데, 면역체가 형성되지 못한 아이들이 더 많이 죽었기 때문에 어린 자녀들을 가족 수에 포함시키지 않는 경우가 많았다(조형근, 2010).

빅토르 위고의 소설 '웃는 남자'를 영화로 만든 '웃는 남자'는 평생 입이 찢어진 채 기괴한 모습으로 비극적인 삶을 살아갈 수밖에 없었던 남자 그윈플렌의 삶을 그렸다. 원작 소설은 17-18세기에 성행했던 콤프라치코스라는 어린이 매매단에 대한 실화를 중요한 모티브로 삼았다고 알려졌다. 콤프라치코스는 어린이들을 납치해 신체 일부를 훼손하거나 끔찍한 성형수술을 하는 등의 행위를 통해 기형적인 광대로 만들어내는 중세 시대의 어린이 매매단을 일컫는다. 18세기까지만 해도 유럽에서는 콤프라치코스가 왕실 광대나 극단 광대의 공급책이었다고 전해졌다. 또한 당시 유럽에서는 귀족들 사이에서 자신의 수발을 드는 몸종으로 외모가 기이하고 못생긴 사람들을 데리고 다니는 것이 유행이었다고 한다(머니투데이 2013년 3월 24일).

이처럼 서양에서 그리스 로마 시대와 중세에는 아동에 대한 개념조차도 제대로 형성되지 못하였기 때문에 진정한 의미에서 또 오늘날과 같은 대량소비사회에서 이루어지는 형태의 아동을 위한 소비는 거의 없었다고 볼 수 있다. 아동은 거의 모든 생활을 어른과 유사하게 하고 있었기 때문에 아동만을 위한 재화와 서비스가 따로 마련될 필요성을 느끼지 못하였다. 특히 언제 죽을지도 모르는 인간으로 인격을 가지고 있지 못하다고 여겼다는 점에서 일부 극소수의 귀족을 제외한 아동들을 대상으로 하여 특별한 물건을 만들어주거나 사줘야 한다는 필요성을 대부분의 사람들은 가지지 못했다고 볼 수 있다.

2. 한국

삼국사기와 삼국유사의 기록을 분석한 신양재(1994a)에 의하면 우리나라 고대사회의 인식론적 차원에서는 10세 이후는 아동이 신변에 관하여 중요한 판단을 할 수 있으며, 정치적 차원에서는 15세가 기준이 되어 경제활동, 결혼, 병역, 정치 참여를 할 수 있다고 보았다. 아동은 미숙하기 때문에 성인과같은 이성이나 지식이 부족하다고 보았고, 사냥과 같은 성인의 역할을 수행하는데 필요한 기능을 닦기 위하여 놀이가 이루어졌다.

불교를 국교로 정했던 고려시대에는 출생을 해, 달, 별, 산천 등과 연결시켜 이해한 토착신앙과 불교의 윤회설이 결합되어 아동기의 모습으로 성인기를 예견하거나 태몽을 중요하게 생각하여, 아동이 타고난 생득적 능력이 미래의 성장을 결정한다는 신념을 가지고 있었다(신양재, 1994b). 이러한 의식은 불교의 예정설이 출생을 해, 달, 별, 산천과 연결해 이해했던 토착신앙과 결합되어 나타난 현상이라고 볼 수 있다(허흥식, 1986).

고려시대 아동관은 영아기를 온전한 상태로 개념화하였고, 능력이나 품성은 가지고 태어난다는 선천적 특성을 중시했다. 법적 차원에서 아동을 보호하기 위하여 아동 유기를 법적으로 금지시켰고, 구금 중인 임산부와 영아를 법적으로 보호하였고, 일정 연령까지 나라가 일부분 책임을 지고 고아를 부양했고, 사회적 차원에서 아동복지 활동이 이루어졌다. 사찰과 승려가 중심이 되어 아동을 위한 비형식적 교육을 했고, 개인 선생을 통한 교육도 이루어졌다. 형식적 교육은 서당을 중심으로 행해졌는데, 교육내용은 유교사상이 중심이 되었으며, 가내과업을 통해서 성인생활을 위한 자연스러운 사회화가 이루어졌다(신양재와 권은주, 2004).

고려 중기에 선종의 입장에서 선종과 교종을 통합한 지눌은 진심이 존재의 본체라고 보고 그 자체의 빛에 의하여 밝게 인식하고 진심의 빛을 삶에서 구현하는 것이 핵심이라고 했다. 불교에서는 인간이 가지고 있는 본래의 모습이자 천연 그대로의 심성이면서 부처의 성품을 본래면목(本來面目)이라고 한다. 그러므로 본래면목인 우리의 마음은 원래 고요하고 맑으며 온통 밝아서 모든 것을 밝게 비추어 아는 공적영지(空寂靈知)하다. 인간 각자의 본래의 모습인 자심을 그 자체의 빛으로 조명하여 회복시키는 것이 바람직한 인간 형성의 요체이다(박선영, 1983). 이러한 인간에 대한 인식은 태어난 처음의 본성을 보존하고 회복시키려는 성리학적 이념을 수용하는 배경이 되었고 아동교육의 이념이 되었다(신양재와 권은주, 2005).

13세기 말에서 14세기 고려 말에서 조선 초에 저술된 개인 문집인 익재집, 목은집, 양촌집에 나타난 아동관에서는 영아를 선하며 순일한 상태로의 지혜로운 사람과 같다고 보았다. 순일한 상태를 진(眞)이라고 하고 사물을 접하기 이전의 적연한 상태로 모든 인간이 태어나면서 구비한 상태이며 잃지 않고 보존해야 하는 상태이다. 기질과 물욕이 본성을 가리고 있기 때문에 아동의 개인차가 나타난다는 점에서, 아동교육의 목적은 선하고 순일한 상태를 보존하고 물욕을 버리고 처음의 상태를 회복하는 것이다(신양재와 권은주, 2005).

고려시대 문집에서 발견된 아동의 일상적인 과업은 심부름, 청소와 물주기, 뜰의 잡초제거와 같은 가사노동과 의례 참여 등으로 나타났다. 그러므로 이 시대의 아동은 소비활동보다는 가정을 위한 생산활동에 더 많이 참여했다고 볼 수 있다. 이러한 일상생활은 성인과 분리되거나 단절되지 않은 것이기 때문에 관찰이나 참여를 통해 성인의 역할을 수행하는 데 필요한 지식이나 기능을 습득했다. 놀이로는 화장과 같은 성인행동 모방, 자연물과의 친화, 도구를 제작하고 활용한 놀이 등이 나타났다. 영아에게는 강보를 사용했고, 홍시, 귤, 복숭아, 배 등과 같은 기호식품을 아동에게 제공했다(신양재, 1995a; 2005a). 이 시기에는 남아는 할아버지와 함께 기거하여 독립적인 주거공간이 제공되지 않았다. 자녀에 대하여 비칭을 사용한다는 것은 유아사망률이 높은 문화에서 생존율이 높아지는 나이가 될 때까지는 새로 태어난 영아를 사람이 아닌 것처럼 부르는 관행과 유사하다(신양재, 2005b).

조선시대 교훈서를 분석한 신양재(1995b)는 직접적인 훈육이 기대되는 연령은 3세경으로 보고 있다. 이 시기는 욕구가 무한정인 동시에 심기가 정해지지 않았고, 지적인 판단력은 없었으나, 지식이 형성되는 인식작용이 진행되는 시기라고 보았다. 아이가 두 손에 물건을 잔뜩 거머쥐고도 부족하다고 떼를 쓰고 아무리 달래도 듣지 않으면 가진 것을 모두 뺏고 죽을 듯이 울어도 되돌려주지 말아야 한다는 내용도 있다.

성리학적 세계관이 지배적이었던 조선시대에는 아동은 미성숙한 존재로 보호대상인 동시에 삼강오륜과 효제충신과 같은 성리학적 덕목을 실천하고 학습해야 했다. 사대부와 같은 지배계층의 아동은 이러한 성리학적 학습을 할 수 있었고, 그렇지 못한 아동은 노동을 해야 했다. 아동에게 요구되었던 효제와 장유유서와 같은 덕목은 아동의 개별적이고 자유로운 의지가 발현되는 것을 억제하고 아동을 체제에 순응하는 인간으로 육성했다(조기제, 2011).

조선시대 아동은 태어나서 배냇저고리를 입고 백일과 첫 돌이 지나 용변을 가릴 수 있는 유아기까지는 아동복의 특성을 지니고 있으나, 유아기 이후에 입는 옷의 외형은 성인과 동일해서 아동을 성인의 축소판으로 보았다(김은주와 이상은, 2011). 아동복의 형태는 아동의 무병장수를 기원하는 여러 가지 의미를 가진 문양과 색상의 배합, 자식을 생각하는 정성이 들어간 몇몇 특징적인 장식이나 특별한 날에 입는 색동저고리나 까치두루마기를 제외하고, 대부분 성인복의 축소형으로 성인과 같은 종류와 형태의 옷을 입었다. 명절 때 특별한 옷을 입었다는 점에서 아동존중이 부분적으로 드러나나 특별한 때에 국한되었고, 옷에 담긴 의미도 성인의 입장에서 본 것이라는 점이기 때문에 한계가 있었다(이선민, 2003).

18세기 조선말 정조때 규장각 검서관으로 활동했던 이덕무의 아동관을 연구한 김태오(1992)에 의하면, 아동은 경박하고, 놀기 좋아하고, 욕심이 많고, 속이는 속성이 있다고 파악하여 매우 현실적인 아동관을 가지고 있었다. 이러한 현실 인식으로 지향했던 아동교육적 인간상은 선비이고, 교육내용은 예절교육을 강조했다. 아동이 읽어야 할 책으로 사서와 후사서, 훈몽자회, 백록동규, 숙홍야매장, 해동가언선행 등을 권장했다. 보건위생 및 안전과 관련된 내용, 체벌의 필요성, 인륜을 함양시키기 위하여 시를 노래하기, 예절 익히기, 글 배우기 등을 강조했다.

사회의 전반적인 개혁에 관심을 가진 유학자인 이덕무는 특별계층에 사유화되었던 교육을 신분과 직업을 초월하여 모든 사람들에게 해방시키고 초학교육의 대중화를 주장했다. 이덕무의 대표작인 사소설은 남자, 여자, 아동이 바르게 익혀야 할 예의범절을 기본으로 하여 배우고 익혀야 할 일, 어른을 모시는 태도 등을 상세하게 다룬 교훈서이다. 이 책의 동규편은 아동들이 몸에 익혀야 하는 내용을 예의 관점에서 쓴 것이다. 사소설에 나타난 아동관은 아동을 신체적으로 유약하거나 어리고 자활능력이 없고, 지적으로 무지몽매하고, 정신적으로 사리분별력이나 자아통찰력이 없어서 자신감이 없이 살아가는 존재이다. 사소절에 나타난 놀이관을 보면, 놀이는 목적없이 빈둥빈둥하게 하여 아동의 생활을 피폐하게 하고 일의 목적을 잃게 한다고 하여 매우 부정적이다. 아동은 주변의 어떠한 것이든 놀이에 이용하고 있다고 하였다(박향아, 1997).

전래동화에 나타난 아동관을 분석한 김경철과 채미영(2001)에 의하면, 성인과 아동의 관계에서 아동은 성인에게 순종하는 존재이기는 하나 때로는 성인과 대등하고 더 우위에 있는 존재로 묘사되었다. 아동은 개인적 특성보다는 가문과 사회적 신분과 성에 따라 그 가치가 결정되었고, 노동력으로 인정되었다. 민중들은 가문의 미래를 책임질 아동이 입신양명하고 부귀를 누릴 것을 기원하였다.

우리나라의 속담의 아동관을 분석한 윤팔중(1967)에 의하면, 분석한 속담의 1/4 정도가 가난한 살림에 아이들을 낳아서 기르기만 힘들지 보람이 없다는 내용으로 되어있다. 먹을 것, 입힐 옷, 병 치료 등과 같이 기초적인 생활을 하는데 필요한 물자를 아이들이 너무 많이 써서 부모를 비롯한 어른은

먹지도 입지도 못하는 경우가 많았다. 자녀가 많으면 거지를 면하지 못한다는 속담도 있다. 그러나 아무리 가난해서 기르기 힘들어도 자녀는 가르쳐야 한다고 생각했다.

김은주, 서영희, 임재택(2006)은 속담에 나타난 아동관은 자식은 세상에서 가장 예쁘고 사랑스럽고 소중한 존재이며, 대를 잇고 부부애를 돈독하게 해주는 집안의 웃음이자, 부모를 돕기도 하지만 부모가 배워야 할 존재이다. 자식은 부모가 늘 관심을 가지고 돌봐야 하는 양육하기 어려운 존재이지만, 자녀교육을 제대로 하면 앞으로 잘 클 수 있는 귀한 존재로 보았다.

조선시대 아동관에 결정적으로 영향을 준 사상은 성리학이다. 성리학은 우주의 법칙을 인간에 적용하여 인간이 이와 기를 함께 지녔다는 점에서 본성이 선하다고 보았다. 따라서 아동도 이상적인 인간의 선성을 가지고 있다고 본다. 성리학에서는 아동을 동몽 또는 몽이라고 하는데, 산기슭에 흐르는 물의 형태를 비유한 몽은 교육을 잘 받으면 무한하게 발전할 수 있는 가능성을 가진 인간이 될 수 있다는 의미를 가지고 있다. 이러한 성리학의 아동관에 대해 아동을 긍정적으로 여겼다는 점에서 인본주의적이라는 주장(류점숙, 1994)과 태교와 태중의 10개월을 나이에 합산한다는 점에서 태아를 인격체로 보았다는 주장(유안진, 1986)도 있다.

그러나 수직적인 주종관계에 기반한 신분사회이고 사회의 기초단위를 가정이라는 공동체로 인식한 조선사회의 한계 때문에 아동은 장유유서의 위계질서에서 성인보다 낮은 존재로 인식되었고 개별적인 존재로 인정받지 못하고 가정의 구성원으로서만 가치를 인정받았다. 아동의 삶은 가치가 없는 현재를 위한 것이 아니라 성인이 된 후를 준비하는 장래 지향적인 것이었다(백혜리와 이은화, 1997).

성리학적 유교윤리의 강조는 주자의 문인인 유청지가 편찬한 소학의 중요성을 부각시켰다. 이 책은 아동에게 일상적인 예의범절과 어른을 섬기고 벗과 사귀는 도리 등을 가르치기 위하여 편찬되었다. 조선에서는 생원시 잔사시의 중요한 과목으로 채택되었고, 실천윤리를 담고 있기 때문에 아동 뿐 아니라 어른들에게도 매우 중요한 삶의 지침서가 되었다(조기제, 2011).

조선전기에 제정된 경국대전에 의하면 동몽은 일정한 수학기간을 가리키는 학령을 의미했다. 이 시기에는 중앙에 사학(四學)을 두고 각 고을에는 향교를 두어서 12세부터 15세의 양반 자제 중에서 동몽을 선발해 교육했고, 교육을 전담하는 관원을 동몽훈도라고 했다. 그러나 나라에서 운영하는 사학과 향교의 정원은 매우 적었기 때문에 가장 중요한 교육형태는 가학(家學)이었다. 가학에서는 주로 아버지, 백숙(伯叔), 외삼촌, 외할아버지, 어머니 등이 교육을 담당하였고, 가학의 가장 중요한 목표는 자제가 과거에 급제하는 것이었다. 조선 후기부터는 아동을 위한 사설교육기관으로 서당이 발달하였다. 학도는 7, 8세에 입학하여 15, 16세에 마친다. 아동들은 천자문, 훈몽자회 등의 문자교재와 동몽선습, 명심보감, 소학과 같은 예법과 수신교재를 공부했다. 이처럼 성인들은 아동에게 가정 및 사회의 규범과 사회적 출세를 위한 기본지식을 배울 것만을 요구하였고 아동의 정서와 심리를 이해하고 정서적 성장을 위한 노력은 매우 적었다. 상층문학은 어린이에게 무심했으나, 조선후기에 이르러 일부 지식인들이 자신과 자녀들의 어린 시절을 추억하고 불행한 어린이들을 동정하고 현실을 개선하기 위한 방안을 글로 적었다(심경호, 2007).

중국 명나라 중엽 군인, 정치가, 사상가, 교육자였던 왕양명이 형식화된 주자학을 비판하며 心學을 자신만의 독특한 사상을 결합하여 발전시킨 양명학은 당시 주류학인 주자학의 아동관과 다른 아동관을 가지고 있었다. 양명은 아동의 내면에 있는 동심을 마음의 본체이자 사회의 보편적 윤리준칙이 되는 양지의 또 다른 모습으로 파악하고 양지로서의 동심을 태어나면서부터 이미 내재하고 있는 아동은 성인과 같은 완성된 존재로 보았다. 아동의 마음인 동심은 세상물정을 모르는 단순함의 의미가 아니라 순결함의 근원으로 보았다. 그러나 양명은 동심만이 지고지선하고 천심이고 동심을 지닌 아동만이 성인이자 최고선이라고 주장하지 않았다. 양지로서의 동심은 성인이 되기 위하여 공부해야 하는 출발점이이기 때문에 동심을 내재한 아동은 동심에 따라 스스로 자신의 양지를 발현할 수 있도록 자발적이고 주체적으로 성장시켜야 한다는 점이 아동교육의 중요한 원리가 되었다. 즉 시를 익히고 노래하는 활동은 아동의 마음인 동심을 항상 보존하여 즐겁게 배워서 싫증나지 않게 하고 사특하고 편벽한 것에 마음을 쓸 겨를이 없게 하려는 것이다(이천일, 2012).

17세기 초 경세치용과 실사구시를 목적으로 시작한 실학은 인간 속의 이와 기가 대립적인 관계로 존재하는 것이 아니라 기를 통해서 이가 나타난다는 주기론을 성립하여 인간의 내재적 본성을 중시하는 인간 중심적 사상을 만들었다. 그러나 이러한 실학의 인간중심적 사상도 아동과 여성을 제외한 남자와 성인 중심이라는 점에서 아동은 그 자체로 존중받지는 못했다(백혜리, 1996; 조연순, 2003). 그러나 인간평등사상의 영향으로 실학에서는 아동을 사회구성원으로 인식하기 시작했고, 관찰의 대상으로 보았다는 점에서 아동에 대한 관심을 기울이기 시작하는 변화를 가져왔다(백혜리와 이은화, 1997).

남녀유별 사상 때문에 안채와 사랑채로 분리된 어른들의 별거와 유사한 생활은 자녀들에게도 그대로 적용되었다. 아들은 대체로 7-10세가 되면 어머니가 주로 기거하는 안채를 떠나 사랑채나 초당에서 기거하면서 할아버지와 아버지의 훈육을 받으며 자랐고, 딸은 안채에서 할머니와 어머니의 가르침을 받다가 시집을 갔다. 그러나 집안 보다는 집 주변에서 또래놀이로 대부분의 시간을 보냈던 서민의 아동은 양반에 비하여 사회적 규범인 유교의 지배를 덜 받았고, 놀이와 허드렛일을 거드면서 삶의 방식을 익혔다(은난순, 2005).

주거공간의 사용을 보다 구체적으로 살펴보면 큰 아들은 태어나서 젖을 먹는 유아기까지는 안채에 있는 어머니 방인 건넌방에서 생활하다가 동생이 태어나면 젖을 떼고 할머니 방인 안방으로 옮겨간다. 큰 아들은 또 다른 동생들이 태어나서 할머니 방에서 지내는 아이들이 늘어나면 사랑채에 있는 할아버지 방으로 옮겨서 생활하다가 결혼하면서 사랑채의 작은 사랑방이 큰 아들의 방이 된다. 아들은 결혼하기 전에는 독립적인 방이 주어지지 않았다. 작은 사랑방에서 생활하던 큰 아들은 아버지가 사망하면 가계를 계승받고 큰 사랑방으로 옮긴다. 딸도 동생이 태어나면 할머니 방인 안방으로 옮겼다. 상류주택의 경우 아이들이 공부를 할 수 있는 공간으로 서당, 초당, 별당을 두는 경우도 있었다(홍형옥, 1992).

어린이가 8세부터 11세 사이에 죽는 것을 하상이라고 부르면서 그 죽음에 대해서는 상복을 입었으나, 8세 이전의 어린 나이로 죽을 경우에는 상복을 입지 않았고, 작은 관에 넣어 장사 지내고 입다 남은 옷가지를 넣어 기일에 제사를 지내기는 했으나, 제대로 된 무덤은 만들지 않았다. 그러나 조선 후기 실학자인 정약용은 요절한 자녀의 생년월일과 이름, 생김새, 죽은 해와 날짜를 적어두어야 한다고 했다(심경호, 2007).

1861년 최제우가 유, 불, 선 3교와 음양오행설, 정감록 등의 여러 요소를 혼합하여 만든 동학은 하늘과 인간을 동일시하고 인간은 태어나면서부터 평등하다는 의식으로 신분과 계급을 타파하려고 하였다. 아동은 선한 본성을 가진 이상적인 모습을 가지고 있다는 아동관을 가진 동학은 어린이를 한울님을 모신 평등한 존재로 인식했다. 이러한 아동관은 성인과의 관계가 수직적이었던 성리학과 실학에서 탈피하여 아동을 성인이 도달해야 할 이상적인 인간상으로 보았다는 점에서 획기적이다(조연순, 2003).

동학에서는 아동이 미숙하거나 연약한 존재가 아니라 성인과 대등하게 다른 사람을 가르칠 수 있는 존재로 그 지위가 격상된다. 아동의 성장과 발달은 후천적인 것으로 인식되어 아동교육을 중요하게 고려했으며 아동의 성취여부를 부모형제와 분리해 인정하였다. 이러한 동학의 아동존중사상은 근대적인 아동존중사상의 시작을 의미하는 것으로 성리학과 실학의 아동관이 가지고 있던 한계를 극복한 결과이다(백혜리와 이은화, 1997).

불교의 원시경전을 중심으로 불타의 재가아동관을 연구한 백경임(1981)에 의하면, 불교에서는 인간의 일생을 수태부터 다루고 있으나, 아동만을 대상으로 한 가르침은 매우 적다. 1916년에 소태산, 박중빈이 창시한 한국의 신불교로 일원상의 진리와 함께 불교의 생활화, 대중화, 시대화를 추구하는 원불교는 아동을 하늘사람이라고 표현하고 있다. 하늘사람은 본연 청정하고 원만구족한 본래 성품이 물들지 않은 모습이다. 아동은 아직 세상 풍상에 단련되지 않았기 때문에 청정한 성품이 주위 환경의 여건에 따라 쉽게 오염될 수 있다는 가능성도 있다는 점에서 조기교육과 교화를 강조하고 있다(송순, 1993).

2

근대 이후의 아동관과 아동소비

1. 서양

아동에 대한 중세의 인식은 16세기부터 서서히 변화하기 시작하였다(조형근, 2010). 16세기가 되면서 죽은 아이들이 그림에 등장하기 시작했다. 죽은 사람이 살아있을 때의 모습을 그리고 싶어 하는 감정은 그의 죽음을 애도하고 연민하기 때문이다. 사람들이 아이들의 죽음을 불가피하고 곧 잊어버리게 될 일로 받아들이지 않게 되었다는 사실을 의미한다.

Aries(1962)는 툴루즈의 아우구스틴 미술관에 소장되어 있는 1610년에 제작된 검은 옷을 입은 노부부가 어린 아이에게 어울리는 밝고 화려한 색상의 옷과 모자를 쓰고 있는 5살이 채 되지 않은 여자아이와 함께 있는 그림을 분석했다. 이 그림에서 5살짜리 아이는 노부부가 기르고 있던 아이가 아니라 그들이 마음에 간직한 단 하나의 자식으로 가장 좋은 옷을 입혀서 자신들의 옆에 세워보고 싶었던 오래 전에 죽은 자식이라고 하였다. 살아있는 자식도 귀중한 생명체로 여기지 않았던 이전 시기와는 달리 죽은 자식도 살아 있는 자식보다 더 애타게 기억 속에 살아서 존재하는 자식으로 자리매김하게 되었다. 죽은 자식을 추모하기 위하여 자신들은 검은색 상복을 입고 죽은 아이는 화려하게 치장해서 함께 그리게 한 것으로 해석할 수 있다. 이때부터 아이들이 중요한 의미를 가지게 되었다고 볼 수 있다.

르네상스를 지나 근세에 접어드는 17세기까지 아동복은 성인복과 같은 형태를 띠고 있었다. 특히 르네상스 시대 절대왕권이 확립되고 경제적으로 융성한 시기가 되면서 귀족들은 자신의 권력과 재산을 과시하기 위하여 과장된 실루엣을 가진 매우 화려한 의상을 입었다. 아동복의 형태가 성인복과 구분되지 않았기 때문에 아동복도 아동의 신체적 특성이 전혀 반영되지 않은 성인과 동일한 형태의 과장된 옷을 입었다. 남자 아동들은 성인 남성과 같이 슈미즈를 속에 입고 부피가 큰 pourpoint[3]을 상의로, chausses[4]를 하의로 입었다. 여자 아동들은 어른과 같이 코르셋을 입고 목에는 뻣뻣한 러프를 하고, 긴 치마를 입었다. 코르셋은 아동의 신체를 죄어 건강을 해치고 성장을 방해했다. 활동이 불편한 옷은 아동들의 신체적 활동을 방해할 뿐 아

3 pourpoint은 14세기 중반부터 17세기까지 남자가 착용했던 상의로 어깨와 소매에 패드를 넣어 인체를 과장함으로써 남성미를 과시했고, 다양한 슬래시를 만들어 흰색 속옷이나 대조적인 색의 안감이 슬래시 사이로 보이게 했다. 십자군 원정이 실패로 끝나면서 교회의 절대적 권위는 약화됐고 이는 절대 왕정의 기반이 확립됐다. 신 중심에서 인간 중심의 사고를 하게 됐고, 도시의 발달은 신흥 귀족인 부르주아 및 시민 계급을 대두시켰다. 이들은 자신의 의상을 과장하고 치장함으로써 권력과 재산을 과시했다. 몸에 꼭 맞는 형태의 의복에 슬래시를 기본으로 패드와 퍼프를 이용해 인체미를 강조하고, 박력과 위엄을 나타냈다. pourpoint은 이러한 시대적 배경을 가장 잘 반영하고 있는 복식이다(국방일보, 2017년 8월 30일).

4 chausses는 양쪽 다리를 따로따로 감싸는 하반신을 덮는 의상으로 16세기 남자의 과장된 각의이다. 중세 초기는 짧은 양말 모양이었으나 남자의 상의 기장이 짧아짐에 따라서 길이가 늘어나기 시작하여 14세기에는 허리까지 올라오는 타이츠(tights) 모양이 됐다. 몸에 꼭 끼는 남자 저고리인 pourpoint에 새눈구멍을 내고 끈을 꿰어 이어 맞추어 입었다. 16세기에는 허리부분만이 장식되어 강조되었고 쇼스는 윗부분, 오 드 쇼스(haut de chausse)와 아래부분, 바 드 쇼스(bas de chausse)로 나뉘어 졌으며, 전자를 쇼스(복수형), 후자를 바라고 불렀다. 영어로는 과거에 남자들이 입던 몸에 딱 붙는 바지를 의미하는 호즈(hose)에 해당된다(패션전문자료사전, 1997. 8. 25., 한국사전연구사).

니라 정의적, 심리적 활동도 저해하였다.

그러나 17세기와 18세기 초에 아동의 복장과 어른의 복장의 차이가 나타났다. 초기에 아이를 어른과 구별하는 것은 남자 아이에게만 한정되었다. 남자 아이들은 남자 어른과 구별하기 위하여 귀부인들의 옷과 똑같이 레이스 깃을 달게 되었다. 여자 아이들의 옷은 성인 여자들의 옷과 구분되지 않았기 때문에 4-5세의 여자 아이와 남자 아이를 구분하는 것이 거의 불가능했다. 복장으로 여자 아이들을 성인 여자들과 구분할 필요성도 느끼지 못하였다. 여자 아이들은 18세기에 이르러 가짜 소매가 사라지게 되면서 성인 여자 옷과 분명하게 구분되게 되었다(아리에스 저, 문지영 역, 2003). 남자와 여자 아이의 옷에는 커다란 리본이 뒤에 붙어 있었다. 즉 남자 아이의 복장도 매우 여성적인 특성을 가지고 있었다. 아날학파 역사학자인 장 루이 플랑드랭은 17세기 아이는 여성과 마찬가지로 어른의 눈을 즐겁게 하는 것, 입 맞추고 싶은 대상이었다고 주장했다.

유럽에서 18세기 중반 이후 성인복과 같은 형태의 복장은 아동복으로 부적절하다는 의견이 제시되기 시작하였다. 독일의 의학자이자 물리학자인 Soemmering은 그 당시 독일의 아동복은 아동들을 매우 마른 체형으로 만들거나, 곱사등, 어깨만 벌어진 체형으로 변형시키고, 숨쉬는 것도 어렵게 만든다고 비판하였다. 철학자인 John Lock도 성인복과 거의 유사하고[5] 활동에 불편한 아동복은 날씬한 허리와 아름다운 자태를 만들 수 있으나 가슴병, 짧은 호흡, 척추병 등을 유발할 수 있기 때문에 딱딱한 옷을 아동에게 입히지 말아야 한다고 비판하였다. Rousseau도 아동의 의복과 신체적 교육은 밀접한 관계가 있기 때문에 아동복은 성인복과 달라야 하며 특히 자유롭게 활

5 고대 그리스의 아동들은 성인의 himation을 대신해 짧은 군복 형태의 chlamis를 입었다는 기록이 있고, 2세기 고대 로마의 벽화에서 발견된 아동복은 허리에 벨트를 하고 toga를 입은 모습으로 성인의 의복과 같은 형태였다. 독일 중세에 세워졌던 기념비에 새겨진 소년들은 발목길이의 긴 슈미즈나 발목까지 오는 긴 바지에 상의는 허리에 끈을 두른 슈미즈를 입고 게임을 하는 모습으로 묘사되어 있다. 이들이 입고 있는 옷은 성인의 옷과 형태가 같았다(이윤정, 2009).

동할 수 있는 형태가 되어야 한다고 주장하였다(이윤정, 2009). 이러한 주장들이 대두되면서 일부 귀족이나 신흥 부르주아 계층을 중심으로 아동만을 위한 의복의 형태가 나타나기 시작한 것이 아동복의 시작이라고 할 수 있다(임정은과 조효순, 1999). Rousseau는 자신의 저서 Emile[6]에서 아동복은 성장하는 아동들의 신체를 죄어 변형시키는 형태에서 벗어나 아이들이 편하게 움직일 수 있는 형태로 만들어져야 한다고 주장함으로써 아동만을 위한 아동복 역사의 시발점이 되었다(Lurie, 1992). 18세기 후반이 되면서 영국을 시작으로 하여 아동복은 아동의 실생활에 적합한 옷으로 점차 변화되었다(천미경, 1979; 이윤영과 김진구, 1985).

1778년 패션잡지 Galerie des Modes에 발표되었던 아동복 a la matelot은 그 당시 자연주의 사상을 가장 잘 표현한 디자인이었음에도 불구하고, 발표 당시에는 매우 이례적이라는 평가를 받았으나, 1783년에 아동복의 매우 큰 혁명으로 받아들여졌다. 신체의 활동성과 편안함을 추구한 이 옷은 목을 죄지 않았고, 소매가 있는 상의와 넓고 긴 바지 형태를 가지고 있었다. hoops나 코르셋 대신에 단순하고 편안하며, 목둘레가 낮은 머슬린 프록은 초기에는 유아들이 입었으나, 1780년부터 10대 아동들도 입었다. 소년들이 입었던 불

6 Emile은 5편으로 되어 있고, 한 교사 밑에 Emile이라는 이름을 가진 어린이가 출생해서 25년에 걸쳐 받는 교육 과정이 이 책의 내용이다. 제1편에는 기존의 학교 교육이나 가정교육을 비판했고, 출생에서부터 5세까지의 교육이 신체 교육을 중심으로 서술되어 있다. 제2편에선 감각훈련을 중심으로 한 5세에서 12세까지의 교육, 제3편은 12세에서 15세까지 소유나 노동에 관한 학습이 어떤 점에 주의해야 하는가를 설명했고, 제4편은 15세에서 20세까지의 교육이 그려져 있다. 제5편에서는 Emile의 약혼자 Sophia가 여성교육과 정치교육에 대해 서술했다. 이 책은 교육상 매우 중요한 책이며 아동본위의 교육, 자연주의 교육, 체육의 중요성, 감각훈련의 중요성, 실물 교육, 자발성의 원리, 소극 교육, 심리관찰의 필요성 등 근대 교육의 방법 원리가 집약되어 있다. 에밀이 체육사에 끼친 최대의 공헌은 새롭고 보다 좋은 사회를 사는 덕이 있는 인간을 키운다는 교육의 기본적 과제를 위해 기존 가치관이나 지식에 물들지 않은 무렵의 소년의 신체 활동, 자유 속에 담겨진 자연성에 바탕을 두어 교육 전체를 재구성하지 않으면 안 된다는 가르침이다(체육학대사전, 2000. 2. 25., 민중서관).

편한 스커트 차림과 상체 코르셋이 사라지고 바지를 입게 되면서 남아들의 프록 드레스가 사라지게 되었다. 이렇게 되면서 남자 아동과 여자 아동의 옷차림에서 성차가 명확하게 구분되기 시작하였다(이경희, 김연희, 신은영, 이종숙, 정명희, 2005).

1770년부터 1775년 사이에 영국에서 남자 어린이는 드레스를 벗고 헐렁하고 발목까지 오는 바지와 셔츠를 입었다. 1770년부터 1840년까지 바지와 셔츠가 하나의 형태로 제작된 skeleton suit가 등장하였고, 남자 아동들은 11살까지 skeleton suit를 입었다. skeleton suit는 영국인들의 혁신으로 인정되면서 유럽 전역으로 퍼져나갔다(정미경, 2010). skeleton suit는 다른 아동복들보다 더 편안하고 바지 형태는 시골 농부의 바지 형태에서 고안된 것으로 느슨하고 발목길이 이고 면으로 만들었다. 부드럽고 프릴이 달린 셔츠나 짧고 몸에 맞는 재킷이 바지와 연결된 형태를 가지고 있었다. 흰색 양말에 낮은 굽의 검정 신발, 넓은 챙이 달린 모자를 쓰는 것이 skeleton suit의 완전한 차림새였다(임정은과 조효순, 1999).

여자 아동들도 어머니의 복식과 다른 단순하고 독자적인 소녀복을 입게 되었다. 이 소녀복은 어린 소녀들의 순진성을 강조하기 위하여 깨끗한 흰색 머스린으로 만들어졌고, 허리에는 다른 색깔의 허리띠가 있었다(이선희, 1997). 어머니의 robe와 같은 형태의 옷을 입었던 나이가 많은 소녀들도 허리선이 위로 올라간 empire frock을 입었다. empire frock은 1800년대부터 어머니의 복식에 나타남으로써 이 시기는 다시 여자 아동의 옷과 성인 여성의 옷의 형태가 같아지게 되었다. 그러나 여아의 옷이 어른의 옷을 모방했던 중세와는 달리 이 시기는 어른의 옷이 여아의 옷을 모방했다는 점에서 큰 차이가 있다. 18세기의 어린이 패션화과정은 어른 복식보다 빠르고 외부의 환경에 더 민감하게 변화하게 되었다(이윤영과 김진구, 1985).

아동을 하나의 인격체로 보고 어른의 축소판이 아닌 아동의 특성을 고려한 아동만을 위한 아동복이 18세기부터 시작되었다고 볼 수 있다. 명칭도 성인복과 다른 아동복만의 명칭이 등장했고, 전반적인 형태와 디자인도 성인복의 영향에서 벗어나 성인복과 뚜렷하게 구분될 정도로 차이가 났다. 19세기 후반으로 갈수록 아동복의 디자인은 성인복의 디자인과 비슷했으나, 아동의 신체발달을 고려해서 활동 하기에 편하고 편안한 형태로 변했고, 다양한 형태로 변화했다. 19세기 후반에는 패션 잡지에서 아동만의 의복스타일이 언급되면서 아동복에 대한 인식이 발달하였다(이윤정, 2009). 19세기 후반부터 아동복은 더욱 다양해졌고, 20세기에는 매우 다양한 형태의 아동복이 등장했다(이정은, 1999).

17세기가 되면서 원죄를 지닌 존재로 어른의 축소판으로 어른과 유사한 능력을 가진 존재로 인식되었던 아동관은 Loke에 의하여 백지와 같은 존재로 인식하게 되었다(백혜리, 2005). 18세기에는 종교적 형식주의와 감정을 억압하는 극단적이고 인위적인 인습에 저항했던 Rousseau에 의하여 아동기가 독립적으로 존재한다는 주장이 처음으로 제기되었다. 이러한 아동중심사상은 19세기에 이르러 Dewey에 의하여 집대성되었고, 아동의 내적 발달의 힘과 현대 아동의 상태를 존중하는 철학이 대두하였다. 20세기에 이르러 인간발달에 대한 과학적 사실들이 밝혀지면서 아동기는 인간발달의 중요한 시기가 되었다(정미경, 2009).

18세기 전반에 프랑스 부르주아의 계몽주의적 아동관이 잘 묘사되어 있는 Chardin의 아동교육 장르화를 분석한 고유경(2009)에 의하면, 그림에서 아이들이 매우 비중있게 그려졌고 아이다운 면모가 잘 표현되어 있고, 어른들이 아이들을 대하는 태도가 부드럽고 온화하게 표현되어 있다. 즉 아이를 선하지도 악하지도 않은 백지와 같은 존재로 정의한 Loke에 따라 아이들을 배려하는 태도가 강조되었고 훈련과 질책 대신에 부드럽고 인격적인 교육이 장려되었다. 놀이에 대한 시각도 변했다. Chardin의 그림에 등장한 팽이와 셔틀콕은 Loke도 권장했던 놀이다. 계몽주의적 교육관은 아이들의 놀이를 긍정적으로 보았기 때문에 학습과 놀이를 병행할 것을 주장했다. 넉넉하지만 검박하고 절제의 미덕을 강조하는 계몽주의적 특성을 받아들인 부르주아 가정은 아이에 대하여 과거와 다르게 인식하기 시작했다.

Loke는 아이들에게 포타지, 묽은 죽, 오트 밀과 같은 검소한 식사가 적합하다고 주장했다. 아우구스투스 황제와 세네카 등이 부자였지만 소박한 식사를 했다는 점을 로크는 강조하였고, 이러한 절제된 식사가 건강과 이상에서 꼭 필요한 것이라고 했다(존 로크 저, 임채식과 강진영 역, 1993).

콜레주(collège)는 주로 13세기에 건립되어 15세기를 거쳐 발전했으며, 처음에는 학생들의 기숙시설이었다가 점차 교육기능을 가지게 되었다. 콜레주의 교육프로그램은 문법, 수사학, 철학 등으로 구성되었다. 콜레주에는 주로 11세 혹은 12세에서 18세 혹은 19세의 학생들이 다녔는데, 나이 차이가 많고 공부하는 기간도 길었으므로 호칭도 달랐다. 콜레주에서 가장 어린 학생은 문법반 학생(grammarians), 15세나 16세 되는 학생은 수사학반 학생(rhetoricians) 또는 인문학반 학생(humanists), 그리고 가장 나이가 든 학생은 철학반 학생(philosophers)이라고 불렀다(서정복, 2005). 16세기 말에서 17세기 초부터 남자 아이들은 콜레주에 다니기 시작하였으나 여자 아이들의 교육은 훨씬 나중에 천천히 발전하였다(아리에스 저, 문지영 역, 2003).

존 로 타운젠트(1995)의 어린이책의 역사(강무홍 역, 1996)에 의하면 아동문학이 출현하기 위해서는 어린이가 단순히 어른의 축소판이 아니라 독자적인 요구와 관심을 가진 존재로 인정 받아야 한다고 했다. 그러므로 독자적인 아동문학이 등장했다는 사실은 중세의 아동관에서 근대적인 아동관으로 변화하기 시작했다는 점을 의미한다고 볼 수 있다. 성인용 책과 구분되는 어린이 책을 만드는데 선구자적 역할을 한 영국의 존 뉴베리는 이야기 모음집인 '작고 예쁜 포켓북'과 'Goody Two-Shoes'를 썼고, 미국 도서관협회는 해마다 그해 가장 우수한 아동문학 작품에 뉴베리상을 수여하고 있다.

19세기부터 서양의 중간계급의 주택에서 방들은 부모의 방과 자녀들의 방들이 명확하게 분리되어야 하고, 부모의 침실은 아이들의 눈으로부터 충분히 차단되게 하였다. 아이들도 성별에 따라 남자 아이의 방과 여자 아이의 방으로 분리되게 하였다. 방은 부모의 방, 남녀 아이의 방 등 최소한 3개가 있어야 한다는 규범이 주거공간의 분할에서 기준과 모델이 되었다(이진경, 2007).

인형과 같은 놀잇감이 아동의 전유물로 만들어지기 시작한 것은 서양에서 19세기부터이고, 그 이전의 인형들은 성인문화의 산물로 나타났으며, 성인들이 주로 사용했다(Aries 저, 문지영 역, 2003). 고대의 인형은 제의나 주술문화의 한 부분으로 신앙이나 숭배 대상으로서의 의미가 더 강했다. 서양에서는 성인들을 대상으로 한 실용적이거나 장식적 목적으로 상품화된 인형이 만들어졌고, 14세기부터 인형이 놀이감으로 만들어지기 시작했다. 19세기에 이르러서야 인형의 모습이 천진난만한 아동의 모습으로 다시 태어나면서 인형이 아동의 전유물이라는 현대적 의미를 가지게 되었다. 이러한 경향은 우리나라도 동일한 것으로 나타났다(박해미와 정종원, 2006).

박향아(2004)는 영화 닥터 코르작[7]을 통해 유태계 폴란드인인 교육학자 야누쉬 코르작의 아동관과 아동의 권리관을 분석하였다. 그는 아동을 선과 악의 양면성을 지닌 존재로 인식하고, 아동을 창조의 기원에 가깝고 초기 인간이 창조되었던 바로 그 시기와 가장 가까운 존재로 인식했다. 그는 또한 아동은 죽음의 권리, 삶의 권리, 인간일 권리를 가진다고 보았다. 이 세 가지 권리는 일상보다는 전쟁 속에서 핍박받는 민족으로서 누구보다 약한 존재인 아동에게 가장 기본적이고 절실한 기본권리라고 보았다.

해리포터에 등장하는 아동들은 각각 독자적인 성격과 취향, 판단과 기호, 세계관과 가치관을 가지고 있고, 자신만의 세계를 지닌 존재로 부각된다. 현실의 아동과 마찬가지로 어른들에 의해 통제되는 삶을 살고 있으나 자기만

7 본명이 핸리크 골드스미스인 코르작은 의사이면서 교육자로 아이들과 함께 평생을 산 사람이다. 유복한 유태계 폴란드인 가정에서 태어나 폴란드에서 2개의 고아원을 설립하여 운영했고, 수많은 교육서와 글들을 통해서 아동의 복지와 권리를 호소했다. 1942년 8월에 폴란드에서 많은 유태인들이 수용소로 보내지는 과정에서 코르작과 그의 아이들은 몇 차례 구명 특혜가 있었으나 그는 특혜를 거부했고, 유태인 고아 200명과 동행하여 트레블린카 수용소에서 비운의 죽음을 맞이했다.

의 판단과 사고, 신념을 실천하기 위하여 끊임없이 규범과 상식의 경계를 해체하고 전복시키며, 궁극적으로는 자신들의 세계를 어른들에게 설득시킨다. 어른들은 아이들의 대립자이기도 하지만 공동의 목적을 위해 연대해야 하는 협조자로도 부각되어 새로운 어린이와 어른의 관계를 제안하고 있다. 해리포터의 아이들은 의문투성이의 마법학교에서 자신들의 현재적 판단과 가치체계, 신념과 기호, 예감과 운명의 현실을 곧장 구축하여 현실 안에 자신들의 자리를 만들기 위하여 전력한다. 이들은 규칙이나 제도 때문에 욕구나 호기심을 포기하지 않으며, 위험과 금기, 행운과 운명의 벽이 가로놓인 모험의 바다를 자유로이 서핑하면서 자신들의 삶 자체를 즐긴다(최기숙, 2001).

오늘날 기독교 아동관은 일반적인 아동관8과 뚜렷한 차이가 있다(강란혜, 2003). 첫째, 인간의 생명의 근원이 하나님께로부터 왔다는 믿음은 아동의 삶이 하나님께 매여 있다는 근거가 된다. 즉 아동은 본질적으로 종교적 존재이다. 둘째, 아동은 하나님의 피조물로서 다른 피조물과는 질적으로 다르게 존귀하고 독특하게 창조된 존재이며, 절대적 주권자인 하나님께 의존해야 하는 존재이다. 아동은 자신이 생활의 중심이 아니라는 점을 깨닫고 자신을 창조하신 하나님을 배우고 깨달아야 한다. 마지막으로 아동은 개개인이 독특한 존재이기 때문에 그 독특성에 맞게 교육되어야 한다.

몬테소리는 기독교적 관점에서 어린이를 재림하는 예수로 비유하면서 어린이가 제도화된 학교교육에서 예수 그리스도가 간 고난의 길을 뒤따르게 될 것이라는 점을 암시했다. 몬테소리에게 어린이는 가정에 주어진 은총이며 성인의 세계를 형성하는데 큰 영향을 주는 존재이다. 즉 몬테소리는 실재하는 어린이보다 종교적으로 승화된 참된 어린이인 영원한 메시아로 이

8 오늘날의 아동관은 다음과 같은 특성을 가지고 있다(김오남, 곽수란, 노명희, 2000). 첫째, 아동은 무한한 잠재능력을 가진 존재로 약자도 아니고, 무능하지도 않고 무한한 가능성을 가진 존재이다. 아동은 미래 인력의 자원이므로 국가가 교육시키고 조기교육을 실시한다. 둘째, 아동은 어른의 축소판이 아니라 하나의 독립된 인격체로 존중되어야 한다. 아동은 독립된 존재이기 때문에 신체적, 정서적, 지적, 인성적 면에서 독자성을 가지고 나름대로의 성장과 발달과정을 거친다.

해했다. 기독교적 전통에서 나온 어린이의 예찬과 신비화는 이승과 저승, 구체적으로 관찰할 수 있는 세계와 초월적 원리에 의하여 규정된 세계 사이의 단절이 나타난다(정영근, 2002).

아동에 관한 과학적인 연구방법이 발전하고 여권이 신장되면서 무능력한 아동의 개념은 능력 있는 태아 개념으로 변화했다. 태아는 자궁을 통해 유입되는 부모의 음성과 같은 감각적 자극에 대하여 유쾌 또는 불쾌 같은 반응을 보일 수 있다고 아동심리학자들은 주장하고 있다. 아동이 외부환경에 의하여 일방적으로 교육당하는 피동적 존재가 아니라 스스로 교육과정에 참여하는 적극적인 존재라는 개념이 강조되고 있다. 아동의 교육과정은 아동과 아동을 둘러싸고 있는 환경과의 상호작용으로 아동이 환경과 협상하는 과정이다(김정운, 2000).

2. 한국

1920년대-30년대 우리나라도 가족에 대한 의식이 근대화되기 시작하면서 국가와 사회는 각종 정책과 어린이보호 사업을 통하여 아동양육 문제에 국가가 개입하려는 노력이 이루어지기 시작하였다(김혜경, 1997). 이 시기에 아동에 대한 가장 중요한 관심은 신체에 관한 것이었다. 양육개량론이 각종 기사와 계몽을 위한 글들의 주요 주제로 등장하면서 정신적이고 지적인 교육이 지배적이었던 전통사회의 분위기와 매우 달라졌다.(한국역사연구회, 2002).

1946년부터 서울시 주최로 어린이건강심사회가 이루어졌는데, 1959년에 열린 13회 대회에서는 10만 명의 아동이 응모했다. 1971년부터 전국우량아선발대회라는 명칭으로 문화방송과 분유업체인 남양유업이 공동으로 주최했다. 우량아에 대한 과도한 관심은 "개구장이라도 좋다. 튼튼하게만 자라다오" 라는 광고카피로 이어져 성장과정 보다는 결과만을 강조했던 경제성장위주의 개발정책을 옹호하는 담론을 낳았다. 또한 모유 수유로부터 여성을 해방하고 과학적인 영양관리를 강조한 자본주의적 상술에 속아 분유로 덩치만 키운 수퍼우량아를 TV에서 보면서 부러워했다. 그러나 모유 수유의 장점과 분유 수유의 문제점이 강조되면서 1984년 13차 대회를 끝으로 전국우량아선발대회는 TV에서 사라졌다(이경민, 2009).

중세의 동몽 개념에서 1920년대의 천진하고 순진한 아동 개념으로 변화하는 과도기에 해당되는 근대계몽기의 국어과 교과서를 중심으로 초기 교육에 나타난 아동의 형상을 연구한 조희정(2007)에 의하면 아동은 서로 다른 두 개의 계열체를 형성하며 뚜렷하게 구분되는 두 범주 속에서 생활하였다. 하나는 학교-독서-산술-작문-습자-교장-운동장-공부-즐겁게 유희(명랑, 오락)-운동으로 이어지는 근대 학문과 학교로 대표되는 근대 문물을 습득하는 아동의 계열체이다. 다른 하나는 밥-반찬-고추가루-간장-술-안주-물-숭늉-냉수-술상으로 연결되며 집안에서 일하는 아동의 계열체이다.

특정 계열체를 통해 아동에 대한 개념이 형상화되면서 아동기에 대한 의식도 등장했다. 아동기에 대한 범주화는 중세의 순환적 시간관을 벗어나 직선적인 근대의 시간관에 따라 일직선적인 시간 속의 특정 시기로 자리매김하게 되었다. 직선적 시간관을 시각화하는 대표적인 물상은 시계이다. 한번 지나가면 다시는 회복할 수 없는 시간이라는 점을 전제로 하여 아동기는 인생의 다른 시가와 구분되는 더욱 특별한 시기로 간주되었다. 아동으로 남아 있는 현재는 여전히 부족한 모습이며 아동이란 아직은 뭔가를 해낼 수 있는 역량을 갖추지 못한 미완의 존재이기 때문에 교육을 통해 배워야 온전한 인물로 거듭날 수 있다고 보았다.

1920-1930년대의 동아일보와 조선일보에 나타난 아동양육에 관한 기사를 내용분석한 신양재와 김영주(1992)에 의하면 그 당시 기사의 주요한 논지는 서구의 아동양육의 관점에서 볼 때 조선에서는 아동의 본성이나 발달에 관하여 너무 무지하고 성인 중심의 생활이 대부분이어서 아동만을 위한 배려가 없고 아동이 무시되며 보호받지 못하고 있다는 점이다. 조선의 국력이

약해져 일본의 식민지배를 받게 된 이유가 바로 이러한 아동양육에 있다고 보고 아동양육에 관한 새로운 지식을 받아들여 아동이 중심이 되는 양육을 보급해야 한다고 보았다.

개화기의 어린이 복식 종류에는 상의는 배냇저고리, 저고리, 조끼, 배자, 마고자, 당의 등이 있고, 포류에는 두루마기, 전복, 사규삼, 까치두루마기 등이 있었다. 하의류는 두렁치마, 풍차바지, 바지, 치마가 있었고, 쓰개류는 복건, 호건, 굴레, 조바위, 댕기가 있었고, 신발류에는 탈버선, 흑혜, 당혜, 운혜, 태사혜 등이 있었다. 사용된 직물은 궁중이나 반가에서는 견을, 일반 서민들은 면을 사용했다. 평상복은 백색과 옥색, 명절복은 오방색과 색동을 사용했다. 복식에는 아동의 무병장수와 부귀 다남, 자손번창을 기원하는 여러 가지 길상적인 의미를 가지고 있는 다양한 문양과 어문이 새겨졌다(하상효, 2000).

일제강점기의 아동복은 양복의 영향으로 한복이 개량되기 시작했고, 1920-30년대부터 관리하기 편하고 활동하기에 편한 양복을 입기 시작하면서 한복과 양복을 혼용하였다. 1920년대 남학생의 교복이 한복에서 양복으로 바뀌었고, 1930년대는 여학생의 교복도 양복으로 바뀌었다. 양복의 활동성이 강조되면서 아동의 옷으로 양복이 권장되면서 남아는 재킷에 바지나 반바지, 여아는 세일러 칼라의 상의에 치마를 입었다(정미경, 2009).

개화기(1897-1910년)와 일제침략기(1910-1945년)에 아동과 관련된 여러 문헌 등을 내용분석하여 아동관의 변화를 조사한 백혜리(2006)에 의하면, 그 시기는 아동을 사회적으로 위기에 빠진 국가를 구하고 부강시킬 수 있는 국가의 미래이며 희망이라고 봄으로써 매우 긍정적인 아동관을 가지고 있었다. 조선 말기에 등장한 동학의 만민평등사상에 기초해 서구의 교육사상을 받아들였다.

1920년대 이후에는 학교교육이 일반 서민들에게도 중요하게 여겨졌고, 1930년대가 되면서 학교에 다니는 일이 당연하게 되었다. 학교는 아동에게 주거영역 다음으로 중요한 사회적 생활공간이 되었고, 근대문명을 받아들이는 창구가 되면서 신식교육을 받은 아동과 부모세대가 다른 사고방식을 형성하게 하는 중요한 요인이 되었다. 그러나 이 시기 학교교육은 일부 계층에게만 허용되었고 소작농이나 가난한 농가의 아이들은 학교에 가지 못하고 힘든 노동을 하는 경우가 많았다(문소정, 1990). 특히 1990년대 까지도 가난한 집의 딸들은 부모와 함께 살지도 못하고 남의 집에 식모라는 이름으로 기거하면서 힘든 노동을 하거나 공장에서 일을 하는 경우가 많았다. 딸들이 이렇게 번 돈으로 아들, 특히 장남은 서울에 가서 대학까지 다니는 겨우도 많았다. 1990년대 선풍적인 인기를 끌었던 드라마 "아들과 딸"이 이러한 사회적 분위기를 잘 설명해준다.

어린이는 방정환이 처음 만든 용어로 우리나라에서 이전과는 다른 의미로 새롭게 정의되었다. 어린이의 정착을 가장 잘 보여주는 것은 신문이었다. 1920년대 초반만 해도 거의 찾아보기 힘들었던 '어린이'라는 표현이 1920년대 중반 이후 부쩍 늘어나기 시작했다. 초기에 주로 어린이날 관련 기사에서나 보이던 '어린이'가 이제 생활기사, 아동란 등에 자리잡기 시작했다. 1923년 천도교소년회가 중심이 되어 소년운동협회가 결성되었고, 이후 매년 5월 1일을 어린이날로 정하여 대규모 행사를 개최했다. 그러나 1925년에 5월회가 결성 된 후부터 소년운동 내에서 사회주의적 경향이 나타났고, 이들은 천도교계열의 주도권에 강력히 도전했다. 천도교 중심의 계몽운동에 대한 도전은 방정환의 '어린이' 개념을 허물게 되었고, 근로소년, 무산소년 등과 같은 용어가 더 많이 등장했다. 방정환은 '어린이'를 통해 서양 근대의 아동관과 교육관을 전유하면서 천도교의 인내천 사상을 소년운동의 논리로 전화시키고자 했다(이기훈, 2002).

소파 방정환은 아동은 진선미하고, 창조력을 가졌으나, 현실적으로 천대받는 존재이기 때문에 부모의 소유물이나 사회의 주문품으로 취급하지 말고 독자적인 사람으로 존중해야 한다고 주장했다. 아이들이 자유롭게 놀면서 기쁨으로 성장할 수 있도록 사회제도를 마련하고 성인의 인식을 바꾸어야 하고, 어른은 어린이들의 심부름꾼이 되어야 하고, 호주를 어린이로 바꾸어야 한다는 주장도 하였다(김태오, 2000).

일제 강점기의 어린이날은 1920년대 중반 무렵부터 심화된 사회주의 무산소년운동과 민족주의 소년운동의 갈등으로 인해 여러 번 분열을 겪었으며, 1930년대에는 어린이날 폐지론이 등장하기까지 했다. 1937년을 끝으로 중단되었던 어린이날은 해방 후 소년운동권이 재조직되면서 부활되었다. 어린이날은 5월 1일이었으나, 1927년에 5월 첫째 일요일로 바뀌었고, 해방 후 어린이날이 부활되면서 5월 5일로 바뀌었다. (한영혜, 2005).

1920-30년대에 이르면 우리사회에서도 근대적 의미의 가정이 탄생하면서 어린이 개념이 변화하기 시작하였고, 근대적 어린이 개념에 관한 담론이 활발하게 이루어졌다. 이러한 근대기의 새로운 어린이 개념은 두 가지 차원에서 주거 변화에 반영되었다. 첫째는 어린이가 사회의 어엿한 일원이 되기 위해서는 부모에게 의존하는 관계에서 벗어나 자립해야 하므로 어린이 방이 도입되었다. 또한 접객 위주의 주택구성에서 탈피하여 가족과 어린이를 위한 주거가 되어야 한다는 논의가 이루어졌다(김하나와 전봉희, 2005).

1915년에 열린 가정박람회에서 설치되었던 주택모형에서 안방, 건넌방, 부엌, 사랑방이라는 명칭 대신에 주부실, 노인실, 소아방 등의 명칭이 사용되었다. 소아실은 용도에 따라 잠자는 곳, 공부하는 곳, 노는 곳의 세 칸으로 나뉘어졌다. 유희실에는 아이들이 놀 각종 운동기구를 벌려 놓았고, 놀다가 보관할 수 있는 공간 및 손을 씻을 수 있는 공간도 있었다. 공부방에는 책을 보관하는 책궤를 가운데 둬 남매가 마주 앉아 공부할 수 있는 책상처럼 이용할 수 있게 했다. 소아실이라는 명칭은 1930-40년대 활동했던 건축가들이 남성중심의 공간에 대한 반성과 함께 아동실이라는 명칭으로 바뀌었다. 1950-60년대에 이르러 주택평면 계획에서 아동실과 성인실의 분리를 명확하게 하였고 아동의 생활을 더 배려하게 되었다(은난순, 2005).

이 시기의 어린이들은 어린이 잡지 등을 읽으면서 계몽되었을 뿐 아니라,

자신들의 꿈을 키워나갔다. 어린이 잡지 등은 각 지역에서 활발하게 활동한 소년단 등에서 주로 활용하는 읽을 거리가 되면서 어린이가 주체적으로 활동할 수 있는 영역을 만들었고, 어린이들을 위한 장난감 등이 보편화되면서 어린이가 실제적인 소비시장의 주체로 떠올랐다. 어린이날, 어린이 잡지 등이 계속 등장함에 따라 이전부터 있었던 소년, 소녀, 아동, 어린 사람을 통칭하는 광의의 언어인 어린이가 기능하게 되었다. 어린이는 단순히 나이 어린 사람이 아니고 자신 나름의 관점과 공간 등을 지닌 주체가 된다. 1920년대의 어린이라는 말의 개념의 변화는 어린이를 미래 사회의 주역으로 인식하게 하였고, 어린이들이 단순히 성인의 축소판으로 이해되는 것이 아니라, 성인에 이르기까지 자라가야 할 존재로 인식되었다(국성하, 2010).

1940-50년대의 신문기사를 분석한 자료에 의하면 부모는 아동을 위하여 먹을 것을 사주기는 하였으나, 장난감을 사주려는 생각은 거의 없었고, 아동들의 놀이도 못마땅하게 여기는 부모들의 인식에 문제점이 있다는 지적이 있었다(신양재와 김영주, 1993). 해방 전후로 힘들고 가난했던 시절에 오늘날에는 거의 필수적인 소비가 된 품목이 사치재라는 인식이 반영되었다고 볼 수 있다.

1950년대와 1960년대 중상류층의 육아방식을 분석한 자료에 의하면, 출산율이 떨어지고 핵가족화가 진행되면서 부모와 자식 간의 수직적인 위계관계가 완화되었다. 아빠, 엄마라는 호칭과 함께 자식에 대한 새로운 감성으로 크리스마스 선물, 생일선물, 가족 동반 나들이가 등장했다. 상류층조차도 아이들은 어렸을 때 자신의 방을 갖지 못했고 70년대 이후에야 공부방이 생겼고, 자기 소유의 장남감이나 동화책 등을 어느 정도 가질 수 있었다. 그러나 서구의 핵가족에서 강조되었던 규율적인 생활방식이 많이 강조되지는 않았다. 어머니의 가장 중요한 역할은 양육 자체보다는 아이들의 학업성취를 돕는 것이었고 자식의 가장 중요한 역할도 공부벌레가 되는 것이었다(김은희, 2005).

우리나라에서 1960년대부터 1990년대까지 동아일보 광고를 분석한 김혜금

(2012)에 의하면, 신문광고에 나타난 아동 관련 광고의 수는 1960년대와 1970년대는 유사하다가 1980년대에 1.6배 정도 증가하고 1990년대에 들어서 비약적으로 증가하였다. 제품 품목별 빈도에 있어서 1960년대부터 1980년대까지는 약품 광고가 가장 많았고 1990년대에는 학습지 광고가 가장 많았다. 1960년대부터 1990년대까지 신문에 광고된 제품에 나타난 모델 유형은 아동, 특히 남아 모델이 가장 많았다. 1960년대부터 1990년대까지 학습과 관련된 아동 관련 광고는 어린 연령부터 조기교육의 필요성을 강조하고 있었다.

김재숙과 이미숙(2007)은 기성복 산업이 활성화되기 시작한 1960년대부터 2000년까지 결혼가족 사진에 등장한 아동복을 분석하였다. 산업화가 시작된 1960년대의 아동복은 전반적으로 성인복과 비슷하여, 비교적 단조롭고 획일적인 디자인과 민무늬가 주를 이루었다. 1970년대는 아동복 브랜드가 등장했고, 비교적 다양한 형태, 색상, 무늬 및 장식적인 요소가 나타나 양적인 면에서는 성장했다. 그러나 의복의 형태는 여전히 성인 의복을 모방했기 때문에 아동에게 적절한 디자인은 개발되지 못했다. 이 시기에 유니섹스 유행의 영향으로 여자 아동들의 바지 착용이 증가했으나, 남자 아동은 파랑 계열과 갈색 계열, 여자 아동은 빨강 계열의 색을 많이 착용하여 색상에서 남녀 차이가 강했다.

1980년대에는 아동에게 적절한 디자인과 사이즈 체계가 성립되었고, 아동복 시장이 세분화되고, 의복 스타일에서 개성화와 패션화가 이루지는 등 질적으로 크게 성장했다. 아시안 게임, 올림픽 개최 등의 영향으로 캐주얼화가 강해서 남녀 아동 모두 점퍼, 티셔츠, 운동화 차림이 일반적이었고, 청바지를 많이 선호했다. 1990년대에는 출산율이 감소하고 아동에 대한 사회적 관심이 증가하면서 아동복 시장이 더욱 성장했고, 개성화, 명품화, 다양화 경향이 나타났다. 의복형태와 무늬도 다양해졌고, 남녀 아동 모두 무채색을 선호하는 경향이 과거보다 강해졌으나, 남자 아동의 파랑색 선호와 여자 아동의 빨강색 선호도 두드러졌다.

1990년대와 2000년대의 어린이책의 동향, 출판환경, 주제, 유통문제 및 독자들의 변화를 연구한 신종락(2009)에 의하면 어린이책 출판사는 1990년대 이후부터 본격적으로 등장했고 계속 증가하고 있다. 처음에는 공적 기구에 의해서 시작되었던 독서운동이 2000년부터 시민운동으로 정착되어 어린이 독서에 큰 변화를 가져왔다. 단행본 등장 초기에 다소 협소했던 주제의 폭이 1990년대 이후에는 크게 확대되어 거의 모든 분야의 주제가 다루어지고 있다. 2000년대에는 어린이책의 주제가 더욱 다양해져서 자연, 생태, 환경, 문화, 과학, 예술, 교양을 주제로 한 책들이 출간되었고 흥미와 학습을 겸비한 학습만화도 많이 출간되었다.

1980년대 이전에는 아동들이 책을 선택하거나 구매 할 수 있는 기회가 적었고 부모들이 일방적으로 구매를 하는 경우가 많았다. 그리고 책을 개별적으로 내용을 확인하고 구입하는 것이 아니라 전집류의 형태로 구매를 하였다. 1990년대에 이런 상황에 많은 변화가 오면서 부모가 아이들과 같이 서점에 가서 책의 내용을 확인하고 구입하는 경우가 늘었다. 2000년대에 들어서는 부모들이 독서모임에서 정보를 얻거나 기타 독서관련기관들에서 제공하는 권장도서목록을 보고 아이들과 함께 책을 사는 경우도 나타났다. 2006년부터 독서지도사가 많이 양성되어 어린이 독서와 책 선정에 영향을 미치고 있고 독서지수를 만들어서 어린이 나이에 맞는 맞춤형 독서를 권장하고 있다.

육아전문 월간지 앙팡에 실린 아동과 어머니의 상호작용 이미지를 분석하여 아동개념의 생산과 소비구조를 밝혀낸 김정운(2001)에 의하면, 아동의 개념은 복수보다는 단수로 생산되어 소비되고 있었다. 실제로는 대부분의 아동이 형제가 있음에도 불구하고 아동양육잡지에서 나타난 아동의 절대다수가 외아들이거나 외동딸이다. 또한 아동은 부모로부터 양육되는 것이 아니라 어머니로부터 양육되는 존재로 생산됨으로써, 단수로서의 아동은 1:1의 양육구조로 이어진다. 아동양육과 관련하여 가족이나 사회의 제도적 차원에 관한 사회적 인식은 전혀 존재하지 않고 아동은 전적으로 어머니의 책임 으로 양육되는 존재로 표상되고 있었다. 광고의 내용을 분석해 본 결과 어머니는 자신의 아동이 IQ와 같은 인지적인 면뿐 아니라 EQ와 같은 정서적인 면에서도 남보다 빠르게 앞서 나가고 신체적으로도 튼튼하게 자라도록 힘써야 했다. 이러한 아동의 성장목표를 가지고 있는 어머니는 항상 자신의 아이를 따뜻하고 세심하게 배려해야 하고 현명하고 섬세하며 다양하고 충분한 자극을 줘야 하며 아동이 잘못될까봐 항상 불안해 했고 걱정했다.

2005년부터 2012년까지 방영된 TV홈드라마 중 시청률이 높고 아동의 등장인물이 비중 있게 나온 24편의 홈드라마 속 아동은 사회적 관계와 그것의 유지에 능동적이고, 끊임없이 애정과 관심을 받고 싶어 하는 존재이며 애정과 관심을 받기 위해 적극적으로 대처 하는 '제가 할게요' 형, 성인 역을 모방하고 성인보다 더 성숙한 존재로 표현되는 '저도 어른이에요' 형, 상황에 의존적이고 기본생활습관마저 성인에게 요구하고 의존하는 자율성이 부족한 '다 해 주세요' 형으로 나타났다. 아동의 언어적 측면에서의 이미지는 자신의 생각과 경험 그리고 느낌을 바르게 표현하고 경청하는 '듣고 말해요' 형, 성인과 대화가 되는 '말이 통해요' 형, 의사결정에 주도권을 가진 '내 말대로 해요' 형 등으로 나타났다.

현대 드라마에서의 아동은 자신의 내면화되고 분화된 정서를 인식하고 조절하고 표현하며 하나의 독립된 인격체로서 성인과의 사회적 관계를 표상하였다. 이를 통해 아동은 성인보다 미흡한 발달 과정에 있는 존재가 아니고 또래보다는 조금 더 성숙한 이미지로 표상되고 있었다. 이러한 성숙된 아동의 표상은 아동을 가족 내에서도 부모의 보호와 통제 하에 있는 수직적인 관계가 아닌 성인과 동등한 위치를 가지게 하였고, 아동존중사상과 저출산으로 인한 아동의 가치 상승이 더해져 아동에게 힘을 실어주었다. 아동과 성인의 수평적인 관계는 아동을 보호해야 한다는 전통적인 생각과 내 자녀는 누구도 제재할 수 없는 가장 소중한 존재이고 언제나 당당해야 한다는 가족 이기주의로 변질하여 아동은 발달에 적합한 배려와 훈육적인 지원을 받지 못하고 성인과 동등한 힘만 가지게 되었다(전보영, 2013).

3

아동을 위한 소비지출의 증가

경제성장으로 가계소득수준이 높아지고 있고, 취업주부의 확산으로 출산율이 떨어짐에 따라 자녀수가 줄어들고 있다. 그 결과 가정에서 아동의 지위가 향상되고 있고, 아동 소비자의 소비액이 증가하여 소비시장에서 아동 소비자의 비중이 중요한 의미를 가지게 되었다. 아동 소비자는 대중매체에 지나치게 노출되어 있어 소비욕구가 강하고, 부모는 자녀의 충동적인 욕망에 대해 관대하기 때문에 아동 소비자는 소비에 대한 욕망의 절제가 부족하다. 아동 소비자는 부모가 아동용품을 구매하는데 아동자신의 의사를 반영시킴으로써 영향을 미치며, 기타 가족 전체를 위한 재화와 서비스의 구매에도 영향을 미침으로 가계구매행위에 직·간접적으로 영향력을 행사한다(장흥섭과 안승철, 2000). 오늘날 아동소비자의 소비행태는 개개인의 기호, 선호, 감성, 개성이 뚜렷하여 이것이 상품선택의 기준이 되는 개성화, 탤런트가 갖고 있는 감성이나 개성을 공유하려고 하는 탤런트화, 아동들이 어른문화를 유사체험 함으로써 어른화 되어 가는 성인화의 특성을 가지고 있다(문숙재, 여윤경, 2001).

2002년에 어린이와 10대 시장을 분석한 김유와 신승원(2002)은 어린이와 10대에 해당되는 아동소비자가 전체 인구의 약 20%를 차지함으로써 전체의 약 56%를 차지하는 성인시장의 약 1/3에 해당되지만, 이들의 한 달 지출규모는 월 평균 1만 2000원으로 2만 원에서 2만 2000원을 지출하는 20~40대의 지출 규모의 50% 이상을 나타내고 있었다. 특히 초등학교 학생들의 52%에서 60%가 학용품, 의류, 신발, 장난감, 식음료 등의 상품을 직접 선택하고 있고, 절반 이상은 여러 매장을 둘러본 후 비교구매를 하며, 54% 이상이 같은 상표를 계속해서 반복 구매하는 것으로 나타났다.

이렇게 물질적인 소비의 확장과는 달리 보건복지부가 발표한 2013년 한국 아동종합실태조사에 따르면 한국 아동의 삶의 만족도는 100점 만점에 60.3점으로 경제협력개발기구(OECD) 회원국 가운데 가장 낮은 것으로 나타났다. 특히 우리나라보다 한 단계 위인 루마니아도 76.6점이어서 16.6점이나 차이가 나 충격을 주고 있다. 경제협력개발기구 회원국 중에서 아동의 삶의 만족도가 가장 높은 나라는 네덜란드로 94.2점, 두 번째는 아이슬란드로 90.2점, 세 번째는 핀란드와 스페인으로 동점인 89.8점이었다. 경제위기를 겪고 있는 그리스도 5위로 89.0점이었고, 6위는 벨기에로 88.5점, 7위는 노르웨이로 88.0점, 8위는 스위스로 87.5점, 9위는 에스토니아로 87.1점, 10위는 슬로베니아로 86.8점이었다(연합뉴스 2014년 11월 4일).

우리나라는 유니세프의 어린이·청소년 행복지수를 모델로 측정한 아동 행복지수가 60.3점으로 수년째 OECD 최하위를 기록하였다. 아동결핍지수도 우리나라는 54.8%를 기록하여, OECD 국가 가운데 가장 결핍이 큰 것으로 나타났다. 우리나라보다 두 단계 위인 헝가리는 31.9%를 보여 22.9%나 크게 차이가 났다.

유니세프가 개발한 도구인 아동결핍지수는 하루 세끼 섭취, 교과서 이외 도서 보유, 소풍과 수학여행 등 학교 이벤트 참가 등 14개 항목 가운데 2개 이상의 항목에 '아니오' 라고 답변한 아동의 수치를 측정한 것이다. 따라서

결핍지수가 높을수록 기본조건에 대한 아동의 결여수준이 높다고 해석할 수 있다. 우리나라 아동의 경우 음악, 스포츠, 동아리 활동 등과 같은 정기적 취미활동을 비롯해 대체로 여가활동 관련 항목에서 결핍수준이 높게 나타났다(연합뉴스 2014년 11월 4일).

1. 자녀양육비

자녀 양육비는 개인적인 차원에서 지출되는 직접비용과 간접비용, 국가 전체적인 차원에서 지출되는 종합비용으로 구분할 수 있다. 직접비용은 자녀를 부양하기 위하여 가구가 추가로 지출하는 비용으로, 식료품비, 의복비, 보육비, 교육비, 주거비 등을 포함한다. 간접비용은 일종의 기회비용의 성격을 가지는 소득 손실분으로서 자녀 때문에 부모에게 발생되는 비용이다. 간접비용에는 어머니가 자녀를 돌보기 위해 직장을 그만 둘 때 혹은 근로시간을 줄일 때, 그리고 자녀 출산 때문에 직장에서 승진이 지연될 때 소요되는 비용이 포함된다. 이러한 단기적인 비용 이외에도 연금 수당의 감소 등 장기적인 차원의 비용도 포함된다. 간접비용은 남성에 비하여 상대적으로 육아를 많이 책임지고 있는 여성에게 큰 부담이 되고 있다. 교육수준이 높아지고, 고소득 직업에 종사하는 여성이 증가함에 따라 자녀양육에 대한 여성의 기회비용이 크게 증가하였고, 그 결과 출산율이 떨어져 사회적으로 중요한 문제가 되었다. 종합비용은 보육 혹은 교육에 대한 불충분한 투자가 인적 자본과 경제 발전에 영향을 미쳐 발생하는 비용이다(신윤정과 김지연, 2010).

영유아기의 한 자녀를 가진 가구를 대상으로 조사한 바에 의하면 한 자녀 가구의 56.36%가 둘째 자녀를 출산할 의도가 없다고 하였고, 둘째 자녀 출산의도에 영향을 미치는 주요 변수는 첫 자녀 연령대, 엄마의 교육수준, 엄마 소득 외 가구소득, 사교육비, 영유아 자녀를 위한 소비지출 수준으로 나타났다(이성림, 2010b).

서울시 거주 가계를 대상으로 직접 수집한 자료를 이용하여 자녀 양육비를 측정한 문숙재와 김성희(1995)의 연구에서 월 평균 자녀 양육비는 99만원이었다. 가계가 교양·교육·오락비에 가계소득의 51%인 539,000원을 지출함으로써 가장 비중이 높았다. 두 번째로 높은 비중을 차지한 항목은 식비로 가계소득의 20%인 215,000원을 지출하였고, 의복비는 가계소득의 7%인 73,000원, 자녀양육 대체비는 가계 소득의 4%인 43,000원이었다.

서울 및 경기도 지역에 거주하고 있는 가정을 대상으로 가족구성원간의 소득배분구조 연구를 적용하여 성인 1인당 자녀 1인의 지출 비율을 추정한 정순희(1996)에 의하면 성인 한명이 지출하는 액수의 약 87.5%를 자녀 한명을 위해 지출하고 있었다. 성인에 비해 자녀 지출액이 상대적으로 높은 항목은 교육비, 의류비, 교양오락비, 가구가사용품비 등으로 나타났다. 교통통신비는 성인 지출량의 약 23%로 나타났다.

1995년 한국가구패널조사 자료를 이용하여 식비지출비율모델을 적용하여 자녀양육비 지출액을 추계한 허경옥(1997)에 의하면 한 자녀 가계는 가계소득의 37%인 530,000원, 두 자녀 가계는 가계소득의 46%인 750,000원, 세 자녀 가계는 가계소득의 56%인 930,000원을 지출하는 것으로 산출되었다. 출생부터 만 18세까지의 자녀 양육비 지출액수를 추계한 결과 한 자녀 가계는 123,000,000원, 두 자녀 가계는 181,000,000원, 세 자녀 가계는 216,000,000원을 지출하는 것으로 나타났다.

2006년 전국 출산력 및 가족보건·복지실태조사자료를 이용하여 자녀 1인당 평균 양육비를 산출한 김승권(2006)의 연구에서는 자녀 1인당 평균 양육비는 912,000원으로 가족 공통비용 중 개인 자녀의 몫은 356,000원, 자녀 개인 비용은 556,000원으로 나타났다. 자녀 개인 비용을 항목별로 보면 사교육비가 203,000원, 식료품비가 154,000원, 교육비가 131,000원, 의복·신발비가 48,000원, 보건 의료비 21,000원인 것으로 산출되었다.

박세경(2006)은 2003년 통계청 자료를 사용하여 고소득가계와 저소득가계로 구분한 후 각 소득집단에서 식료품비 비율 등급을 5단계로 구분했고 동일한 등급에서 무자녀 가계와 유자녀 가계 사이의 소비지출 차이를 자녀 양육비로 추정하였다. 자녀 1명의 양육비는 저소득가계는 약 300,000원~630,000원, 고소득가계는 약 440,000원~87,000원, 자녀 2명의 양육비는 저소득가계는 약 360,000원~780,000원, 고소득가계는 약 590,000원~1,350,000원 사이로 나타났다. 2004년 통계청 가계조사자료를 분석한 이성림(2007)에 의하면 자녀를 양육하는데 필요한 보상비용은 1명인 경우 한 달 평균 약 680,000원, 2명인 경우 1,040,000원, 3명인 경우는 1,180,000원으로 나타났다.

두당 비용 추계 방식에 따라 자녀 양육비를 추계한 신윤정과 김지연(2010)에 의하면 한 달 평균 자녀 1인당 양육비는 한 자녀 가계의 경우 755,972원, 두 자녀 가계는 658,607원, 세 자녀 가계는 546,309원으로 나타났다. 이를 자녀 1인당 평균 양육비로 환산하면 월 674,596원, 가구당 자녀 총 양육비는 월 1,227,732원이 소요되는 것으로 추계하였다. 자녀 연령에 따라 양육비 추계액은 다양한 것으로 나타났다. 첫째 자녀연령이 학령 전인 경우 양육비 추계액이 가장 낮고 초등학교, 중학교, 고등학교로 자녀 학령이 높아질수록 양육비 지출 추계액이 증가하였다. 두 자녀 가계는 한 자녀 가계에 비해 월 평균 561,243원을, 세 자녀 가계는 두 자녀 가계에 비해 월평균 321,713원을 더 지출하는 것으로 나타났다.

김은설 등(2012)에 위하면 0세부터 3세 아동을 위하여 소비하는 지출은 월평균 614,000원이었고, 아동의 연령에 따라 소비지출은 변화했다. 0세 아동은 611,200원, 1세 아동은 503,100원, 2세 아동은 487,500원, 3세 아동은 854,600원으로 나타났다.

이채정과 권혁주(2017)은 한국복지패널 7차년도(2011년)와 11차년도(2015년) 자료를 활용하여 무상보육 실시 이전과 이후 영유아 양육가구의 자녀양육비 지출이 어떻게 변화하였으며, 그러한 변화를 유발한 요인이 무엇인가를 분석하였다. 저소득가구(1분위)는 무상보육 이전과 이후 모두 자녀양육비 지출 수준이 다른 소득계층에 비하여 높았고, 고소득가구(5분위)는 무상보육 이후 시설외보육비용을 중심으로 자녀양육비 지출이 증가하였다. 무상보육 실시 이후 가구의 소득수준이 높을수록 통계적으로 유의미하게 엔젤지수가 증가한 것으로 분석되었다. 이는 현행 보육정책이 부모의 노동시간과 시설보육서비스 제공시간의 불일치에 따른 돌봄공백을 축소하지 못하여 저소득가구의 자녀양육부담을 경감하지 못하였으며, 무상보육정책이 고소득가구의 시설보육외비용 지출 증가를 촉발하여 소득계층에 따른 자녀양육방식의 차이를 발생시킬 수 있음을 의미한다.

이채정(2018)은 한국복지패널 조사자료를 활용하여 무상보육정책이 자녀양육비용 지출을 경감시켰는지를 영아와 유아 양육가구별로 분석한 결과, 영아 양육가구는 자녀양육비용이 경감된 반면에 유아 양육가구는 증가한 것으로 나타났다. 영아 양육가구는 월평균 약 23.6만원 감소(시설보육비용 약 23.3만원, 시설보육외비용 약 0.3만원 감소)하였으며, 유아 양육가구는 월평균 약 7.4만원 증가(시설보육비용 약 3.0만원, 시설보육외비용 약 4.4만원)하였다. 이는 무상보육정책이 시설보육을 이용하는 영아 양육가구의 자녀양육비용은 경감시키지만, 학령기 진입을 앞둔 유아 양육가구는 정부의 보육료·유아학비 지원으로 발생한 여분의 경제적 지원을 부가적인 특별활동이나, 베이비시터, 학습지 등 시설보육 이외의 보육서비스 이용에 지출하고 있다는 점을 보여준다.

이상록과 조은미(2016)는 2008년도 및 2012년도의 여성가족패널조사 자료를 활용하여, "아이사랑 플랜" 정책의 실행으로 보육지원 확충이 두드러졌던 2009년도를 전후로 다양한 소득계층에서 아동양육비 지출 양상의 변화 및 관련 변수들의 영향력 변화를 분석하였다. 2009년을 전후로 아동양육비 부담이 전체적으로 감소하였을 뿐 아니라 소득계층간 아동양육비 지출의 격차도 감소하여 일부분 긍정적인 정책 성과가 확인되었고, 가구소득 등 일부 사회경제적 변수들의 영향력이 의미있게 줄어들었다.

최정은(2017)은 영유아 보육료 지원 사업이 가구소득에 따라 차등 지원되던 방식에서 2013년 전 계층으로 확대된 데 따른 자녀 양육비 경감 효과를 살펴보았다. 영유아 자녀의 어린이집과 유치원에 지출되는 비용과 시설 밖에서 이뤄지는 사교육비를 구분해 기존 연구와 차별화를 시도해보았다. 이를 위해 여성가족패널데이터 제4차(2012)와 5차(2014년)를 비교해, 2013년 보육정책의 변화에 따른 전과 후 영아와 유아 자녀의 양육비 변화를 관찰하였다. 2012년에는 영아의 경우 보육료지원 100%와 차상위계층 양육수당 지원, 유아 보육료지원 소득하위 70%가 지원 되었다면, 2014년에는 영유아 보육료지원 100%, 양육수당 100% 지원으로 확대되었다. 무상보육정책의 변화를 가장 잘 드러나는 이 데이터를 활용해 자녀 양육에서 가장 큰 부담인 가정돌봄 비용, 어린이집/유치원 비용, 학원 비용 등을 포괄하는 자녀 양육비의 원인을 분석해보았다. 무상보육정책이 영아와 유아 자녀의 양육비에 미치는 효과는 다르게 나타났다. 또한 영아 자녀 가구에서 눈에 띄는 사교육 과열 현상과 영유아 모두에서 발생하는 가정돌봄 비용으로 인해 자녀의 양육비가 증가하고 있었다.

김나영(2017)은 영유아학부모 온라인 체감물가조사 결과를 바탕으로 하여 육아지출비용에 영향을 주는 요인을 분석하였다. 영유아가구의 월 평균 가계지출 중 31%가 육아비용으로 지출되고 있어 이에 대한 경제적 부담을 느낀다는 비중이 90%에 이뤘다. 자녀양육 비용에 대한 부담은 경제활동에 참여 결정, 생활비 및 시간사용 구조 변화 등을 야기하는 중요한 요인이 되었다. 자녀 어머니의 취업, 서울거주, 상대적으로 높은 월평균 가구 소득 등이 육아지출비용 증가에 영향을 미쳤다.

<표 3-1>에는 가구유형과 세부항목에 따라 자녀 1인당 월평균 양육비가 제시되어 있다. 전국 가구의 경우 기타소비와 비소비지출이 25.1%로 가장 많았고, 사교육비가 22.8%로 두 번째로 많았다. 식료품비는 20.4%로 세 번째로 많은 비중을 차지하였다. 한부모가구와 다문화가구도 기타소비와 비소

비지출이 각각 19.0%, 20.7%를 차지해 가장 많았고, 전국가구와 달리 식료품비가 각각 18.2%와 18.1%를 차지해서두 번째로 많았다. 한부모가구는 공교육비가 13.4%를 차지해서 사교육비 12.8%에 비하여 많았다. 다문화가구는 사교육비가 10.6%로 세 번째로 많았다.

〈표 3-1〉 가구유형별 자녀 1인당 월평균 양육비(세부항목별)

(단위: 만원, %,명)

세부항목	전국 가구	한부모가구		다문화가구		기초수급가구	
		비용	(전국가구 대비 %)	비용	(전국가구 대비 %)	비용	(전국가구 대비 %)
주거 및 광열수도비	7.4	8.9	(120.3)	5.1	(68.9)	6.4	(86.5)
가구집기, 가사용품비	1.8	1.4	(77.8)	1.5	(83.3)	0.9	(50.0)
교양오락비	3.2	2.0	(62.5)	2.2	(68.8)	0.8	(25.0)
교통통신비	12.7	11.0	(86.6)	9.8	(77.2)	5.4	(42.5)
기타 소비 · 비소비지출비	25.1	19.0	(75.7)	20.7	(82.5)	7.1	(28.3)
식료품비	20.4	18.2	(89.2)	18.1	(88.7)	14.7	(72.1)
의복 · 신발비	6.8	4.7	(69.1)	6.1	(89.7)	3.0	(44.1)
보건의료비	2.2	1.2	(54.5)	3.4	(154.5)	1.6	(72.7)
공교육비	16.5	13.4	(81.2)	7.0	(42.4)	5.5	(33.3)
사교육비	22.8	12.8	(56.1)	10.6	(46.5)	6.4	(28.1)
계	118.9	92.7	(78.0)	84.5	(71.1)	51.8	(43.6)
(분석아동수)	(12,745)	(766)		(134)		(158)	

출처 : 김연우 (2013), p.60

사교육비의 경우 한부모가구는 전국가구의 56.1%, 다문화가구는 46.5%, 기초수급가구는 28.1%에 불과하였다. 공교육비도 다문화가구는 42.4%, 기초수급가구는 33.3%에 불과하였다. 한부모가구, 다문화가구 및 기초수급가구 아동들의 빈곤의 악순환과 세습을 막기 위해서는 무엇보다 인적자본을 키우는데 가장 중요한 역할을 하는 교육에 대한 투자가 이루어져야 한다. 이를 위해서는 이들 가구를 대상으로 하여 공교육을 확충하는 방안이 마련되어야 한다.

<표 3-2>에는 자녀연령과 가구유형에 따른 자녀 1인당 월평균 양육비와 동일 자녀연령대 전국 가구 대비 비율이 제시되어 있다. 전국 가구의 경우 미취학아동기라고 할 수 있는 0-5세는 92만원으로 가장 적었고, 초등교육기

에 해당되는 6-11세는 105.3만원, 중고등교육기인 12-17세는 122.8만원, 대학 이상인 18세 이상은 160.8만원으로 자녀의 나이가 많아질수록 월평균 양육비가 크게 증가하고 있었다.

〈표 3-2〉 자녀연령별 자녀 1인당 월 평균 자녀 양육비 및 동일 자녀 연령대 전국 가구 대비 비율

(단위: 만원, %,명)

자녀연령	전국 가구	한부모가구		다문화가구		기초수급가구	
		양육비	(동일 자녀연령대 전국 가구 대비 %)	양육비	(동일 자녀연령대 전국 가구 대비 %)	양육비	(동일 자녀연령대 전국 가구 대비 %)
0~5세	92.0	57.7	(62.7)	80.0	(87.0)	42.7	(46.4)
6~11세	105.3	73.4	(69.7)	97.7	(92.8)	50.0	(47.5)
12~17세	122.8	91.4	(74.4)	88.1	(71.7)	44.7	(36.4)
18세 이상	160.8	129.4	(80.5)	-	-	78.3	(48.7)
(분석아동수)	(12,704)	(760)		(134)		(158)	

출처 : 김연우 (2013), p.63

0-5세는 전국은 92만원이나 한부모가구는 전국의 62.7%, 다문화가구는 87.0%, 기초수급가구는 46.4%에 불과했다. 6-11세는 전국은 105.3만원인데 한부모가구는 전국의 69.7%, 다문화가구는 92.8%, 기초수급가구는 46.5%에 불과했다. 12-17세는 전국은 122.8만원인데 한부모가구는 전국의 74.4%, 다문화가구는 71.7%, 기초수급가구는 36.4%에 불과했다. 18세 이상은 전국은 160.8만원인데, 한부모가구는 80.5%, 기초수급가구는 48.7%에 불과했다.

<표 3-3>에 의하면 자녀 연령별 1인당 교양오락비는 0-5세는 전국은 3만원인데, 한부모가구는 50.0%, 다문화가구는 73.3%, 기초수급가구는 26.7%로 매우 적었다. 6-17세는 전국은 2.9만원,인데, 한부모가구는 55.2%, 다문화가구는 75.9%, 기초수급가구는 27.6.%로 매우 적었다. 12-17세는 2.9만원인데, 한부모가구는 69.0%, 다문화가구는 72.4%, 기초수급가구는 24.1%로 매우 적었다. 18세 이상은 전국은 4.4만원으로 다른 연령대에 비하여 가장 많았으나, 한부모가구는 전국 가구의 54.5%, 기초수급가구는 27.3%대로 나타났다.

〈표 3-3〉 자녀연령별 자녀 1인당 월 평균 교양오락비

(단위: 만원, %,명)

자녀연령	전국 가구	한부모가구		다문화가구		기초수급가구	
		교양 오락비	(동일 자녀연령대 전국 가구 대비 %)	교양 오락비	(동일 자녀연령대 전국 가구 대비 %)	교양 오락비	(동일 자녀연령대 전국 가구 대비 %)
0~5세	3.0	1.5	(50.0)	2.2	(73.3)	0.8	(26.7)
6~11세	2.9	1.6	(55.2)	2.2	(75.9)	0.8	(27.6)
12~17세	2.9	2.0	(69.0)	2.1	(72.4)	0.7	(24.1)
18세 이상	4.4	2.4	(54.5)	–	–	1.2	(27.3)

출처 : 김연우 (2013), p.63

〈표 3-4〉 자녀연령별 가구특성별 자녀 1인당 월평균 공교육비

(단위: 만원, %,명)

자녀연령	전국 가구	한부모가구		다문화가구		기초수급가구[1]	
		공교육비	(동일 자녀연령대 전국 가구 대비 %)	공교육비	(동일 자녀연령대 전국 가구 대비 %)	공교육비	(동일 자녀연령대 전국 가구 대비 %)
0~5세	6.4	0.9	(14.1)	5.7	(89.1)	2.4	(37.5)
6~11세	4.2	2.4	(57.1)	2.8	(66.7)	1.1	(26.2)
12~17세	10.6	8.3	(78.3)	13.4	(126.4)	1.5	(14.2)
18세 이상	53.9	40.1	(74.4)	–	–	23.7	(44.0)
(분석아동수)	(12,707)	(760)		(134)		(158)	

출처 : 김연우 (2013), p.63

<표 3-4>에 의하면 자녀 연령별 자녀 1인당 공교육비는 0-5세는 6.4만원, 6-11세는 4.2만원, 12-17세는 10.6만원, 18세 이상은 53.9만원으로 나타났다. 공교육비는 초등학교 시기가 가장 적었고, 중고등학교 시기는 초등학교 시기의 두배가 넘었고, 대학교 이상은 중고등하교 시기의 5배가 넘었다. 한부모가구의 유아기는 전국 가구의 14.1%, 초등학교 시기는 57.1%, 중고등학교 시기 이후는 70%대를 차지하였다. 다문화가구의 유아기는 전국 가구의 89.1%, 초등학교 시기는 66.7%, 중고등학교 시기는 126.4%대를 차지하였다. 기초수급가구의 유아기는 전국 가구의 37.5%, 초등학교 시기는 26.2%, 중고등학교 시기는 14.2%, 대학 이후는 44.0%를 차지하였다.

〈표 3-5〉 자녀연령별 가구특성별 자녀 1인당 월평균 사교육비

(단위: 만원, %,명)

자녀 연령	전국 가구	한부모가구		다문화가구		기초수급가구	
		사교육비	(전국 가구 대비 %)	사교육비	(전국 가구 대비 %)	사교육비	(전국 가구 대비 %)
0-5세	11.4	6.1	(53.5)	8.1	(71.1)	4.3	(37.7)
6-11세	30.0	15.6	(52.0)	21.6	(72.0)	10.2	(34.0)
12-17세	35.0	16.4	(46.9)	14.1	(40.3)	7.0	(20.0)
18세 -	8.8	5.4	(61.4)	-	-	1.3	(14.8)
분석 아동수	(12,707)	(760)		(134)		(158)	

주: 다문화가구의 18세 이상 자녀는 사례수 부족(10 미만)으로 분석결과의 신뢰성이 낮아 제시하지 않음.

출처: 김연우 (2013), p.63

<표 3-5>에 의하면 자녀 연령별 자녀 1인당 사교육비는 0-5세는 11.4만원, 6-11세는 30.0만원, 12-17세는 35.0만원, 18세 이상은 8.8만원으로 나타났다. 사교육비는 대학교 이상이 가장 적었고, 중고등학교 시기는 초등학교 시기보다 5만원이 더 많았다. 한부모가구의 유아기는 전국 가구의 53.5%, 초등학교 시기는 52.0%, 중고등학교 시기는 46.9%, 대학이후는 61.4%를 차지하였다. 다문화가구의 유아기는 전국 가구의 71.1%, 초등학교 시기는 72.0%, 중고등학교 시기는 40.3%대를 차지하였다. 기초수급가구의 유아기는 전국 가구의 37.7%, 초등학교 시기는 34.0%, 중고등학교 시기는 20.0%, 대학 이후는 14.8%를 차지하였다.

2. 사교육비

교육은 사회계급을 구성하는 중요한 구성요인으로 계급재생산과 사회이동의 중요한 통로 역할을 한다. 특히 한국사회에서는 교육이 중요한 사회자본이 된다는 점에서 소위 일류대학을 가기 위한 사교육 열풍이 불고 있다.

특정 학교나 학위가 자신의 신분적 지표가 되어 사회적으로 높은 위신을 만들어주는 상징재가 되고 있다. 이러한 사교육에 대한 투자는 유아기부터 시작되고 있고 사회문제로까지 확대되고 있는 실정이다(박재환, 일상성·일상생활연구회, 2006).

우리나라에서 사교육이 사회문제로 부각되기 시작한 시기는 1960년대의 입시경쟁과 중고등학생의 개인과외 열풍이 일어났던 때부터였으며 개인과외의 사회적 병폐를 고민한 정부는 1974년도 고교 평준화 정책, 1980년대 과외법 금지정책 등 공교육 정상화와 과열과외 해소를 위한 강력한 통제정책을 실시하였다. 그러나 1990년대 이후부터 사교육 금지가 부분적으로 완화되었고 헌법재판소의 과외금지조치 위헌결정(2000년 4월 27일)이 이루어진 2000년도부터는 사교육의 금지가 전면 해제되었고 학원중심의 사교육 시장이 다시 성장하였다. 사교육 시장은 역대정부들이 추진해온 수능·내신·논술시험 등의 혼란스러운 대학입시 평가체계를 오히려 역이용하여 학부모들에게 입시정보 제공과 진학 컨설팅에서 주요역할을 담당하며 패권적으로 팽창해 가고 있다. 특히 너무나 복잡하고 다양한 입시전형 때문에 진학컨설팅 시장이 더욱 커지고 있는 실정이다(이성림, 2005; 박진영, 2007; 박주희, 2014).

우리나라 대입전형은 수능과 내신 등의 성적 위주 선발 방식에서 대학과 사회의 요구를 반영함으로써 새로운 패러다임을 모색하는 방향으로 개혁이 진행되어 왔다. 입학사정관제는 대표적인 대학입시제도 개선 방안 중 하나로서 2013년 대입전형 간소화 정책에 따라 학생부종합전형으로 명칭이 변경되었으며, 현재 대학입시 전형의 중요한 축으로 자리를 잡았다. 학생부종합전형 확대는 대학의 학생 선발 자율성을 보장하고, 고교교육 정상화와 대학 신입생의 출신 지역 및 고교 다양성 확보에 기여한다는 평가를 받고 있다. 그러나 깜깜이 전형이라는 비하와 함께 학생부종합전형에 대한 평가는 관점에 따라 찬반 혹은 긍정과 부정적 의견이 혼재되어 나타나고 있으며, 공정 사회와 정의 등의 이슈가 공론화되고 있는 시점에서 학생부종합전형에 대한 언론, 학계, 이익집단 간 논란이 점증하고 있다. 첫째, 규범적 차원에서 학생부종합전형 정책이 추구하는 가치는 학생의 균등한 교육기회 보장, 대입제도의 다양성, 대학의 자율성 지향이지만, 대학의 학생 선발 자율성 보장 의구심, 입학사정관 전문성 및 인력 부족, 취약한 근무조건 등의 문제가 있다. 둘째, 구조적 차원에서는 학생부종합전형 정책, 학생부 활용 대입 제도 운영의 확산 지원 체계가 구축된 반면, 정부-대학 간 숙의적인 정책 논의는 부족했다. 셋째, 구성원 차원에서는 이익집단과 대중은 암묵적인 정책공동체 관계 형태를 취하고 있는 반면, 이들의 행위가 정책 과정의 환류로 작동하지 못하였다. 마지막으로 기술적 차원에서는 학생부종합전형의 긍정적 연구 결과와 대비되는 사교육비 증대와 교육 불평등 조장 우려 등이 나타났다(주영효, 김상철, 2017).

사교육 억제를 위한 정책은 학원비 인상 억제 및 선행교육 풍토 근절 등이 시행되었으나 크게 효과를 거두지는 못했다. 2014년 2월에 발표된 교육부의 사교육비의식 조사에 의하면 사교육비의 총 규모와 참여율은 지속적으로 줄어들고 있으나 1인당 사교육비는 오히려 상승하고 있는 것으로 나타났다. 사교육 업체의 불안마케팅, 물가상승률, 학원비 인상, 선행교육 풍토가 사교육비 인상의 주요 원인으로 보고 이를 억제하기 위한 대책을 수립하였다. 먼저 유아 대상 영어학원에서 외국인 강사를 채용하지 못하도록 하는 방안을 검토하기로 하였으며, 선행학습을 유발하는 광고를 하는 학원에 대해 학원법 준수 여부 등을 상시 점검하는 등의 조치를 취하였다. 그러나 선행학습을 유발하는 광고를 한 학원에 대한 제재 사항이 대책에 포함되지 않아 이에 대한 비판이 제기되었다. 또한 학원비 인상이 사교육비 증가의 원인이 되고 있다는 점에서 학원비 등을 학원 외부에 게시하는 '옥외가격표시제'를 전면 확대하는 등 학원비의 공개를 추진했고, 종전의 학원중점관리구역을 사교육특별관리 구역으로 개편하여 선행학습 영향평가를 강화하고 학원비 단속 등을 종합적으로 시행할 계획을 수립하였다(이준호와 황혜선, 2016).

일반적으로 사교육의 억제정책에 대한 부모들의 반응은 긍정적 지지와 부정적 반응의 양방향으로 나타난다. 사교육 억제에 대한 긍정적 지지를 하는 부모들은 우리사회가 사교육에 지나치게 몰입하는 병폐를 우려하여 사교육 억제와 공교육 정상화를 통해 교육기능을 건전하게 회복시켜야 한다고 주장한다. 반면에 부정적 반응을 하는 부모들의 입장은 교육경쟁이 치열한 우리사회에서 부모가 사교육을 제공하지 않은 것은 자녀들의 학업성취와 성공을 위해 충분한 역할을 행하지 못하는 것으로 보며 사교육을 통제하기에 앞서 우리사회가 공동의 복리를 추구할 만한 사회적 신뢰가 형성되어 있어야 한다는 사실을 강조한다. 따라서 사회적 자본이 미흡한 상황에서 개별가정의 사교육 포기는 어렵다는 입장이다(박주희, 2014).

사교육비 지출에 직접적으로 영향을 미치는 변수는 교육열이다. 우리나라 교육열은 모든 계층의 학부모에게 비슷하게 높게 나타나지만 실제로 표출되는 양상은 사회계층에 따라 다르게 나타난다. 상류층의 학부모는 자녀에게 거는 기대가 매우 높아, 일류대학 진학 뿐만 아니라 석박사학위 취득과 유학까지 고려하며, 경제적 가치보다 문화적 가치를 더 중요한 학력의 효용으로 보았다. 중산층의 학부모는 자녀를 "좋은 대학에 입학시키기 위한 강박관념을 보이고, 자녀의 대학입학을 부모 자신의 인생의 성공으로 생각하고 있었다. 한편 근로계층의 학부모는 자녀를 대학에 보내고 싶어 하지만 대부분 막연한 기대일 뿐이었으며 대학진학을 쉽게 포기하고 학력이 보장할 고용의 안정성과 경제적 효용 때문에 실업계 진학을 고려하고 있었다. 농촌의 학부모의 기대는 자녀가 학교성적이 중위권에 들지 못하지만 체육 특기가 있으면 체육특기자로 대학 입학하거나 농업계고등학교 진학을 희망하고, 성적이 좋으면 전문대에만 합격해줘도 큰 다행으로 여겼다(김영화 외, 1993).

우리나라의 경우 소위 일류대학을 가기 위해서는 자사고와 특목고를 입학하는 것이 매우 중요한 과정이 되고 있다. 전국적으로 유명한 자사고와 특목고를 가기 위해서는 초등학교 고학년부터 준비를 해야 한다고 입시컨

설팅에서는 주장하고 있다. 이러한 요소가 초등학교부터 사교육을 부추기는 중요한 요소가 되고 있다.

서은경, 김현철, 황수진, 이철원(2018)은 서울교육종단연구(SELS)의 4차 년도부터 6차 년도까지 자료를 활용하여 특목고 진학계획의 사교육비 지출에 대한 인과효과를 분석하였다. 중학생의 특목고 진학계획 집단과 일반고 진학계획 집단 간에 사전 공변량을 동등화한 후에 특목고 진학계획의 영어 사교육비 지출에 대한 인과효과는 존재하지 않는 것으로 나타났고, 수학 사교육비 지출은 동등화 이전보다 감소했지만 특목고 진학계획의 수학 사교육비 지출에 대한 인과관계가 존재하는 것으로 나타났다. 또한, 부모의 경제적·교육적 지원이 학생의 고교진학계획과 사교육 참여에 대한 직접적인 변수인 동시에 매개변수로도 작용하였다.

'사교육 걱정없는 세상'이 박홍근 더불어민주당 의원과 함께 2015년 수도권 중학교 3학년 1,818명과 고등학교 1학년 2,051명을 대상으로 '고교유형별 중·고교 사교육 실태'를 조사했다. 진학 희망 고교 유형별로 100만원 이상 사교육비를 지출하는 학생 비율은 일반고는 4.9%에 불과했고, 광역단위 자사고는 18.8%, 전국단위 자사고 28.6%, 과학고와 영재학교는 35.0%, 외국어고와 국제고는 15.3%로 나타났다. 일반고 지망 학생과 자사고·특목고 지망 학생의 사교육비 지출이 최대 7배 이상 차이가 났다. 진학 희망 고교 유형에 따라 월 평균 사교육비 지출액은 일반고와 광역단위 자사고는 30~50만원 수준이 가장 많았으나 전국단위 자사고와 과학고·영재학교, 외고·국제고는 50~100만원 수준이 가장 많았다.

사교육 참여율도 일반고 지망생과 특목고 지망생의 차이가 나타났다. 사교육을 받는 비율은 일반고 지망 학생은 66.6%, 과학고·영재학교는 83.3%, 외고·국제고지망 학생은 84.5%, 전국단위 자사고 지망 학생은 89.3%, 광역단위 자사고 지망 학생은 91.4%로 나타났다. 주당 14시간 이상 사교육에 참여한 비율도 과학고·영재학교가 60.5%로 가장 높았고, 전국단위 자사고는 51.0%,

광역단위 자사고는 43.2%, 외고·국제고는 41.2%, 일반고는 22.8%로 나타났다(아시아경제 2017년 7월 12일).

자사고나 외고 등 특수목적고가 일류 대학을 가기 위한 입시학원으로 전락하고 있다는 주장과 함께 특목고를 폐지해야 한다는 주장이 제기되고 있다. '참교육을 위한 전국 학부모회', '평등교육 실현을 위한 전국 학부모회', '한국 YMCA 전국 연맹' 등으로 구성된 '특권학교 폐지 촛불시민행동'은 2017년 7월 4일에 출범 기자회견을 열고 자사고와 외고의 폐지를 촉구했고, 전국에서 동시다발적으로 "자사고와 외고 등 특권학교를 즉시 폐지하라."는 1인 시위를 하고 있다(오마이뉴스 2017년 7월 17일). 교육전문기업 비상교육이 학부모 교육정보 커뮤니티인 '맘앤톡'에서 2017년 6월에 초등학생 자녀를 둔 회원 457명에게 특목고 폐지 설문 조사를 시행한 결과 찬성이 67%, 반대는 21%로 찬성 의견이 3배가량 많았다(MBN 뉴스 2017년 7월 17일).

나영미와 윤정혜(2011)는 서울과 인천에 거주하는 인문계 고등학교 2학년 자녀를 가진 어머니를 대상으로 어머니의 자녀교육열과 가계 특성이 사교육비의 지출여부와 사교육비의 지출규모에 미치는 영향을 조사하였다. 우리나라 어머니의 자녀교육열은 본질적 교육열이 도구적 교육열보다 전반적으로 높았다. 그러나 사교육비 지출 여부와 지출규모를 결정하는 것은 어머니의 도구적 교육열이었다. 즉 우리나라 어머니들은 학력에 따라 사회경제적 보상이 주어지는 학력의 사회경제적 가치를 인식하고 자녀가 높은 직업지위와 고용의 안정성을 추구하기 위하여 사교육비를 지출을 하고 있었다. 자녀의 출생순위가 빠를수록 사교육비 지출 가능성과 사교육비 지출규모가 유의하게 증가하였다. 우리나라 어머니의 교육수준이 높을수록 자녀가 학력의 사회경제적 가치를 높이 평가하고 있기 때문에 사교육비 지출을 많이 하고 있었다. 사교육비 지출여부의 영향요인에서는 가계소득의 효과가 나타나지 않았고 가계자산의 효과만 유의하였다. 사교육비 지출규모의 영향요인에서는 가계소득과 가계자산의 효과가 모두 유의하였다. 즉 일정수준 이하의 자산보유

가계에게는 공교육비 외의 사교육비는 식료품비, 주거비와 같은 필수재가 아니고 선택재에 해당하므로 사교육비 지출을 할 수 없기 때문에 이러한 결과가 나왔다고 해석할 수 있다.

이성림과 한윤선(2016)은 2012년 한국아동·청소년패널 중학생 조사 자료를 사용하여 사교육비 지출이 자녀의 학업성적에 미치는 영향을 분석하였다. 중하위 소득계층에서도 상위층과같이 높은 수준의 사교육비를 지출하는 가구 층이 25% 이상으로 상당히 두터운 층을 이루고 있었다. 사교육비 지출 분위가 올라갈수록 평균 성적이 높은 경향이 있으나, 사교육비 지출 수준 차이에 대응하는 커다란 성적 차이는 나타나지 않아서 사교육 효과가 크지 않았다. 사교육비 지출은 성적에 유의한 양의 효과가 있지만, 사교육비 지출의 한계효과는 0에 가까울 정도로 매우 작으며, Oaxaca-Blinder 분해 결과는 성적 상위권과 하위권 집단 간 사교육비 지출 수준의 차이가 이들의 성적 격차에 대한 기여도는 5%미만으로 매우 미약하게 나타났다.

한윤선과 이성림(2018)은 가정의 사교육비지출이 높을수록 수학능력시험 성적이 높았으나, 그 정적 관계의 정도는 권위형 양육 유형의 가정이 긍정형, 양가형, 중립형, 무관심형 가정보다 더 작았다. 이러한 결과는 서양과 차별된 한국형 부모양육 유형이 존재하며, 가정의 사교육비지출과 청소년의 학업성적 간의 관계는 모두에게 동일한 것이 아니라 부모-청소년의 관계의 특징에 따라 변할 수 있음을 시사한다.

이성림과 한윤선(2018)은 교육고용패널 4차년도 고등학생 3학년 표본을 사용하여 부모의 사교육비 지출과 자녀양육 유형이 자녀의 대학수학능력시험 성적에 미치는 영향을 분석하였다. 군집분석 결과, 부모의 자녀양육 유형은 간섭형, 민주형, 방관형, 권위형, 양가형의 5가지로 분류되었고, 양육유형에 따라 사교육비 지출 수준과 자녀의 수능성적에 유의한 차이가 있었다. 양가형 양육유형이 자녀에 대한 사교육비 지출 수준이 가장 높고, 자녀의 수능성적도 가장 우수하였고, 간섭형의 수능성적은 다른 양육유형에 비해 낮았다. 분위회귀분석을 실행한 결과, 간섭형은 모든 성적분포에서 사교육비 지출이 자녀의 학업성취도에 미치는 긍정적인 효과가 민주형 보다 낮은 조절효과가 나타났고, 양가형은 60~90% 중상위 성적 분포에서 사교육비 지출이 성적을 향상시키는 효과가 민주형에 비해 낮은 부정적인 조절효과가 유의하게 나타났다.

이성림(2018)은 중학생 부모의 양육유형을 파악하고, 양육유형이 사교육비지출에 미치는 영향과, 양육유형이 사교육비지출을 매개로 하여 자녀의 학업성취에 미치는 영향을 분석하였다. 부모의 양육유형은 양가형, 민주형, 권위형, 허용형의 네 가지로 구분하였으며, 양가형이 가장 많은 비중을 차지하고, 민주형은 두 번째로 큰 비중을 차지하였다. 양육유형은 사교육비지출에 유의한 영향을 미치며, 가계소득이 사교육비지출에 미치는 영향을 조절하는 효과를 발견하였다. 사교육비지출이 증가할수록 자녀의 학업성적이 증가하는 경향이 나타났다. 양육유형에 따라 사교육비지출을 매개로 자녀의 학업성적에 미치는 영향이 다르게 나타났다. 민주형은 사교육비지출을 매개로 자녀의 성적에 영향을 미칠 뿐 아니라 직접적으로 자녀의 학업성적에 긍정적인 영향을 미치고, 양가형과 권위형은 오직 사교육비지출을 매개로 하여 자녀의 학업성적에 영향을 미쳤다.

우원재와 김현진(2017)은 중·고등학생의 학업성취 유형에 따라 가구소득, 학교만족, 그리고 사교육비의 영향이 상이한지를 2개의 패널자료(한국교육종단연구와 한국교육고용패널)를 활용하여 분석하였다. 표준성취 점수를 학업성취변수로 활용한 자료 분석에서는 사교육비가 학교만족보다 학업성취에 더 많은 영향을 미쳤으나, 학교내신자료를 학업성취변수로 활용한 자료 분석에서는 학교만족이 사교육비보다 학업성취에 더 많은 영향을 미쳤다. 학업성취 변수의 측정방법에 영향이 다르게 나타났다. 가구소득은 학교내신보다 표준화된 학업성취에 더 많은 영향을 미치는 것으로 나타났으나 학년이 올라갈수록 가구소득의 영향력은 줄었다.

이관형과 권용재(2015)는 사교육비를 원론적 사교육비, 협의의 사교육비, 광의의 사교육비 등으로 구분하여 2012년도 기준 만 4세 아동들의 사교육비 지출 규모, 지출 실태 및 지출요인 등을 분석하였다. 원론적 유아 사교육비와 협의의 유아 사교육비 지출 규모는 연간 약 7천억 원대로 나타났으며 광의의 사교육비는 1조 6천억원대로 추정되어 학부모들의 유아 사교육비에 대한 부담이 큰 것으로 나타났다. 한편 유아 사교육비 지출실태의 요인을 분석한 결과 학부모들의 소득 수준과 교육수준이 가장 큰 영향을 미치는 것으로 나타났다. 이는 유아교육단계에서부터 소득계층에 따른 사교육비 격차로 인한 계층간 교육격차가 이루어지고 있을 가능성을 보여준다. 그리고 반일제 이상의 학원에 다니는 경우가 어린이집이나 유치원에 다니는 경우에 비하여 사교육비 지출이 매우 많은 것으로 나타났다.

김현진과 김미혜(2014)는 중학교 1학년에서 중학교 3학년으로 학년이 올라가면서 증가하는 사교육비 지출에 어떤 변수가 영향을 미치는지를 분석하였다. 학년이 올라감에 따라 증가하는 사교육비 지출 변화에는 명문고등학교 진학희망 변수만 유의미하게 영향을 미치는 것으로 나타났고, 가구소득과 학교불만족변수는 사교육 비지출증가에는 영향을 미치지 않았다. 가구소득, 학교불만족, 명문고등학교 진학희망은 초기의 사교육비 지출 수준에는 영향을 미치는 것으로 나타났다. 한국교육종단연구의 2005년부터 2007년까지 3차년도에 걸쳐 동일한 중학생의 월평균 사교육비는 학년이 올라갈수록 증가하고 있다.

이은우(2006)는 한국청소년개발원에서 발표하고 있는 '한국청소년패널조사' 2차년도 자료를 이용하여 중학교 3학년 학생들의 성적에 영향을 미치는 제반 요인과 소득계층 간 성적 격차가 어떤 요인에 의해 발생하는가를 분석하였다. 학생들의 성적은 사교육비와 가족 배경(부모의 소득, 학력, 그리고 직업)에 의해 크게 영향을 받는 것으로 나타났다. 그리고 같은 조건인 경우 여학생이 남학생보다 더 우수한 것으로 나타났다. 소득계층을 상, 중, 하로 나눌 경우 각 소득계층별로 자녀들의 성적차이가 뚜렷이 나타났다. 성적차이의 요인분해를 할 경우 중소득층과 저소득층과의 평균성적차이의 17.5%는 사교육비의 차이, 38.4%는 가족환경의 차이에 기인하고, 고소득층과 저소득층과의 평균성적차이의 32.9%는 사교육비의 차이, 45.0%가 가족환경의 차이에 기인하고, 그리고 고소득층과 중소득층과의 평균성적차이의 9.4%는 사교육비의 차이의 65.3%는 가족환경의 차이에 기인하는 것으로 분석되었다. 각 과목별로 성적결정함수를 순서프로빗(ordered probit) 모형을 이용하여 추정한 결과 공부를 열심히 한 정도와 사교육 여부가 성적에 많은 영향을 미치며, 사교육 중에서는 학원수강이 성적향상 효과가 제일 큰 것으로 나타났다.

한국에서 사교육은 더 이상 자기 자녀에 대한 교육 투자라는 개인적인 문제에 머물지 않는다. 자녀에 대한 부유층의 사교육이 그들의 사회적 성공과 직결된다는 것이 사회적 통념이 되고 있으며, 이러한 소위 '부의 대물림'은 한국 사회에 적지 않은 우려를 낳고 있다. 즉 사교육을 추구하는 과정과 그 결과가 가져오는 소득분배의 문제는 사교육이 사회적 이슈와 나아가 정부의 중요한 의제가 되고 있다. 2006년 10-11월 고용정보원에서 실시한 대졸자 직업이동경로조사 자료를 분석한 결과 고소득층 자녀들의 대졸초임이 저소득층 자녀들의 대졸초임보다 상대적으로 높은 것으로 나타났다. 가계소득이 5백만 원 차이가 날 경우 자녀의 대졸초임은 약 10% 정도 차이가 있는 것으로 나타났다(윤형오와 김성준, 2009).

이렇게 사교육의 효과가 커지면서 사교육은 대학생과 대학을 졸업한 이후까지 이어지고 있다. 잡코리아와 알바몬이 4년제 대학 3~4학년생 1,374명을 대상으로 취업사교육 경험을 조사한 결과, 전체 응답자 중 39.2%가 '취업준비를 위해 사교육을 받았거나 현재 받고 있다'고 답했다. 취업사교육 경험은 남학생이 34.6%, 여학생41.8%로 여학생이 더 많았고, 전공별로는 '경상계열 전공자' 중 취업사교육을 받았다는 응답자가 43.9%로 가장 많았다. 인문사회계열은 41.5%, 예체능계열은 36.5%로 그 다음을 차지했다. 이공계열 전공자는 36.2%로 다른 전공에 비해 적었다. 대학생들이 일 년 동안 소비하는 취업사교육비는 평균 215만원으로 집계됐다. '어떤 취업사교육을 받는지' 복수응답으로 조사한 결과 '토익/토플 등 영어 점수를 올리기 위한 취업사교육을 받는다'는 대학생이 51.1%로 가장 많았고, 다음으로 '전공 자격증 취득'을 위해 취업사교육을 받는다는 응답자가 33.3%로 많았다. 취업사교육비를 어떻게 마련하는지 조사한 결과 '부모님의 도움과 함께 본인이 알바 등으로 벌어서 마련 한다'는 응답자가 45.7%로 가장 많았고, '부모님께 전액 지원 받는다'는 응답자가 27.9%, '전액 본인이 알바 등으로 벌어서 마련 한다'는 응답자가 22.5%로 나타났다(파이낸셜뉴스, 2018년 7월 23일).

한희진과 양정호(2018)는 1차년(2007년)부터 9차년(2015년)까지의 청년패널조사(YP) 자료를 활용하여 대학교 학생들의 사교육비 실태와 사교육비 지출에 영향을 미치는 요인들을 분석하였다. 각 졸업년도를 기준으로 6개 코호트 집단마다 약 20% 정도의 대학생이 취업이나 전공과목을 대비해 사교육을 받고 있는 것으로 나타났으며, 월 평균 사교육비용으로 30만원 정도를 지출하였다. 대학생들은 대체로 영어시험이나 영어회화처럼 영어시험대비 사교육을 많이 받고 있었으며, 학원수강이나 온라인 동영상을 통해 사교육을 집중적으로 받고 있었다. 대학생이 대학을 졸업할 때까지 약 500만원 정도의 사교육비를 지출하는 것으로 나타났다. 그리고 대학생 사교육비는 성별에 따라 차이가 있었으나, 학생 전공계열이나 학생의 학점, 그리고 학생의 가계소득과 같은 학생 개인변수나 대학교의 위치와 같은 학교변수에 따라서는 차이가 없었다.

주동범, 이원석, 이현철, 김광석(2018)은 부산교육종단연구 1차년도 데이터를 활용하여 부산광역시 사교육비 경감 정책 및 지원사업의 효과성을 검증하였고 부산광역시 사교육비 경감 및 지원정책의 효과성 제고를 위한 정책대안을 모색하였다. 사교육비에 대한 위계적 선형 모형 분석결과, 중학교 학생수준의 변수 중에 부모의 사회경제적 지위는 영어와 수학 사교육비 지출을 증가시키는 것으로 나타났다. 부산사이버스쿨 활용 시간은 미약하지만 국어 사교육비 지출을 증가시키는 것으로 나타났다. 학생의 방과후학교 참여는 국어 사교육비 지출을 감소시키는 것으로 나타났다. EBS교육 프로그램 이용 시간은 영어 사교육비 지출을 감소시키는 역할을 하지만 학교수준 변수들이 포함될 때 그 영향력이 사라져 학교수준의 변수들이 더 큰 영향력을 발휘하는 것으로 나타났다. 학교특성 변수 중에 영어 수준별 수업운영은 영어 사교육비 지출을 감소시키는 것으로 나타났다. 방과후학교 연계 프로그램 운영은 수학 사교육비 지출을 증가시키는 것으로 나타났다. 일반계 고등학교 학생수준의 변수 중에 부모의 사회경제적 지위는 국어·영어·수학 사교육비지출을 증가시키는 것으로 나타났다. 학생의 방과후학교(국어) 참여는 국어 사교육비 지출을 감소시키는 것으로 나타났다. EBS교육 프로그램 이용은 국어·영어·수학 사교육비 지출을 감소시키는 것으로 나타났다. 학교특성 변수 중에 방과후학교 참여는 국어 사교육비 지출을 증가시키는 것으로, EBS교육 프로그램 이용은 수학 사교육비 지출을 감소시키는 것으로 나타났다.

육아정책연구소가 2017년에 5개국 영유아 학부모를 설문조사 한 결과를 분석한 결과 한국 영유아가 사교육을 처음 시작한 연령은 평균 39.2개월로 조사됐지만 2세 미만도 14.2%나 됐다. 영유아의 사교육 프로그램 이용 횟수는 한국이 주당 2.2회로 비교 국가 중 가장 많았고, 미국은 1.6회, 일본은 1.5회, 핀란드는 1.4회, 대만은 1.3회 순으로 나타났다.

자녀의 월 평균 사교육비용은 한국이 101,000원으로 미국의 177,000원 보다는 적었지만 대만의 66,000원보다 많았다. 가구소득 대비 사교육비 비중은 한국이 5.2%로 가장 높았고, 대만 4.8%, 미국 3.4%, 일본 3.2%, 핀란드가 1.5%로 나타났다. 사교육을 시키는 이유는 '자녀 발달과 학습에 도움이 된다고 생각해서'가 51.8%, '자녀가 원해서'는 30.6%였다. 사교육 프로그램 회당 평균시간은 52분인데, 월 가구소득에 따라 500~600만원 미만의 가구는 45.1분, 600~700만원 미만의 가구는 66.8분으로 차이가 있었다(김은영, 김근진, 윤지연, 2017).

<그림 3-1>에는 2007년부터 2017년까지 해마다 학생 사교육비 총액 규모 및 학생수가 제시되어 있다. 학생수는 2007년에 773만명에서 매년 조금씩 감소하여 2017년에 573만명으로 나타났다.

이렇게 학생수가 크게 감소한 것과는 달리 학생 사교육비 총액은 2007년에 20조원에서 2009년에 21.6조원으로 증가했고, 2015년에 17.8조원으로 조금씩 감소했으나, 2016년에는 18.1조원, 2017년에는 18.6조원으로 증가했다. 학생수가 감소한 것을 감안한다면 사교육비 총액의 증가는 더욱 크다고 볼 수 있다.

출처: 통계청(2018)

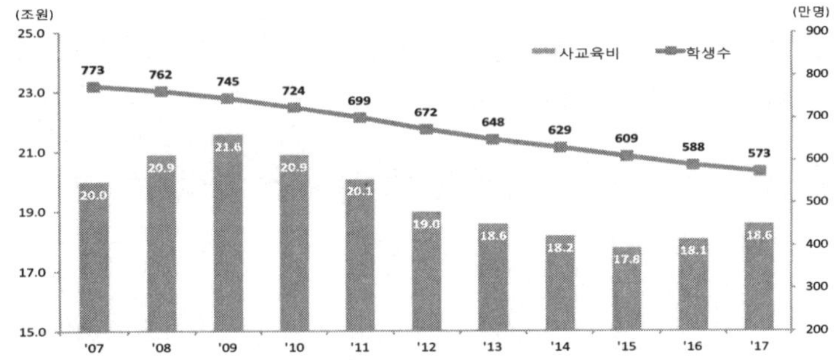

〈그림 3-1〉 학생 사교육비 총액 규모 및 학생수

출처: 통계청(2018)

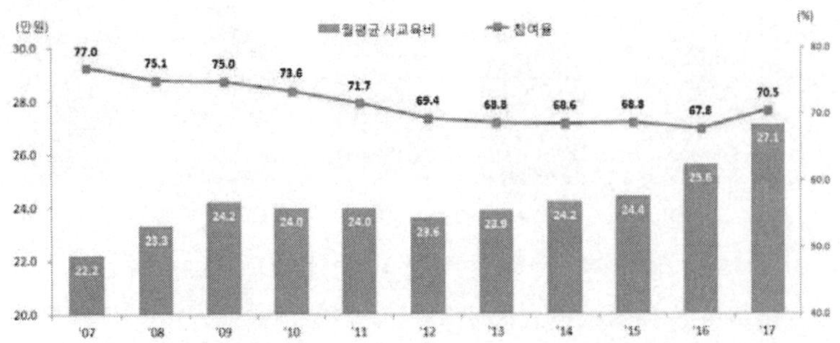

〈그림 3-2〉 학생 1인당 월평균 사교육비 및 참여율

<그림 3-2>에는 2007년부터 2017년까지 해마다 학생 1인당 월평균 사교육비 및 참여율이 제시되어 있다. 학생 1인당 월평균 사교육비는 22.2만원으로 가장 적었고, 2008년부터 2015년 사이에는 23만원–24만원대로 나타났고, 2016년에는 25.6만원으로 증가했고, 2017년에는 27.1만원으로 증가했다. 사교육 참여율은 2007년에 77.0%로 가장 많았으나, 해마다 조금씩 감소해서 2016년에는 67.8%로 가장 적었으나, 2017년에는 70.5%로 다시 증가했다.

<그림 3-3>에는 2013년부터 2017년까지 초등학교, 중학교, 고등학교로 구분된 학생 1인당 월평균 사교육비가 제시되어 있다. 중학생이 2013년에 26.7만원부터 2017년에 29.1만원으로 초등학생과 고등학생에 비하여 많았다. 고등학생은 방과후에 학교에서 하는 자율학습 때문에 사교육을 받을 수 있는 시간이 부족해서 사교육비가 중학생보다 적다고 볼 수 있다. 2013년에는 고등학생은 22.3만원, 초등학생은 23.2만원, 2014년에는 고등학생은 23.0만원, 초등학생은 23.2만원으로 고등학생이 초등학생보다 적었다. 그러나 2015년부터 2017년은 고등학생이 초등학생보다 사교육비 지출이 더 많았다.

출처: 통계청(2018)

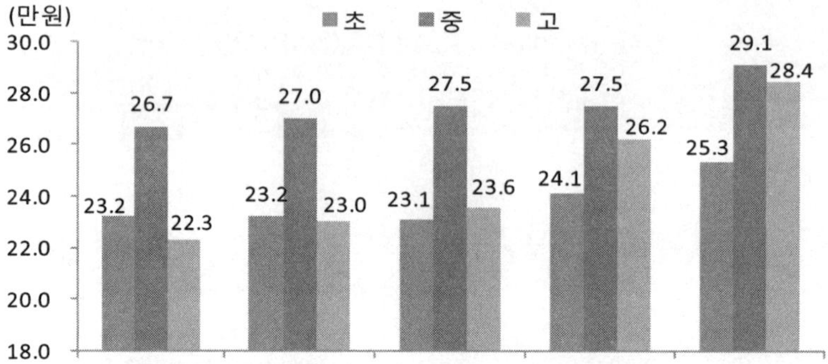

〈그림 3-3〉 초 중 고 학생 1인당 월평균 사교육비

출처: 통계청(2018)

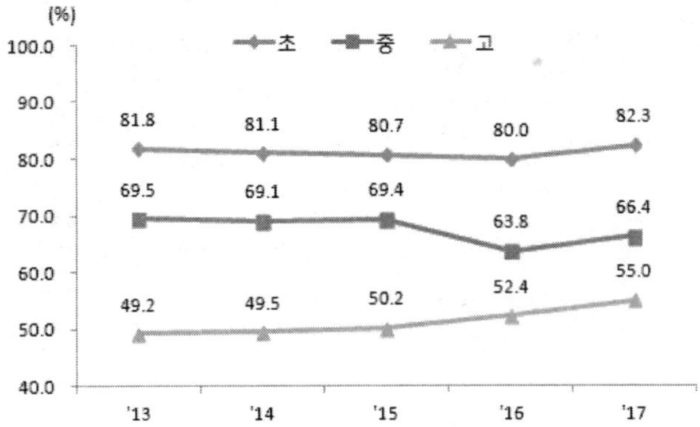

〈그림 3-4〉 초 중 고 월평균 사교육 참여율

<그림 3-4>는 2013년부터 2017년까지 월평균 사교육 참여율이 초등학교, 중학교, 고등학교로 구분하여 제시하고 있다. 월평균 사교육 참여율은 초등학생이 2016년 80.0%에서 2017년 82.3%를 차지해서 가장 높았고, 중학생은 2016년 63.8%에서 2013년 69.5%를 차지해서 두번째로 높았고, 고등학생은 2013년 49.2%에서 2017년 55.0%로 가장 낮았다. <그림 3-5>에는 2013년부터 2017년까지 주당 사교육에 참여하는 시간이 제시되어 있다. 주당 사교육에 참여하는 시간은 2013년에 5.9시간에서 2015년에는 5.7시간으로 아주 조금 감소했으나 2016년부터는 조금씩 증가했다.

출처: 통계청(2018)

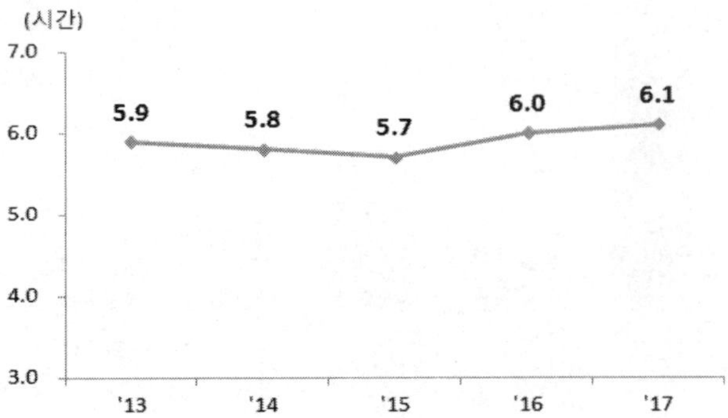

〈그림 3-5〉 주당 사교육 참여시간(전체)

출처: 통계청(2018)

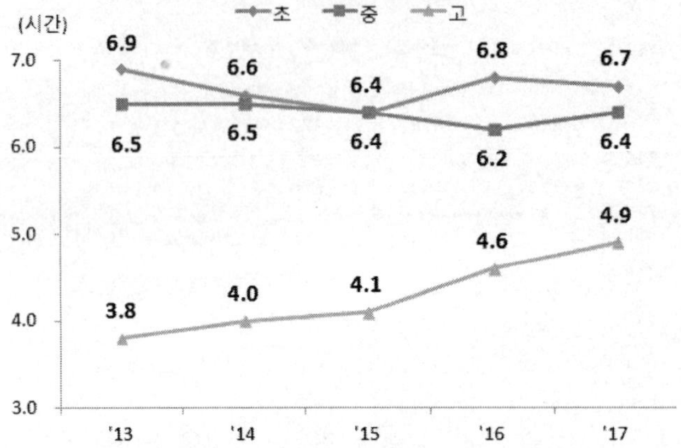

〈그림 3-6〉 주당 사교육 참여시간(학교급별)

<그림 3-6>에는 2013년부터 2017년까지 주당 사교육 참여시간이 학교급별로 제시되고 있다. 주당 사교육 참여시간은 초등학생이 2013년 6.4시간에서 2013년 6.9시간으로 가장 많았고, 중학생은 2016년 6.2시간부터 2013년과 2014년 각각 6.5시간으로 두 번째로 많았는데, 초등학생과 중학생의 차이는 매우 작았다. 고등학생은 2013년 3.8시간부터 2017년 4.9시간으로 해마다 조금씩 증가하고는 있으나, 초등학생과 중학생에 비하여 크게 작았다.

출처: 통계청(2018)

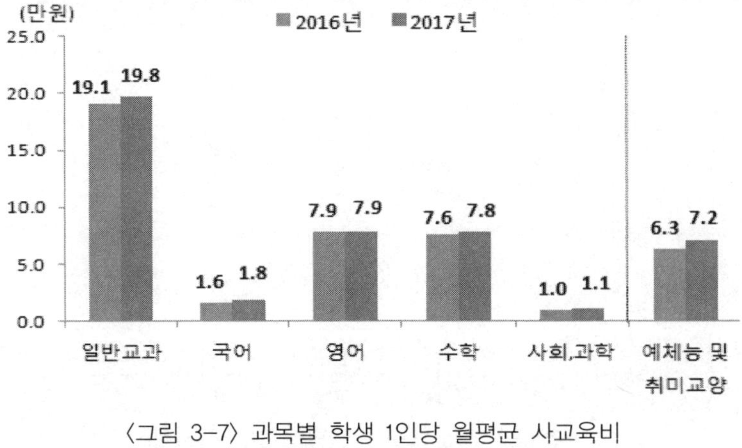

〈그림 3-7〉 과목별 학생 1인당 월평균 사교육비

<그림 3-7>에는 2016년과 2017년의 과목별 학생 1인당 월평균 사교육비가 제시되고 있다. 영어는 2016년과 2017년에 7.9만원으로 동일했고, 나머지 다른 과목들은 아주 작은 차이이긴 하나 2017년에 2016년보다 약간 증가했다. 일반교과가 2016년에 19.1만원, 2017년에 19.8만원으로 가장 많았고, 영어가 두 번째, 수학은 2016년 7.6만원, 2017년 7.8만원으로 세 번째, 예체능 및 취미교양이 2016년 6.3만원, 2017년 7.2만원으로 네 번째로 많았고, 사회와 과학이 만원대로 가장 적었다.

<그림 3-8>에는 2016년과 2017년의 과목별 월평균 사교육 참여율이 제시되어 있다. 사교육 참여율도 월평균 사교육비와 마찬가지로 2016년에 비하여 2017년에 약간 증가하였다. 과목별로 보면 일반교과가 2016년 51.0%, 2017년에 52.2%로 가장 높았고, 수학이 2016년 42.3%, 2017년에 43.3%로 두 번째로 높았다. 2016년에는 영어가 39.1%로 세 번째, 예체능 및 취미교양 37.8로 네 번째를 차지했으나, 2017년에는 예체능 및 취미교양이 41.1%로 세 번째, 영어가 39.1%로 네 번째를 차지했다. 사회와 과학은 2016년 10.4%, 2017년 11.2%로 가장 낮았다.

출처: 통계청(2018)

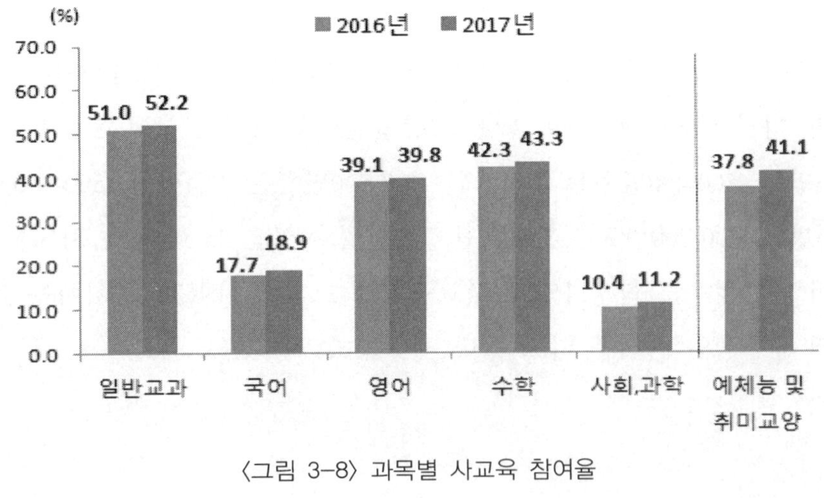

〈그림 3-8〉 과목별 사교육 참여율

<그림 3-9>에는 2016년과 2017년의 학생 1인당 월평균 사교육비 지출금액별 학생 분포가 제시되고 있다. 사교육을 받지 않는 학생이 2016년 32.2%, 2017년 29.5%로 가장 많았고, 50만원 이상이 2016년 17.1%, 2017년 18.4%로 두 번째, 10-20만원 미만이 2016년 12.7%, 2017년 13.7%로 세 번째, 20-30만원 미만이 2016년 12.1%, 2017년 12.7%로 네 번째, 30-40만원 미만이 2016년 10.6%, 2017년 10.2%로 다섯 번째로 많았고, 10만원 미만이 7%대로 가장 적었다.

출처: 통계청(2018)

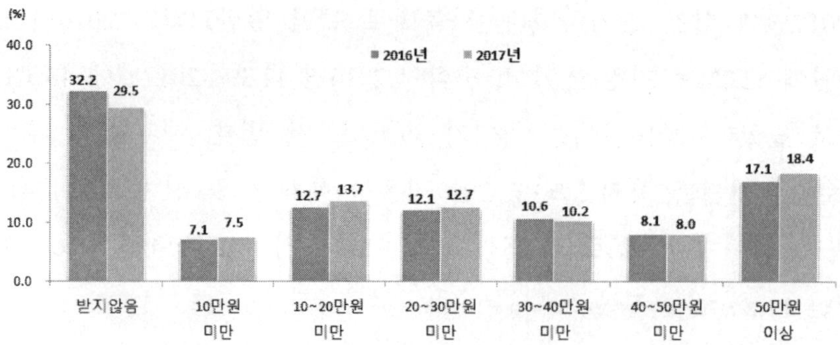

〈그림 3-9〉 학생 1인당 월평균 사교육비 지출금액별 학생 분포

<그림 3-10>은 가구 소득수준별 학생 1인당 월평균 사교육비가 제시하고 있다. 가구소득이 200만원 미만이 9.3만원으로 가장 낮았고, 200-300만원은 15.3만원, 300-400만원은 21.2만원, 400-500만원은 27.4만원, 500-600만원은 32.1만원, 600-700만원은 36.4만원, 700만원 이상은 45.5만원을 차지했다. 소득이 높아질수록 학생 1인당 사교육비가 크게 증가했고, 증가하는 패턴도 거의 선형적인 형태를 띠고 있다는 것을 알 수 있다.

출처: 통계청(2018)

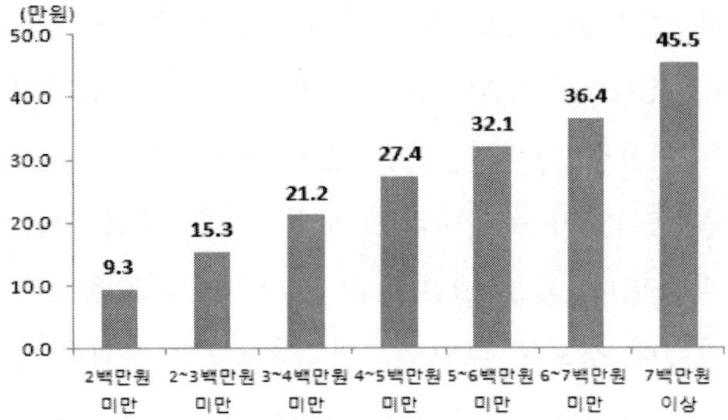

〈그림 3-10〉 가구 소득수준별 학생 1인당 월평균 사교육비

출처: 통계청(2018)

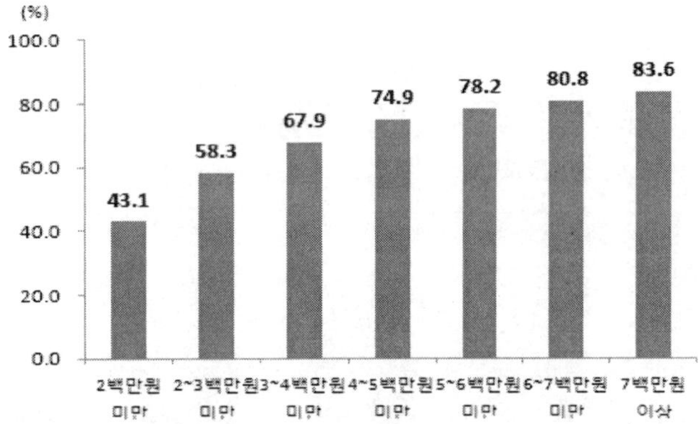

〈그림 3-11〉 가구 소득수준별 사교육 참여율

<표 3-11>은 가구 소득수준별 사교육 참여율이 제시하고 있다. 가계소득이 200만원 미만은 43.1%로 절반이 안 되고 가장 작았다. 가계소득이 200-300만원 미만은 58.3%로 200만원 미만에 비하여 15.2%가 증가했고, 300-400만원 미만은 200-300만원 미만에 비하여 9.6%가 증가했다. 400-500만원 미만은 300-400만원 미만에 비하여 7.0%가 증가했고, 500-600만원 미만은 400-500만원 미만에 비하여 3,3%가 증가했다. 600-700만원 미만은 500-600만원 미만에 비하여 2.6%, 700만원 이상은 600-700만원 미만에 비하

여 2.8%가 증가했다. 전반적으로 가계소득이 높을수록 사교육 참가율이 증가하고 있는데, 증가율은 감소하고 있다는 점을 알 수 있다.

김현철과 서은경(2018)은 2007년부터 2016년까지 10년간의 통계청 사교육비 조사자료를 이용해 가계의 소득수준에 따른 사교육비 지출격차의 정도와 변화양상을 분석하여 우리나라 부모의 소득수준에 따른 교육기회 불평등 정도를 탐색하였다. 최근 10년 간의 가계소득 최고집단과 최저집단간 지출규모가 약 3~5배 정도로 나타났으며, 학교급별 사교육 종류별 사교육비 지니계수는 모두 완만한 감소추세를 보이는 것으로 나타났다. 그러나 소득계층간 사교육비 지출격차의 감소는 고소득층의 사교육비 감소가 아니라 중산층과 저소득층의 사교육비 규모가 커져서 나타난 현상으로 확인되었다.

출처: 통계청(2018)

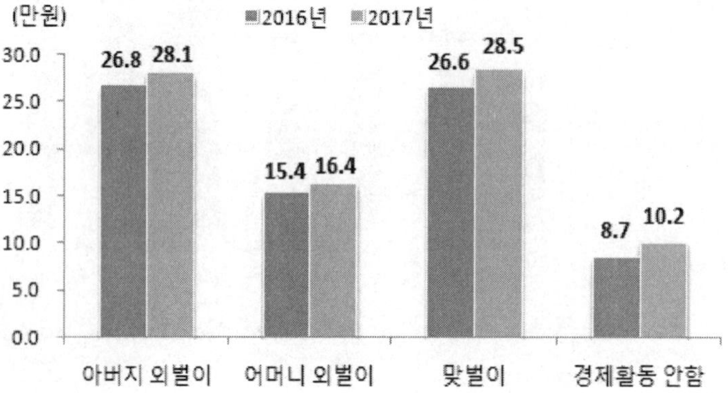

〈그림 3-12〉 부모의 경제활동 상태별 학생 1인당 월평균 사교육비

<그림 3-12>는 2016년과 2017년의 부모의 경제활동 상태별 학생 1인당 월평균 사교육비를 제시하고 있다. 2017년에는 맞벌이가 28.5만원으로 가장 많았고, 아버지 외벌이가 28.2%로 두 번째로 많았으나, 2016년에는 아버지 외벌이가 26.8만원으로 가장 많았고, 맞벌이가 26.6%로 두 번째로 많았다. 2016년과 2017년 모두 어머니 외벌이가 각각 15.4만원과 16.4만원으로 세 번째로 많

았고, 경제활동을 안 하는 가구가 각각 8.7만원, 10.2만원으로 가장 적었다.

<그림 3-13>은 2016년과 2017년의 부모의 경제활동 상태별 사교육 참여율을 제시하고 있다. 아버지 외벌이가 2016년 70.8%, 2017년 72.9%로 가장 높았고, 아주 작은 차이이긴 하나 맞벌이가 2016년 69.2%, 2017년 72.5%로 두 번째로 높았다. 어머니 외벌이는 세 번째를 차지하기는 했으나 아버지 외벌이와 맞벌이에 비하여 참여율의 차이가 20% 정도가 났고, 경제활동을 안 하는 가구는 어머니 외벌이에 비하여 2016년 29.5%, 2017년 37.0%로 크게 낮은 것으로 나타났다.

출처: 통계청(2018)

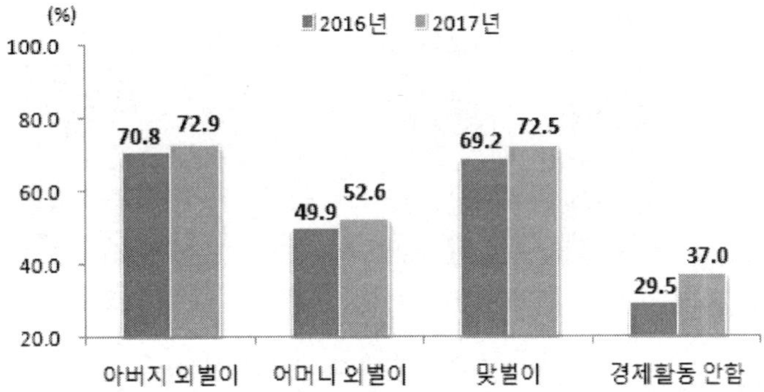

〈그림 3-13〉 부모의 경제활동 상태별 사교육 참여율

출처: 통계청(2018)

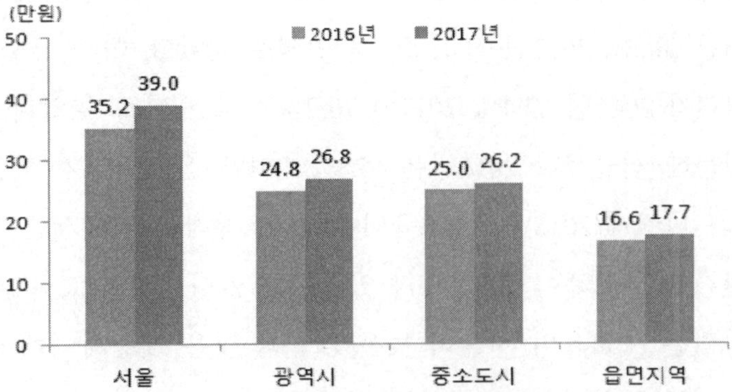

〈그림 3-14〉 권역별 학생 1인당 월평균 사교육비

<그림 3-14>는 권역별 학생 1인당 월평균 사교육비가 제시하고 있다. 학생 1인당 월평균 사교육비는 서울이 2016년 35.2만원, 2017년 39.0만원으로 가장 많았고, 2016년에는 25.0만원인 중소도시가 24.8만원인 광역시에 비하여 약간 많았으나, 2017년에는 26.8만원인 광역시가 26.2만원인 중소도시보다 약간 더 많았다. 읍면지역은 2016년 16.6만원, 2017년 17.7만원으로 서울의 절반이 안 되는 것으로 나타났다.

출처: 통계청(2018)

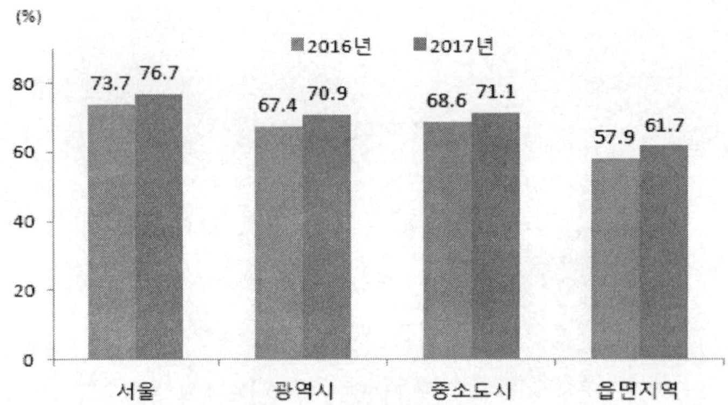

〈그림 3-15〉 권역별 사교육 참여율

<그림 3-15>는 2016년과 2017년의 권역별 사교육 참여율을 제시하고 있다. 사교육 참여율은 서울이 2016년 73.7%, 2017년 76.7%로 가장 높았고, 중소도시가 2016년 68.6%, 2017년 71.1%로 두 번째로 높았고, 아주 근소한 차이이긴 하나 광역시가 2016년 67.4%, 2017년 70.9%로 세 번째로 높았다. 읍면지역은 가장 낮았는데 서울보다 2016년은 15.8%, 2017년은 15.0%가 낮았다.

박선영과 마강래(2015)는 사교육비에 관한 정책을 위해서는 지역의 교육환경과 여건을 고려해야 할 필요가 있다고 보았다. '지역 교육열 요인'이 미치는 영향력은 사교육비 지출이 높은 계층과 낮은 계층사이에 차이가 난다는 가설을 검증하였다. 수도권 거주여부가 사교육비 증가액에 미치는 영향

력은 사교육비 지출 분위가 높을수록 크게 나타났고, 지역의 교육열의 심화에 따른 추가적 교육비 지출은, 기존에도 많이 지출하고 있던 계층에서 더욱 크게 증가하였다.

방과후학교는 공교육 강화를 통해 사교육을 경감시키기 위한 정부 정책 중 하나로 정규교육과정에서 지도하기 어려운 다양한 교과 및 특기적성 프로그램을 학생들에게 무상 혹은 사교육보다 저렴한 비용으로 제공하고 있다. 1995년 5월 31일 교육개혁안에 따라 2003년까지 특기적성교육 등 방과후 교육활동이 운영되었고, 2004년 2월 17일 사교육비 경감 대책에 따라 수준별 보충학습과 특기적성교육, 방과후 보육 프로그램이 운영되었다. 2005년 3월 기존의 특기적성교육과 방과후 교실, 수준별 보충학습 등으로 운영하던 명칭과 프로그램을 방과후학교로 통합하여 48개 초·중·고등학교에서 시범 운영한 뒤 2006년부터 전면 실시하였다. 2016년 5월 개정된 「공교육 정상화법」에 따르면 중학교 및 고등학교 중 농산어촌 지역 학교 및 도시 저소득층 밀집 학교에서는 방과후학교에서 선행학습을 예외적으로 허용한다(한국민족문화대백과, 한국학중앙연구원).

방과후학교 참여집단과 미참여집단간의 월평균 사교육비 차이는 초등학교가 2.02만원, 중학교가 0.11만원으로 방과후학교 참여로 인한 사교육비 감소효과 크기를 확인할 수 있었다. 고등학교의 방과후 학교 참여집단의 월평균 사교육비 지출이 많아서 방과후학교의 사교육비 감소효과는 없었다. 방과후학교로 인한 사교육 참여율의 평균처치효과크기는 초등학교 0.04, 중학교 0.02, 고등학교가 0.06로 나타났다. 모든 학교급에서 방과후학교로 인한 사교육 참여율 감소의 효과는 없었다(문지영, 김현철, 박혜연, 2018).

출처: 통계청(2018)

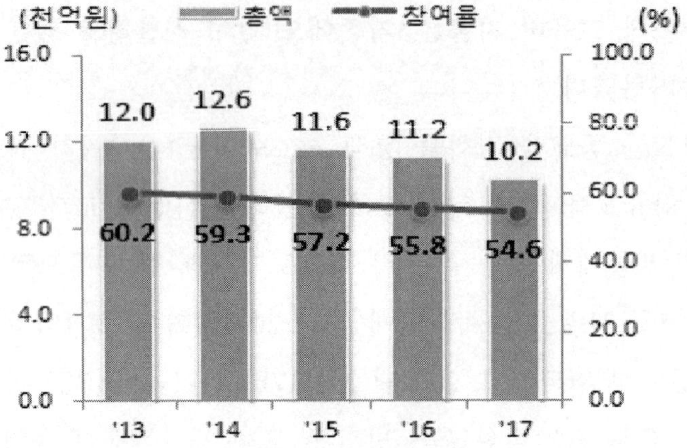

〈그림 3-16〉 연도별 방과후학교 총액 및 참여율

<그림 3-16>에는 2013년부터 2017년까지 연도별 방과후학교 총액 및 참여율이 제시하고 있다. 방과후학교 총액은 2013년 12.0천억원에서 2014년에는 12.6천억원으로 증가했으나, 2015년에는 11.6천억원, 2016년에는 11.2천억원, 2017년에는 10.2천억원으로 해마다 조금씩 감소하고 있다. 방과후학교 참여율도 아주 작은 차이이긴 하나 2013년 60.2%에서 2015년 57.2%, 2017년 10.2%로 감소하였다.

서한솔과 김태영(2015)은 조기 영어 어학연수가 우리나라 전라북도 지역 508명의 초·중·고등학생들의 영어 학습 태도와 동기에 어떠한 영향을 미치는지를 조사하였다. 태도 요인에서는 초등학생의 경우 영어 원어민들에 대한 태도, 목표 언어와 문화에 대한 태도, 학습에 대한 태도가 조기 어학연수의 유무에 따라 유의미한 차이가 있는 것으로 밝혀졌다. 그러나 중학생들과 고등학생들의 경우 학습에 대한 태도 요인을 제외한 기타 요인에 있어서는 조기 어학연수 경험 유무는 의미있는 차이를 보이지 않았다. 영어 학습 동기 요인에서는 네 가지 하위 요인인 외적 조절, 내사 조절, 동일시 조절, 통합 조절 구인 모두에서 조기 어학연수의 유무에 따라 초등학생과 고등학생에게

의미있는 차이가 있었다. 그러나 중학생의 경우 통합 조절 요인에서만 어학연수 유무에 따른 유의미한 차이가 있었다. 초등학생과 중학생들의 청해와 독해 성취도에서 조기 어학연수를 경험한 학생들이 그렇지 않은 학생들보다 성취도가 의미있게 높았으나, 고등학생은 차이가 없었다.

<그림 3-17>은 2013년부터 2017년까지 연도별 어학연수비 총액 및 참여율이 제시하고 있다. 어학연수 참여율은 2013년과 2014년은 0.6%, 2015년부터 2017년은 0.5%로 나타나 매우 낮은 것을 확인할 수 있었다. 어학연수비 총액은 2014년이 6.2천억원으로 가장 많았고, 2013년이 5.9천억원으로 두 번째로 많았고, 2018년이 5.8천억원으로 세 번째로 많았다. 2016년은 3.9천억원을 가장 작았고, 2017년은 4.8천억원으로 두 번째로 적었다.

출처: 통계청(2018)

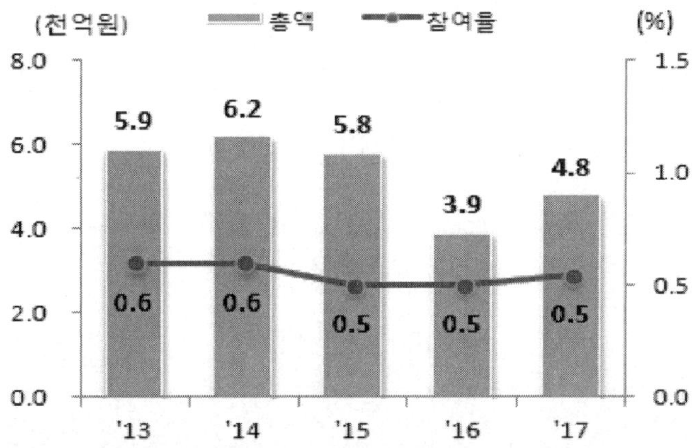

* 방과후학교 총액은 교재비가 포함된 금액임

〈그림 3-17〉 연도별 어학연수비 총액 및 참여율

4

아동시장의 다각화

저출산, 경제력 있는 부모 및 조부모, 전문직으로 경제력이 있으나 결혼을 안 한 이모와 고모, 맞벌이 가구 증가 등의 영향으로 영유아 및 초등학생을 대상으로 하는 키즈마켓은 경기 불황에도 지속적으로 성장하고 있으며 의류, 완구에서 애니메이션/캐릭터, 교육, 식품, 금융 등 다양한 분야로 확장되고 있다. 2013년 현재 우리나라의 합계출산율(가임여성이 평생 낳을 수 있는 자녀수)은 1.19명으로 초저출산의 기준인 1.30 아래로 떨어졌고, OECD 34개국 중에서 최하위권이다. 국내 영유아 인구는 2050년 전체 인구의 약 10%가 될 것으로 추산되고 있으나, 골드키즈의 등장으로 2012년 국내 키즈 산업의 규모는 27조원으로 2002년 대비 10배 가량 성장하였다. 유명 브랜드 제품에 대한 높은 선호도, 안정성과 품질·기능을 중요시하는 부모 및 경제력을 지닌 조부모의 증가로 골드키즈가 등장하면서 키즈마켓은 더욱 성장할 것으로 예상되고 있다(서정주, 2013).

국내 아동복 시장 규모는 지난 2012년 8771억원에서 2014년 1조원을 넘어섰고 2018년 현재 1조 1985억원을 기록하고 있다. 저출산과 고령화 현상에

한 명의 아이에게 부모, 조부모 등 8명의 어른들이 주머니에서 돈을 꺼낸다는 에잇포켓 현상과 성인처럼 자신만의 개성을 추구하는 어덜키즈(Adult+Kids)가 키워드로 떠오르면서 패션업계가 아동복 브랜드를 잇따라 론칭하거나 신제품을 경쟁적으로 출시하고 있다(싱글리스트, 2018년 5월 17일).

1. 엔젤산업의 확산

1) 스웨그 트렌드의 등장

쿨, 폼, 간지, 그루브에 이어 '멋지다'를 표현하는 가장 트렌디한 용어가 힙합음악가들이 으스대는 기분을 묘사할 때 사용하는 스웨그(swag)이다. 스웨그는 첫째, 자기모순이 있어도 스스로 만족하면 되는 멋을 의미한다. 남에게 표출하지 않는 내재적 자기만족이 아니라 타인을 의식하지 않는다고 말하면서 자기만족을 과시한다. 둘째, 본능적인 자유로움을 강조하는 스웨거들은 원초적인 매력에 열광하고 동물적 감각을 탐닉하며, 논리정연하지 않지만 끌리는 매력과 긍정적인 충격이 있다. 마지막으로 기성세대와 선긋기이다. 관성의 법칙을 본능적으로 거부하고 고유하고 낯선 것들을 동경한다. 절대강자를 인정하지 않고 자기 스타일을 고집하는 스웨그 현상의 하나로 나타난 것이 명품 브랜드의 매출 감소이다. 스웨거들은 명품 구매를 통하여 무조건 로고를 원하는 것이 아니라 자신과 더불어 빛날 가치를 스타일을 통해서 얻으려고 한다. 이러한 상항에서 명품의 품질과 고급스러운 분위기는 유지하면서 가격은 명품보다 훨씬 저렴한 컨템퍼러리 럭셔리에 명품애호가들도 눈을 돌리기 시작했다(김난도, 전미영, 이향은, 이준영, 김서영, 최지혜, 2014).

캐주얼에 이어 아동복에서도 스웨그가 계속해서 등장하고 있다. 블랙&화이트, 캐릭터&로고 플레이를 활용한 디자인에 스냅백, 야구점퍼, 티셔츠 등이 히트 아이템으로 떠올랐다. 메이저 브랜드는 키즈라인을 확장하고 있다.

예를 들면 2030세대의 젊은 부모를 타깃으로 한 '보이런던'은 2013년부터 키즈라인을 런칭하여 티셔츠, 스냅백을 메인 상품으로 보이런던 로고를 활용한 다양한 시그니처 아이템을 출시하였다. 미국 힙합 패션 브랜드 '어드바이저리'의 키즈라인은 캐릭터 심슨과 콜래보레이션 한 상품을 메인으로 선보였다. '엠케이트렌드'의 NBA는 스웨그 스타일의 블랙 앤 화이트 스냅백, 플리팝 캡 시리즈 등과 같은 'NBA키즈 캡' 시리즈를 출시하였다. '알엑스케이'의 '햇츠온'은 '햇츠온키즈'라는 아동단독매장을 전개하며 키즈라인에 0~2세 유아 상품도 추가했으며 강렬한 패턴과 캐릭터, 힙합 무드를 섞은 아이템을 전개 중이다(패션비즈 2014년 5월 14일).

KBS 2TV의 슈퍼맨이 돌아왔다에서 최고의 인기를 끌었던 배우 송일국의 삼둥이 아들인 대한, 민국, 만세는 대한민국 최고의 연예기획사인 YG엔터테인먼트를 방문하면서 YG스타일에 맞추어 힙합패션으로 등장했다. 그날 삼둥이는 머리부터 발끝까지 힙합맨으로 무장해, 카리스마 리더 MC 대한, 송티라노 민국, 프리스타일 만세로 변신해 많은 인기를 끌었다. 삼둥이는 빅뱅이 썼던 헤드폰을 쓰고 녹음에 도전했고, 션은 프로듀서다운 모습으로 삼둥이를 능숙하게 리드했다.

2) 키즈 아웃도어

'1박 2일'과 같은 여행프로그램이 인기를 끌고, 제주 올레길을 비롯하여 전국에 걷는 길이 개발되면서 의류시장에서 아웃도어가 차지하는 비중이 크게 증가하였다. 제주로 가는 비행기를 보면 거의 대부분의 사람들이 아웃도어 복장을 하고 있는 것을 볼 수 있다. 또한 '아빠 어디가'와 같은 가족여행프로그램이 인기를 끌면서 주말마다 가족여행을 하는 가족도 증가추세이다.

성인 아웃도어 시장은 이미 성숙기에 접어들었고, 아웃도어 브랜드의 타타깃이 30대 중후반을 넘어가면서 새로운 고객을 창출하기 위하여 엄마 세대와 연계하여 판매하고 먼 훗날 잠재 고객으로 구매파워를 낼 아동소비자를 미리 붙잡자는 전략이 내포되어 있다. 특히 스포츠 아웃도어 붐이 일며 성인복에서 좋은 소재와 기능성웨어를 접한 소비자가 아동복에서도 똑같은 질을 원함에 따라 스포츠 아웃도어 브랜드의 60~70% 이상이 키즈라인을 출시하고 있다(패션비즈 2013년 12월 24일).

트레킹 전문 아웃도어 '센터폴'은 2014년 하반기에 키즈라인을 출시하기에 앞서 키즈모델 선발대회를 개최하였다. 센터폴은 가을·겨울 시즌 6~11세 남녀 아동을 대상으로 한 아우터·다운재킷·티셔츠·바지 등 다양한 아웃도어 환경에 적합한 기능을 갖추고 스타일을 겸한 차별화된 키즈라인 상품을 선보였다.

블랙야크는 2013년 상반기에 키즈상품 전담 기획팀을 신설했고, 2014년 봄에는 새 학기를 맞아 전국 주요 백화점에서 어린이 고객들에게 즐거운 추억을 선물하기 위해 키즈 양말을 비롯해 학용품과 완구용품 등 약 10종의 기념품으로 구성된 '럭키 박스 프로모션'을 진행했다(조선비즈 2014년 4월 14일). 2011년 가을 3~7세를 메인 타깃으로 처음 선보인 블랙야크 키즈는 성인 아웃도어를 미니미룩 상품 형태로 구성해 2014년 현재 31개의 백화점 매장과 대리점 3개점을 포함해 총 34개의 매장을 운영하고 있다. 이처럼 아웃도어 전문업체에서 키즈라인을 출시하면서 기존의 아동복 전문업체들도 아웃도어 키즈라인을 출시하고 있다. 키즈 전문 아웃도어 섀르반은 라인익스텐션이 아닌 단일 브랜드로 백화점 영업을 시작했다(패션비즈 2014년 7월 18일).

3) 아동복합문화공간

보령메디앙스는 동대문디자인플라자에 키즈컬처센터 '아이에게(aiege)'를 2014년 4월에 오픈했다. '아이에게'는 아이와 엄마를 위해 모든 것을 제공하겠다는 목적으로 키즈북카페, 글로벌 완구숍 등으로 구성한 복합문화공간이다. 아이들을 위한 꿈의 공장이라는 컨셉으로 완구부터 자전거, 아웃도어, 인형 등 창의적인 상품을 각 연령, 카테고리에 맞게 구성했다.

'키즈 북 카페' 에서는 도서를 기증받고 일부는 판매하며 그 수익금은 보령사회복지재단 보령중보재단에 기부해 책을 나누는 즐거움과 이웃 나눔을 실천한다. 카페테리아에서는 아이와 엄마를 위한 바른 먹거리와 휴식공간을 제안해 아이만을 위한 전용 먹거리를 제공한다. 놀거리, 볼거리, 먹거리를 한데 모은 '아이에게'는 엄마와 아이가 다양한 문화를 체험하고 소통할 수 있는 공간으로 자리매김 하였다. 쇼콜라는 프리미엄 유아 브랜드의 자리를 굳히기 위해 침구와 언더웨어를 강화하고 출산 카운셀링 프로그램을 업계 최초로 실현해 전문성을 높였다. 보령메디앙스는 모기업 보령제약을 기반으로 아동의 헬스케어부터 패션의류까지 원스톱으로 만족시킬 수 있는 양질의 상품과 서비스를 선보였다(패션비즈 2014년 4월 7일).

4) 아동 전문 온라인몰

하프키즈에서 시작해 카테고리를 세분화하며 확장한 '보리보리'는 단독 브랜드와 오프라인 브랜드를 유치하며 매출 성장을 이어왔다. 2009년에 200억원의 매출로 시작한 유아동 종합몰 보리보리는 2010년에 400억원, 2011년에 550억원을 기록하였고(패션비즈 2014년 5월 8일), 2018년 현재 11번가, 이베이코리아 등 대형 유통업체 10개를 통해 아동복 온라인 사업을 전개 중이며, 온라인 유통망을 12개까지 늘렸다.

2014년에 문을 연 로아앤제인은 온라인에서 유명해지면서 2016년 대구 신세계백화점을 시작으로 오프라인 시장에 진출했으며, 2017년까지 5개 매장을 열었고, 2018년에는 해외 시장에도 진출했다. 2016년 중국 최대 유아동복 박람회 CBME에 참가해 수주를 성사시켰고, 2017년에는 중국 3대 온라인 쇼핑몰 웨이핀후이와 알리바바의 티몰에도 입점했다(디지털타임스, 2018년 5월 30일).

5) 어린이날 선물 시장

장난감은 어린이날 선물 목록 중에서 인기순위가 매우 높은 품목이다. 유럽에서는 친위대 복장을 한 꼬마 병정 인형이 인기를 끌고 있다. 17세기 은으로 처음으로 만들었던 병정 인형은 재료가 비싼 은이라 당시 서구 귀족층 자녀들만 가지고 놀 수 있었다. 18세기 들어 뉘른베르크의 길드 장인들은 주석을 재료로 사용해 값싼 꼬마 병정을 만들었고, 다른 장난감에도 눈길을 돌리면서 오늘의 장난감 도시, 뉘른베르크의 기초를 닦았다. 뉘른베르크에서는 매년 2월 초에 최고 최대의 세계완구박람회가 열리고 도시의 자랑거리인 장난감박물관도 있다.

끈이 달린 장난감 요요(YoYo)는 사냥용에서 장난감으로 변신해 성공한 예다. 필리핀어로 '다시 돌아온다'의 의미인 요요는 옛날 필리핀 밀림지역에서 작은 짐승을 잡을 때 쓰였다고 한다. 1928년 필리핀계 페드로 플로렌스란 사람이 미국에 요요를 장난감으로 소개했고, 도날드 던컨이 인수해 미국 각지를 순회하며 요요 경연대회를 상업적으로 활용해 요요 붐을 일으켰다.

우리나라에서 장난감은 1960년대까지 남자아이들에겐 구슬, 딱지, 팽이, 연 등이 고작이었다. 1970년대 들어 TV가 보편화되면서 아동용 애니메이션 영향으로 마징가Z, 로봇트 태권V 인형이 꼬마들의 최고 선물이었다. 경제력이 높아지면서 1980년대 모터가 있는 장난감 자동차 등 다양한 장난감들이 선을 보였고, 레고(LEGO) 등 교육용 완구도 수입되면서 장난감이 놀이기구에서 교육용은 물론이고 심리·신체발달용 등으로 활용되면서 큰 시장을 형성하게 됐다(국제신문 2014년 5월 2일).

아이들이 있는 집에서 어린이날 선물은 부모, 외가와 친가의 할아버지와 할머니, 이모와 고모 등 가족들에게 매우 중요한 과제가 되고 있다. 2017년을 예로 들면 4월까지 정체돼 있던 아동복 매출이 어린이날 주간(5월 1일~7일)을 기점으로 성장세로 돌아섰다. 이 기간 백화점 아동 상품군 매출을 살펴보면 신세계가 전년 동기간 대비 15%, 현대가 7%, 롯데가 5% 신장했다. 백화점별 방문객도 전년 대비 20% 증가했다(어패럴뉴스 2017년 5월 25일).

오픈마켓 시장도 어린이날 특수가 해마다 증가하고 있다. G마켓은 2014년 4월 1일부터 27일까지 완구와 유아동의류 매출이 전년 동기대비 각각 9% 상승했다. 옥션은 2014년 4월 15일부터 28일까지 유아용 의류 판매량을 조사한 결과 전년 동기 대비 20% 증가하였다. 5월 황금연휴를 앞두고 나들이 준비로 의류 구매가 늘었으며, 어린이날 선물로 인기인 완구 판매 역시 크게 늘었다고 회사 측은 설명했다. 무선조종완구, 가격이 다소 높은 승용완구, 활동성이 큰 스포츠완구, 아이들에게 인기선물로 꼽히는 캐릭터완구도 매출이 크게 증가했다.

6) 디자이너 아동복 브랜드 증가

아동복시장이 확대되면서 온라인쇼핑몰, 길거리나 백화점의 편집숍에 자신만의 스타일이 살아있는 국내 디자이너 브랜드의 아동복들이 2014년부터 등장하기 시작하였으며 2018년 현재 상당히 많아졌다. 디자이너 아동복 브랜드는 대부분 투자부담이 적은 중간유통망을 없애고 온라인으로 직접 판매하기 때문에 가격대를 많이 낮출 수 있고, 품질이 좋은 예쁜 옷으로 소비자들의 주목을 받아 한번 구매한 고객들의 재구매가 이어졌다.

7) 키덜트족

키덜트는 키드(kid)와 어덜트(adult)의 합성어로 만들어진 신조어로 어른이지만 어린이의 감성으로 그 문화를 즐기는 성인을 의미한다. 키덜트는 IT업계에 종사하고 있는 Jim Ward Nichols가 1980년 뉴저지의 Stevens Institute of Technology에 재학할 때 처음으로 사용되었고, 뉴욕 타임즈의 Peter Martin이

1985년 8월 11일에 기사화하면서 명문화되었다. 20~40대의 성인들이 어린 시절 경험했던 문화를 다시 소비하는데, 어린이들의 것을 그대로 향유하는 것이 아니라 스토리의 원형을 중심으로 다양한 콘텐츠를 재생산해 소비한다. 그러므로 초기에는 키덜트를 장난감, 인형, 캐릭터 등에 한정하였으나, 현재는 복고문화와 현대인의 일탈 등 영화, 소설, 패션, 애니메이션, 광고 등 소비문화 전 영역에서 문화 신드롬으로 확산되고 있다. 키덜트 시장 규모가 미국은 14조원, 일본은 6조원, 우리나라는 5,000억원으로 추산되고 있다.

키덜트족이 능동적으로 삶의 재미와 여가 활동을 추구하며 경제적 여유까지 갖춘 신 소비계층으로 성장하면서 이들의 구매력은 키덜트 재테크라는 현상도 만들었다. 희소성이 높거나 오래된 장난감은 신제품보다 높은 가격으로 팔리고 있고, 이를 구매하기 위한 모임도 형성되고 있다. 다음은 레고로 재테크한다는 의미의 레테크라는 신조어를 잘 설명해 주는 사례이다 (정연승, 2014).

대기업 직장인 김모씨(35세)는 오늘따라 출근길이 유난히 즐겁다. 아내 몰래 용돈을 모아 구매한 그 물건이 회사에 도착한 것이다. 그 물건은 아무 때나 살 수 있는 것이 아니다. 일주일 내내 인터넷 중고 사이트에서 물건이 나오기만을 기다렸다. 특히 온전한 Box 제품은 더더욱 그렇다. 그 물건은 바로 LEGO 10182 카페코너. 어린애들이나 가지고 놀 법한 블록 장난감을 수십만원이나 주고 산다며 철없다는 사람도 있지만 그건 잘 모르는 말씀이다. 회사에서 받는 스트레스를 술이나 담배 대신 건전하게 푸는 것이 얼마나 건강에 좋은가? 게다가 나중에 자식에게 물려줄 수 있고 같이 만들 수도 있다. 어디 그 뿐인가? 급하게 돈이 필요할 땐 구입가격보다 더 비싸게 팔 수도 있으니 오히려 돈을 번 느낌이다.

프랑스의 경우 키덜트 축제가 있을 만큼 키덜트 문화가 꽃을 피우고 있다. 중국에서는 중국 정부의 인구 팽창 억제정책으로 1980년대 독자로 태어나 황제처럼 자라온 1세대 소황제가 현재 20대 중반~30대 초반이 돼서 키덜트 문화를 주도하고 있다. 이들은 청소년기에 해외 브랜드 소비 경험이 많고 해외 유학과 여행 경험 등이 풍부해, 거의 모든 분야에서 막강한 구매력을 과시하고 있다. 중국에서 키덜트 제품은 주로 스트레스 해소용과 완구·애니메이션 관련 상품이고, 주로 온라인으로 구매하며 한국과 일본산이 인기를 끌고 있다.

키덜트 문화가 부쩍 주목받는 이유는 관련 산업뿐만 아니라 타 산업에서도 키덜트 코드를 적용해서 성공하고 있기 때문이다. 어린 시절 '붕붕카'를 연상시키는 폭스바겐 비틀 미니, 일본 닛산의 큐브, 기아의 쏘울과 레이 등 귀여운 차량 디자인도 모두 키덜트 감성을 보여준다. 명품 브랜드들도 브랜드 특유의 디자인 전통을 깨고 애니메이션 그래피티 제품과 동물 모양을 넣은 가방 의류 등을 선보이면서 귀여움을 강조한 제품을 출시하고 있다.

우리나라 애니메이션 사상 처음으로 1000만 관객을 동원한 디즈니 애니메이션 겨울왕국, 삼촌팬이라고 불리는 20대 후반에서 30대 중·후반 남성들의 전폭적 지지를 받는 소녀시대, 크레용팝, 카라 등 걸그룹의 인기 역시 키덜트 문화에 기반하고 있다. 삼촌팬들은 음반을 적극적으로 구입하고, 콘서트와 팬클럽에 참석할 뿐 아니라 소속사의 주식을 매입해 주주로서 권리를 행사하는 등 적극적으로 걸그룹 문화를 주도하고 있다(한국경제 2014년 4월 14일).

8) 아동게임시장의 급팽창

한국게임산업개발원에 따르면 2000년 232억원 규모였던 국내 아동용 게임시장이 2001년엔 330억원으로 100억원 가량 늘어났다. 게임 이용자층도 종전에는 컴퓨터를 다룰 줄 아는 초등학생 이상이었으나, 2002년부터 7세 미만의 유아로 확대되는 추세이다. 아동용 게임은 조작이 쉬워 유아들도 PC를 켤 줄만 알면 쉽게 사용할 수 있고, 한 가지 제품을 오래 사용하지 못하고 쉽게 싫증을 잘 내는 유아의 특성 때문에 여러 가지 아동용 게임이 잘 팔린다(한국일보 2002년 4월 16일).

아동용 온라인게임시장도 2003년부터 급팽창하고 있다. 서비스 한달만에 회원 300만명을 돌파하는 게임이 나오는가 하면 월 매출 10억원이 넘는 대박 게임도 속속 등장하고 있다. 특히 성인을 주로 공략해온 게임포털업체들이 어린이를 주 타깃으로 한 한눈에 게임조작법을 알 수 있는 쉬운 게임인 캐주얼게임을 개발하고 서비스하면서 시장규모도 2003년에 500억원대에 이르렀다. 게임이 초등학생들 사이에서 하나의 놀이문화는 물론 방과 후 커뮤니티로 자리잡으면서 온라인게임을 즐기지 못하면 끼리문화에 속하지 못하는 현상까지 나타나고 있고, 용돈 대신 게임 이용료를 제공하는 부모들도 늘었다(전자신문 2003년 3월 26일).

유로모니터에 따르면 2017년 휴대용 모바일 콘솔과 고정형 콘솔 기기, 콘솔 게임 타이틀, 온라인 및 모바일 게임을 포함한 세계 게임 시장 규모는 1,210억 달러로, 전년대비 15퍼센트 가량 성장한 것으로 나타났다. 특히 온라인과 모바일 게임 시장을 중심으로 가파른 성장을 이뤘으며 향후 비슷한 기세로 성장을 이룰 것으로 전망했다. 세계 온라인 게임 시장 규모는 2017년 기준 233억 달러로 2012년부터 5년간 연평균 9.7% 성장, 세계 모바일 게임 시장 규모는 453억 달러로 2012년부터 5년간 연평균 34.9% 성장하며 가파른 성장세를 보였다. 유로모니터는 2022년 글로벌 게임 시장 규모를 1,632억 달러, 이 중 온라인/모바일 게임의 2022년 시장 규모를 각각 265억 달러, 786억 달러로 예측하고 있다. 한국은 2017년 기준 온라인 게임에서 세계 3위, 모바일 게임 시장에서 세계 4위를 기록하며 전년대비 각각 23.2%, 36% 성장했으며, 향후에도 지속적으로 성장세를 이어나갈 것으로 분석됐다(인벤, 2018년 6월 19일).

중국은 미국, 일본에 이어 명실상부 세계 최대 규모 게임 시장으로 성장했다. 게임 전문 기업 Newzoo는 2015년 중국 게임 소비자 4억4600명이 222억 달러(약 25조360억원)를 지불했고 2018년에는 6억2000명이 379억 달러(약 43조1300억원)을 쓸 것이라고 예측했다. 게임 중독에 빠진 청소년 문제 해결을 위해 2018년 8월 30일에 중국의 교육부, 재정부, 신문출판서 등 8개 정부부처는 '아동 및 청소년의 근시 예방과 통제 실행 계획'을 발표했다. 이 계획에는 온라인 게임 총량제, 청소년 게임사용시간 제한 등이 포함됐다. 2018년 9월 20일에는 세계 최대 규모 게임 스트리밍 서비스인 Twitch의 중국 내 접속이 차단됐다. 텐센트는 중국 정부의 움직임에 빠르게 대응하며 미성년자 실명 인증제 도입, 미성년자 이용자가 하루 500위안 이상 결제 시 계좌 소유자에게 통보, 청소년 게임 중독을 막기 위한 안면 인식 기술 도입 등을 준비하고 있다(코메디닷컴, 2018년 10월 25일).

온라인게임이 인기를 끌면서 이와 관련된 소비자들의 불만과 피해가 급증하고 있다. 스마트폰이 보편화되면서 미성년자의 모바일게임 결제 피해가 많이 발생하고 있다. <표 4-1>은 한국소비자원이 2014년 상반기에 1372소비자상담센터9에 접수된 게임 관련 소비자상담 1,865건을 분석한 결과를 제시하고 있다. 부모 동의 없는 미성년자 결제 취소 거절과 관련된 상담이 25.2%(470건)로 가장 많았고, 게임서비스 불안정 등 게임 품질 미흡이 17.4%(324건)로 두 번째로 많았다. 해킹이나 게임사의 관리 부실 등 AS 미흡은 13.7%(256건)로 세 번째로 많았고, 일방적인 계정 정지 및 아이템 회수는 12.6%(234건)로 가장 적었다.

9 1372소비자상담센터(www.ccn.go.kr) : 10개 소비자단체, 16개 광역시도 지방자치단체, 한국소비자원이 참여하는 전국 단위의 통합 상담처리시스템이다. 전국 어디서나 단일 대표전화 1372로 소비자가 전화를 걸면 신속한 전화연결로 상담 편의성을 높이고 모범상담 답변과 상담정보 관리를 통해 질 높은 상담서비스 및 정보를 제공함으로써 상담효율성과 소비자 만족도를 높이기 위한 서비스이다.

〈표 4-1〉 2014년 상반기 게임서비스 상담사유별 현황

(단위 : 건, %)

상담사유	건수	비율
부모 동의 없는 미성년자 결제 취소 거절	470	25.2
게임 품질 미흡	324	17.4
AS 미흡	256	13.7
일방적 계정 정지, 아이템 회수	234	12.6
소비자 사정에 의한 구입 취소	188	10.1
약관 등 운영정책 불합리	160	8.6
아이템 미지급	142	7.6
기타	91	4.8
계	1,865	100.0

※ 게임 관련 상담 중 반복 상담, 내용 확인 불가 등을 제외한 1,865건에 대한 분석임.

미성년자 결제 피해 상담은 88.7%(417건)가 모바일게임과 관련된 사례로 밝혀졌다. 자녀가 부모 휴대폰으로 모바일게임을 하면서 이전에 입력해둔 신용카드 정보 등의 결제 정보를 이용해 손쉽게 게임아이템 등을 구매할 수 있었기 때문에 발생한 것으로 나타났다. 미성년자가 부모의 동의 없이 아이템 등을 구입하는 경우 미성년자의 행위는 법정대리인의 동의가 필요하고, 동의가 없으면 취소할 수 있다는 민법 제5조 및 소비자분쟁해결기준(온라인게임서비스업, 모바일콘텐츠업)에 따라 결제를 취소할 수 있다. 그러나 부모 명의로 된 휴대폰을 자녀가 사용하다가 결제가 이루어진 경우에는 사업자가 구입계약의 유효를 주장하며 피해보상을 거절할 우려가 있다.

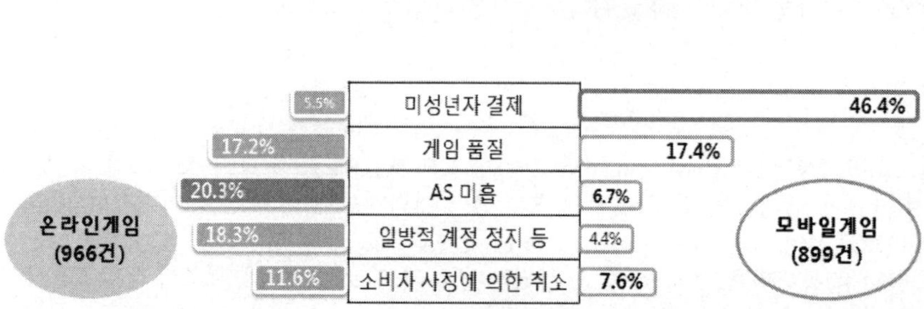

〈그림 4-1〉 온라인게임과 모바일게임 상담사유

<그림 4-1>에서 온라인게임과 모바일게임 상담사유를 비교해 보면, 온라인 게임이 966건으로 모바일게임 899건보다 약간 많았다. 모바일게임의 경우 미성년자 결제와 관련된 상담이 46.4%로 다른 내용에 비하여 훨씬 많았다. 이와는 대조적으로 온라인게임의 경우 미성년자 결제와 관련된 상담은 5.5%에 불과하였다. 온라인게임은 AS 미흡에 대한 불만이 20.3%를 차지하여 가장 많았다.

9) 아동산업과 게임산업의 합병

국내 최대 게임업체 넥슨은 글로벌 게임 시장의 경쟁이 심화되고 정부의 게임산업 규제가 강화되자, 세계 최대 온라인 레고유통업체인 브릭링크닷컴과 노르웨이의 유아용품 전문업체인 스토케를 인수하여 성장시장인 아동관련 시장에 진출해 수익을 다각화하고 게임을 통한 시너지 효과를 노리고 있다. 홍콩에 본사를 둔 브릭링크닷컴은 개인간 레고 직거래 서비스를 제공하며 세계 최대 레고 유통업체로 부상했으나, 창업자인 다니엘 예작이 2010년 사망하면서 경영 악화에 시달려왔다. 넥슨은 푸르메재단과 어린이병원 건립을 위한 포괄적인 업무협력을 체결하고 당시 협약식에서 11억원을 기부했고, 자회사 네오플을 통해 30억원을 기증하는 등 2013년 12월까지 50억원 가까이 출연했다(서울경제 2013년 12월 15일).

캐릭터 산업이 고부가가치의 미래형 산업의 대표주자로 급부상하면서 게임시장에서도 캐릭터를 활용해 부가가치를 창출하고 있다. 매출액 기준 국내 1위 게임회사인 넥슨은 자사의 다양한 인기 게임 콘텐츠를 활용한 라이선스 사업을 적극 진행하고 있다. 넥슨의 캐릭터를 이용한 라이선스 상품은 총 1500여종이고, 연필, 공책, 스케치북과 같은 학용품과 각종 팬시용품이 학생들에게 인기가 높다. 넥슨은 메이플스토리 캐릭터를 바탕으로 한 아동복과 주니어 의류, 어린이 식품, 음료 및 건강식품을 출시하였다(위크앤드

2014년 7월 18일). 넷마블은 2013년부터 모두의 마블, 몬스터 길들이기, 세븐나이츠 등 장르 제한 없이 게임 콘텐츠를 기초로 라이선스 사업을 시작했다. 모두의 마블은 퍼즐과 스티커, 어린이 학습도서 등으로 외연을 넓혔고, 2014년엔 오프라인 보드 게임으로도 나왔다(스포츠월드 2014년 7월 25일).

2. 골드키즈 시장

1) 골드키즈의 부상

통계청이 발표한 2013년 출생·사망통계 잠정치에 따르면 2013년에 태어난 아이는 436,500명, 2014년 435,500명, 2015년 438,000명, 2016년 406,200명 등 40만명대를 유지하던 연간 출생아수는 2017년 357,800명, 2018년 326,900명으로 감소했다. 이 숫치는 통계 작성을 시작한 1970년 이래 가장 낮았다. 여자 1명이 평생 낳을 것으로 예상되는 평균 자녀 수를 의미하는 합계출산율은 2005년 1.08명으로 최저치를 기록한 후 2011년 1.24명, 2012년 1.30명으로 서서히 회복하다 2013년에 1.19명으로 초저출산의 기준선인 1.30명 아래로 다시 떨어졌고, 2018년은 0.98명으로 18년 연속 초저출생사회를 기록하고 있다. 2018년 기준 경제협력개발기구(OECD) 평균 합계출산율은 1.68명인데, 한국은 OECD 34개국 중 합계출산율이 가장 낮다.

여성연령별 출산율은 40세 이상을 제외한 전 연령대에서 감소했다. 출산율이 가장 높은 연령대는 30-34세 이었으나 25-29세 여성의 출산율이 급격하게 감소하면서 처음으로 35-39세 보다 낮아졌다. 10년 전에는 25-29세 여성의 출산율이 35-39세의 4배나 되었었다. 평균출산연령은 32.8세로 2017년보다 2.4% 포인트 높아졌다. 출산순위별 출생아수는 첫째아가 5.9% 감소했고, 둘째아는 10.5% 감소했고, 셋째아 이상은 19.2%나 감소했다.

유아용품 시장규모가 2012년 1조 5,100억원, 2014년 2조 1,100억원, 2016

년 2조 3,700억원, 2018년 3조 8,000억원으로 증가했다. 유통·식품업계는 유·아동 전문관을 넓히고 인기 브랜드를 적극 유치하고 있다. 현대백화점은 2018년 1월 천호점에 4000㎡ 규모의 '키즈 전문관'을 열었다. 프리미엄 키즈 편집숍인 '쁘띠따쁘띠'를 비롯해 유·아동 의류 및 잡화, 가구 브랜드 등 80여 개 브랜드들이 매장을 열었다. 신세계백화점 강남점도 2016년 10층 전체를 아동 전문관 '리틀신세계'로 확장해 열었다. 리틀신세계 매출은 2016년 42.0%, 2017년 17.0% 늘어나며 두 자릿수 성장률을 이어가고 있다. 소셜네트워크서비스를 통해서도 시장이 넓어지고 있다. 신생 브랜드들은 트렌드에 민감한 젊은 부모들을 공략하기 위해 SNS를 통한 마케팅을 적극 펼치고 있다. 베이비푸드 시장에 진출하는 식품업체도 늘고 있다. 롯데푸드 파스퇴르는 새 브랜드 '아이생각'을 선보였다. 이유식 뿐 아니라 유아용 음료와 과자 등 간식까지 라인을 확대해 베이비푸드 전반으로 브랜드를 육성한다는 계획이다(한국경제, 2018년 8월 19일).

이처럼 저출산으로 한 명이나 많아야 두 명의 자녀를 둔 가정이 늘고 있고, 초혼연령이 높아지면서 경제력을 가진 부모가 증가하면서 내 자식만은 남부럽지 않게 키우겠다는 부모들의 태도가 트렌드가 되면서 나타난 신조어가 골드키즈이다. 골드키즈는 중국에서는 소황제라고 지칭되고 있는데, 왕자나 공주처럼 대접받는 외동자녀를 의미한다. 한명의 자녀에게 부모, 조부모, 외조부모 등 6명이 지출하는 6 Pocket 1 Mouth 등과 같은 용어도 일본에서 먼저 등장하였다. 우리나라에서도 자식이 서울대나 의대를 가려면 아버지, 할아버지, 외할아버지의 경제력, 아버지의 무관심, 어머니의 정보력, 가사도우미의 따뜻한 배려와 뛰어난 음식솜씨가 있어야 한다고 할 정도로 골드키즈의 위상이 높아지고 있다.

한국 쉐보레의 스파크 광고에서는 고집스러운 인상의 할아버지(배우 신구)가 차량을 꼼꼼히 따지는 장면이 이어진다. 매번 할아버지를 맞이하는 영업사원이 불쌍하다는 마음이 들 때 쯤, 그동안 할아버지의 행동이 손녀에게 안전한 경차를 선물하기 위한 정성이었음을 보여주며 감동을 자아낸다. 이 광고는 2분이라는 긴 재생시간에도 페이스북, 유튜브 등에서 온라인 조회수 400만건을 기록했다. 국내최대 광고전문사이트 TVCF는 대부분의 국내 광고인들이 이용하는 사이트로 광고인·광고주·일반회원 평가, 소비자 패널 설문, 공유횟수, 재생시간 등을 종합해 베스트 광고를 선정한다. 2017년에는 이 광고가 가장 좋은 평가를 받아 명예의 전당에 올랐다.

(1) 스칸디맘(scandi mom)

인터넷문화를 창조했고, 튀는 개성으로 현재 K-pop을 있게 한 팬덤문화의 주역인 N세대가 30대가 되어 엄마가 되면서 스칸디맘이 새로운 트렌드로 떠오르고 있다. 자식도 사랑하지만 자신도 사랑하는 스칸디맘은 자식을 위해 자신을 희생하지 않고, 자녀의 의견에 귀를 기울이고, 부모는 조력자가 되려고 한다. 스칸디맘은 자녀와 함께 하는 문화와 여가생활에 많은 돈을 지출하고, 학습능력보다 다양한 정서적 교감교육에 관심이 많다.

스칸디맘은 물질문명의 혜택을 받고 자랐기 때문에 소비에 대한 죄책감이 없다. 자신, 남편 및 자녀의 스타일도 중요하게 생각하기 때문에 자녀와 드레스코드를 맞추거나 자녀와 같은 아이템을 소장하는 패션센스가 중요한 코디법이 된다. 최근에 유행하는 모녀룩, 모자룩, 패밀리룩 등을 예로 들 수 있다. 과거 주입식 위주의 학원교육은 지양하나 사교육 자체를 반대하지는 않고 전인교육에 관심이 많다. 가족끼리 감성을 교감하는 가족단위 여행, 특히 아이들을 위한 프로그램이 있는 리조트여행에 관심이 많다(김난도, 전미영, 이향은, 이준영, 김서영, 2012).

(2) 골드파파

SK플래닛 광고부문이 2014년 6월 1일부터 7월 31일까지 약 2개월간 '가족'과 관련한 소셜 버즈 33만건을 분석한 빅데이터 트렌드 자료에 의하면 가족 구성원 중 상대적으로 소외받고 있는 것으로 알려진 아빠들이 새롭게 가족의 중심으로 떠오르고 있다. 가족 관련 버즈에서 아버지/아빠의 언급량이 전년에 비해 14% 이상 대폭 증가한 반면 어머니/엄마에 대한 언급은 19%나 감소해, 아버지/아빠가 언급되는 버즈량이 어머니/엄마가 언급되는 규모보다도 더 많아졌다.

사회 전반적으로 아버지에 대한 기대 역할이 기존의 권위주의적이고 엄격한 부권상에서 친근하고 다정한 모습으로 변화하고 있고, 어머니는 자녀 교육에 더 많이 관여하고 있고, 자녀와 접촉 기회가 많아 갈등과 마찰도 많기 때문이다. 아빠와 엄마에 대한 버즈 약 58만건을 조사한 결과 '무섭다'라는 표현어가 엄마는 7,618건이었으나, 아빠는 740건에 불가했다. 이러한 결과는 친구 같은 아빠를 의미하며 Friend+Daddy의 합성어인 프렌대디, 스칸디나비아 지역 국가들의 아버지처럼 육아에도 적극적으로 참여하고 자녀와 수평적인 관계를 유지하고자 하는 아빠를 의미하는 스칸디대디, 골드파파와 같은 신조어의 등장과 관계가 있다(아주경제 2014년 8월 27일).

과거 30대 남성들의 목표는 단순히 젊어 보이는 것이었으나, 현재 30대 골드파파는 총각같은 아빠, 삼촌같은 아빠가 되고 싶어 한다. 스킨케어와 메이컵에도 관심을 가지고, 패셔니스타가 되기 위하여 아낌없이 투자하고, 문화적 감수성을 키우는 일에도 열심히 참여한다(김난도 외, 2012). 트렌디하고 젊은 감각으로 자신을 꾸밀 줄 아는 골드파파가 업계의 큰손으로 급부상했다. 롯데백화점에 따르면 2014년 1월부터 5월까지 전년 대비 남성패션은 9.1%, 잡화는 3.8% 성장세를 보였고, 골드파파는 프린트 패턴의 셔츠나 색감이 화려한 팬츠까지 다양한 소재와 컬러를 활용한 스타일리시한 아이템을 직접 구매했다. 깔끔한 정장보다는 젊어 보이는 비즈니스 캐주얼을 찾는 고객이 70%로 증가했다. 옷을 입을 때 핏을 중요하게 생각하면서 경제력까지 갖췄기 때문에 트레이너와 함께 전문적으로 운동하고, 꽃중년이 되기 위해 성형외과와 피부과를 찾는 골드파파가 계속해서 늘고 있다(이코노믹리뷰 2014년 6월 19일).

딸 추사랑과 함께 예능 프로그램에 출현해서 인기를 끌었던 패셔니스타인 추성훈을 예로 들 수 있다. 추성훈은 비비드한 색상과 다양한 무늬까지 거침없이 매치하며 본인만의 스타일을 추구한다. 특히 그는 근육질 몸매를 부각할 수 있는 니트자켓, 타이트한 티셔츠나 민소매, 선글라스, 가방 등으로 자유분방한 캐주얼룩을 선보인다. 모자와 티셔츠의 색상을 통일하거나 상의와 신발끈의 색상을 맞추는 등 깔맞춤을 즐기는 모습도 보였다(머니투데이 2014년 8월 8일).

(3) 슈퍼대디

저출산 시대를 맞아 집안일에 힘쓰고, 자녀의 친구로 출산과 육아의 중요성을 인식하고, 자녀의 양육과 교육에 앞장서는 슈퍼대디가 중요한 트렌드로 떠오르면서 시장에서 주목받고 있다. 한 슈퍼대디는 초등학교에 입학하는 딸아이를 위해 아내 대신 회사에 월차를 내고 학교에 가고, 아이가 필요하다는 물건을 직접 사고, 어떻게 하면 회사 일에 충실하면서 육아와 가정을 돌볼 수 있을지 고민하고 행동한다. 이처럼 골드파파와 슈퍼대디의 활동범위가 넓어지면서 소비 영역 역시 커지고 있다.

무선으로 조종하는 '전동 자동차 완구'는 아빠와 아이가 함께 즐길 수 있는 장난감으로 자녀 양육에 과거보다 많은 시간을 투자하는 아빠들이 늘어나면서 크게 인기를 끌고 있다. 롯데마트가 2011년부터 2013년까지 완구 매출을 살펴본 결과 '무선 조종 완구' 매출이 매년 20%가량 신장하고 있으며,

특히 '전동 승용물'의 경우 3년 새 2~3배 이상 크게 성장한 것으로 나타났다. 더불어 아빠와 아이가 함께 즐길 수 있는 채집도구, 쌍안경, 망원경 등 과학교구 등도 20%가량 매출이 신장했다.

유아용품 시장에서도 30~40대 남성의 비중이 커지고 있다. 아빠들을 고려하여 커피믹스처럼 분유를 손쉽게 탈 수 있는 스틱분유는 2014년 5월까지 25.4%가량 매출이 늘었고, 분유계량에 서툰 아빠들을 위해 항상 동일한 농도의 분유를 아이에게 수유할 수 있는 액상분유는 31.2%가량 매출이 신장했다. 아빠와 아이가 함께 참여하는 문화센터 강좌도 계속 늘어나고 있다. 이마트 성수점의 경우 2014년에 전체 강좌 중에서 30%가 아빠와 함께하는 문화강좌인데, 아빠와 함께하는 문화강좌는 2013년 동기 대비 40%나 증가했다. 소재도 캠핑요리, 탐험, 마사지 등 다양하다. 아빠들의 아이들 교육을 위한 책 구매도 늘었다(이코노믹리뷰 2014년 6월 19일).

KBS '슈퍼맨이 돌아왔다'를 통해 '대한·민국·만세' 세 쌍둥이를 능숙하게 돌보는 훈훈한 모습으로 '슈퍼맨 아빠', '삼둥이 아빠', '송도의 성자' 등으로 불리며 맹활약 했던 송일국을 예로 들 수 있다. 송일국은 2014년 인천아시아경기대회에서 삼둥이를 앞뒤로 업고 안은 채 성화를 봉송하였다. 평소 철인 3종 경기를 즐기는 송일국은 아들 3명을 자전거에 일렬로 태워 맨앞의 자신의 자전거에 연결한 일명 송국열차, 수레 3개를 연결한 송수레, 빨간 고무대야 세 개를 줄줄이 엮어서 만든 60kg에 육박하는 송대야 등을 손수 끄는 슈퍼맨의 모습을 보이는 동시에 자상한 아빠의 모습도 함께 보여주었다.

송일국은 삼둥이와 함께 수영 1.5km, 사이클 40km, 마라톤10km를 완주하는 철인 3종 경기에도 출전했다. 송일국은 첫 번째 수영 종목에서 발과 보트를 연결한 보트에 장남 대한을 앉히고 수영 레이스를 펼쳤다. 두 번째 코스인 자전거 경기에서 송일국은 둘째인 민국을 자전거와 연결한 유모차에 태우고 달렸으나 뒤쳐지기 시작했고, 많은 선수들이 앞질러 가기 시작했다. 송일국은 인생은 장거리이고 완주하기가 쉽지 않다는 것을 알기에 아버지로서 포기 하지 않는 마음을 아이들에게 가르쳐 주고 싶어서 삼둥이와 함께 철인 3종 경기에 출전했다고 밝혀 사람들에게 감동을 주었다. 마지막 달리기 코스에서 막내 만세를 유모차에 태우고 함께 달린 송일국은 철인 3종 경기의 마지막 주자로 골인했다. 송일국은 골인과 함께 아이들을 끌어안으며 벅찬 마음을 드러냈고, 두 손으로 얼굴을 가리며 눈물을 쏟아냈다. 삼둥이들은 아빠가 바꿈터로 들어올 때마다 물과 선크림을 챙겨주었고, 아빠가 힘들어할 때마다 "아빠 힘내세요. 우리가 있잖아요." 라는 노래를 부르는 등 효자 노릇을 했다(무비조이 2015년 6월 24일).

서울대학교 법대를 나와 현직 판사에 재직 중인 아내가 똑똑할 뿐 아니라 자신의 기를 살려주려고 노력하는 현명한 여자라고 전 국민에게 공개적으로 자랑을 했다. 무엇보다 35주가 넘어가면 심장에도 무리가 가고 정말 힘든데도 불구하고 아이들을 인큐베이터에 넣지 않기 위해 버텨서 하나도 둘도 아닌 셋씩이나 낳아 준 아내가 정말 고마워서 아이들이 돌 될 때까지 일다 접고 직접 육아를 했다. 이렇게 직접 1년을 키워낸 삼둥이들과 송일국은 국민 삼둥이의 인기를 누리고 있고, 각종 광고에 출연했다. 그는 자식들에게 부끄럽지 않은 아빠가 되려고 노력하고, 아내에게 더 사랑을 표현하려고 노력한다고 하였다(마이데일리 2014년 10월 16일).

(4) 스칸디대디

프렌디(Friend+Daddy · 친구 같은 아빠), 플대디'(Play+Daddy · 놀아 주는 아빠) 등으로도 불리는 자녀와 많은 시간을 함께 보내는 아빠를 의미하는 스칸디대디(Scandi Daddy)가 새로운 아빠상으로 떠오르고 있다. 시장에서는 이러한 착한 아빠를 돕는 용품이 쏟아지고 가족을 겨냥한 서비스들도 빠른 속도로 진화하고 있다. 프랜디의 대명사로 자리잡은 캠핑문화는 캠핑시네마, 도심캠핑, 호텔 글램핑으로 진화하고 스마트폰에는 프랜디 앱이 쏟아진다.

백화점에서는 아빠와 함께 힐링할 수 있는 강좌가 수두룩하다.

최근 다양한 어플리케이션이 나오면서 아빠가 자녀를 위해 요리하고 나들이 계획을 짜는 일이 훨씬 쉬워졌다. '아빠는 요리사' '야간매점' '어디갈까' '700일 육아 도우미' '미루아빠의 육아일기' 등이 인기를 끌고 있다. '아빠는 요리사'는 아이들이 좋아하는 음식을 아빠가 만들 수 있도록 간단하면서도 특이한 메뉴가 포함돼 있다. '야간매점'은 공중파 프로그램 야간매점 코너에서 선보인 메뉴의 레시피를 볼 수 있는 어플이다. 실시간 업데이트 되는 나들이 정보를 소개하는 '어디갈까' 앱에는 이번 주 추천 코스, 다음주 추천 코스, 지역별 가족 나들이 장소, 여행지, 축제 및 공연 등의 정보가 담겨 있어 아이들과 주말 나들이를 계획하는 아빠들에게 안성맞춤이다. '700일 육아 도우미'는 출생의 순간부터 700일 동안 아이를 위한 월령별 육아 정보를 제공하는 어플리케이션으로, 초보 아빠를 위한 맞춤 정보를 700일 동안 매일 알려준다. 아이의 신체 발달 사항, 좋은 부모가 되기 위한 육아법, 유아 레시피 소개, 배변 훈련 방법 등의 유익한 육아 정보가 집결돼 있다.

좋은 아빠가 되는 지혜를 공유하고 알려주는 다양한 강좌도 인기다. 롯데백화점 문화센터는 '아빠랑! 어디가?'를 주제로 전 지점에서 약 250여개의 강좌를 마련했다. 온 가족이 함께 떠나는 캠핑 여행, 아빠와 함께하는 체육시간, 요리교실, 미니카 경주 등의 다양한 프로그램이 있다. 현대백화점 문화센터는 야구, 스내그 골프(SNAG, Starting New At Golf) 등 아빠와 아이가 함께하는 '아빠랑 아이랑' 강좌를 운영한다. 야구를 배우고, 한강 요트체험, 골프교실 등의 프로그램 총 200여개가 준비됐다. 신세계백화점 아카데미도 아빠와 함께하는 강좌 120개 정도를 준비했다. 아빠와 함께하는 구연동화, 신체놀이, 창의교실, 풍선만들기 등의 프로그램이 마련됐다. '아빠와 함께하는 천체 여행'은 망원경 조작법을 배우면서 아빠와 자녀가 직접 별을 찾아보는 프로그램으로 매주 토요일 밤 9시 10분부터 0시까지 경기도 고양, 오산, 의왕, 남양주 소재 어린이 천문대에서 참여할 수 있다(서울경제 2013년 7월 19일).

(5) 골드 앤트(Gold Aunt)

골드 앤트라는 용어가 본격적으로 등장한 건 2010년 무렵이었다. 저출산은 '8 Pocket 1 Mouth' 시대를 열었다. 외동으로 태어나 왕자와 공주로 성장하는 '골드 키즈'를 위해 양가의 조부모와 아빠, 엄마는 물론, 이모와 고모까지 주머니를 턴다는 의미다. 소비시장의 만능 블루칩으로 떠오른 골드 미스들은 이미 누군가의 이모나 고모였다. 안정된 직장에서 고소득을 올리고 있는 그녀들에겐 사랑뿐만 아니라 돈도 넘쳤다. 딩크족인 S씨는 막내 남동생의 어린 딸에게 부모가 사주지 못하는 예쁜 옷과 명품 키즈라인의 코트 등을 사주면서 집에 데려다가 맛있는 음식도 해주고 있다. 조카가 예뻐서 손아래 올케에게도 옷과 선물을 주는 등 선심을 쓰고, 손수 밥을 해먹이면서 올케에게 설거지도 안 시킨다. 눈에 넣어도 안 아픈 조카가 예뻐서 동생부부에게 비싼 음악회 표도 사주고, 음악회에 가 있는 동안 조카도 봐준다.

능력 있는 미혼의 골드 앤트가 유아동용품 시장의 큰손으로 떠오르고 있다. 2011년에 구찌 칠드런, 펜디 키즈, 버버리 칠드런 등 명품 브랜드의 키즈 라인이 하나 둘 백화점에 입점했고, 호텔 베이커리숍에서는 조카용 고급 선물세트를 선보였다. 골드 앤트는 호박과 산호 구슬로 만들어진 고급 장신구, 티파니 딸랑이, 100만원대의 토마스 원목 기차, 최고급 유기농 내복, 여기에 명품 유아복 서너 벌은 기본으로 사준다. 유모차계의 벤츠라는 유모차를 끌고 오고, 여력이 안 되면 페라리 카시트라도 구해온다. 선물 공세는 1년 365일 이어진다. 명절과 생일을 비롯한 각종 기념일은 물론이요, 봄은 봄이라서, 여름은 여름이라서, 가을·겨울은 또 빼먹으면 서운하니까 선물하는 식이다. 출장이나 여행에서 돌아올 때는 조카용 트렁크가 아예 따로 있다(VOGUE 2012년 4월호).

얼어붙은 소비심리로 백화점, 대형마트 등 유통업체의 실적이 내리막을 걷고 있지만 유독 아동 상품군의 매출만은 증가세를 유지하고 있다. 2014년 상반기에 롯데백화점 매출은 4.2% 늘어난데 비하여 신발 · 의류 · 가방 등 아동유아 상품군의 매출은 2013년 상반기보다 8.2% 신장했다. 특히 롯데백화점 본점의 구찌 주니어, 버버리 주니어 등 고가 수입 브랜드 키즈라인의 상반기 매출은 21.9% 증가했다. 롯데백화점 18곳에 입점한 뉴발란스 키즈는 점포별 월 평균 5000만~1억원의 매출을 올릴 정도로 인기가 좋다.

신세계백화점에서도 아웃도어 · 스포츠 키즈 브랜드가 인기를 끌고 있다. 아동 선물 아이템 트렌드도 기존 의류 위주에서 잡화, 생활, 아동 인테리어 소품 등 다양한 장르로 확대되고 있다. 1인당 유아용품 소비금액은 2010년 대비 2013년에 49% 증가했다. 이마트에서도 2014년 상반기 어린이 음료 판매는 2013년 상반기보다 9.2% 늘었고 겨울왕국 프로즌, 트랜스포머4 등이 인기를 끌면서 완구 판매도 7.6% 신장했다. 롯데마트에서도 2014년 상반기 어린이 과즙음료 판매가 18.0% 늘었고, 유아용 식기나 수저 판매도 6.5% 증가했다. 유아나 여아, 남아완구도 각각 2.0%와 4.3%, 13.2% 증가해 불황을 빗겨갔다(아시아경제 2014년 7월 11일). 현대백화점 관계자는 30대 미혼 고객들의 유아동복 매장 방문 횟수가 2011년 평균 4.4회에서 2016년 5.7회로 늘어났다고 설명했다(한국경제, 2018년 8월 19일).

2) 골드키즈 시장의 급성장

(1) 키즈캠핑 시장의 부상

내 아이를 위해선 아낌없이 투자한다는 골드키즈 트렌드가 확산되고 가족 단위 캠핑족들이 늘어나면서 어린이 캠핑용품 수요가 크게 늘고 있다. 아웃도어 브랜드들은 쉽게 펴고 접을 수 있는 그늘막텐트, 원터치로 아이들만의 공간을 만들 수 있는 팝업텐트, 일상에서도 가볍게 사용할 수 있는 아동용 침낭 등과같이 어른들의 취향 뿐 아니라 어린이들의 기호까지 반영된 키즈 캠핑용품을 출시했다(파이낸셜 뉴스 2014년 5월 18일).

2017년부터 백화점의 일반 패션 매장이나 아웃도어 브랜드 매장이 아웃도어 키즈 브랜드로 대체되고 있다. 성인 아웃도어 시장이 어려움을 겪고 있는 반면 키즈 시장 매출이 빠르게 증가하면서 각 브랜드들이 키즈 라인을 별도로 출시하여, 단독 매장을 내거나 백화점에 입점하고 있다. 롯데백화점 대구점 노스페이스 매장의 경우 2016년 키즈 상품 매출 신장률은 2015년 대비 19%로, 성인 상품 매출 신장률인 11%보다 높았다. 캠핑 등 가족 여가 문화가 확산됨에 따라 키즈 아웃도어 제품을 소비자들이 필수 아이템으로 인식하면서 기능성과 패션성을 만족시키는 아웃도어 키즈의 성장세는 더 높아질 것이다(영남일보, 2017년 4월 20일).

(2) 태교상품

통계청이 발표한 2012년 출생통계 결과에 의하면 산모의 평균 출산 연령이 31.62세로 나타났다. 이렇게 산모의 연령대가 높아짐에 따라 경제적 능력을 갖춘 예비 부모들이 증가하고 있다. 뱃속에 있을 때부터 특별한 태교법을 찾는 부모들이 많아지면서 태교 관련 상품 시장도 부상하고 있다. 과거에는 편안한 자세로 조용한 음악을 듣거나 몸에 좋은 음식을 먹는 것으로 태교를 했다면 최근에는 아기와 대화를 나누며 교감하는 태담 태교, 충분한 휴식을 취할 수 있는 태교 여행까지 등장했다(머니위크 2013년 11월 15일). 태교여행은 임신부의 정신적·육체적 안정과 건강을 위해 떠나는 여행으로 아이가 태어난 이후에는 육아에 전념하느라 한동안 마음 놓고 여행을 떠나기 어려운 만큼 예비엄마들에게 주는 일종의 선물이다. 과거에는 임신을 하면 되도록 외부 활동을 피하고 몸을 조심하는 분위기였지만, 적절한 운동이나 외부 활동은 산모와 태아의 건강에 도움을 주기 때문이다.

태교여행의 선택지가 다양해지면서 해외로 여행을 떠나지 않고도 도심이나 가까운 국내 여행지를 찾아 호캉스를 즐기는 예비엄마도 늘고 있다. 특히 본격적인 여름휴가철이 시작되면서 북적이는 피서지에서 스트레스를 받지 않고 가까운 호텔에서 안전하고 느긋하게 휴식을 취하려는 수요가 증가하고 있다. 임신 5~8개월차 임신부와 배우자를 대상으로 2박 3일 동안 전문가와의 1:1 컨설팅을 통해 운동 및 영양 처방을 받으며, 임신부 특화 개인 트레이닝 및 그룹 트레이닝, 부부가 함께하는 요가 그룹 트레이닝, 산책 및 휴식, 트리트먼트 등이 함께 이루어지는 프로그램도 있다(서울신문, 2018년 8월 2일).

(3) 유아용품 수입 급증

〈표 4-2〉 유아용품별 수입액

(단위 :백만달러, (%)

	00	01	02	03	04	05	06	07	08	09	10	연평균
기저귀	1	0.8	0.6	0.5	0.8	0.5	0.3	3	20	32	55	(48.3)
의류	10	14	20	22	26	24	32	44	44	35	51	(17.9)
유모차	2	2	3	4	8	11	15	21	28	31	39	(35.8)
분유	3	7	5	9	14	17	19	19	21	20	36	(27.6)
그림책	5	7	8	6	8	10	15	23	20	16	20	(14.9)
장난감차	9	3	2	3	3	6	7	8	8	10	11	(2.0)
기타	3	5	4	4	4	5	5	6	12	13	15	(17.5)
합계	33	39	43	47	63	75	93	124	154	156	228	(21.3)

출처: 관세청(2011)

<표 4-2>에 의하면 출산율이 하락하고 있음에도 불구하고 골드키즈가 부상하면서 고급 유아용품 수입은 2000년에 33백만 달러, 2005년에 75백만 달러, 2007년에 124백만 달러, 2010년에 228백만 달러로 급성장하였다. 10년간 연평균 증가율을 보면 기저귀가 48.3%로 가장 컸고, 그 다음은 유모차로 35.8%를 차지하였고, 분유는 27.6%로 세 번째로 컸다.

(4) 프리미엄 키즈 편집숍

편집숍은 하나의 브랜드가 아니고 다양한 컨셉과 가격대의 브랜드가 모여 있는 곳인데, 아동시장이 확대되면서 우리나라에서도 다양한 프리미엄 키즈편집숍이 공격적으로 유통망을 확대하고 있다. 국내 최초로 유아동 프리미엄 신발을 파는 편집숍인 토박스는 주요 백화점과 프리미엄 아울렛, 대형 쇼핑몰 등을 포함해 2017년 6월 기준 전국 43개 매장을 갖고 있다. 미니멜리사와 씨엔타, 힐리스, 에뮤 같은 독점 브랜드는 물론 자체브랜드도 갖고 있다. 아가방앤컴퍼니는 0~4세를 대상으로 한 아가방앤컴퍼니의 육아 상품들을 한곳에 만날 수 있는 아가방갤러리, 임산부와 0~4세를 대상으로 자사 브랜드 이외에 다양한 해외 프리미엄 브랜드를 모아 놓은 넥스트맘, 타이어플렉스, 유럽 직수입 유아동복 편집숍인 쁘띠마르숑 등 4곳의 매장을 100여개 운영 중이다. 아베끄뚜아(AVEC TOI)는 0~10세까지를 주 타겟층으로 국내는 물론 일본, 미국, 유럽 등 15개 국가에 브랜드를 판매 중이다(뉴스핌, 2017년 7월 7일). 보보쇼즈와 스텔라 매카트니로 유명한 리틀그라운드는 2016년에 70%의 성장률을 기록하며 손익분기점을 넘겼고, 30개의 매장을 가지고 있다(어패럴뉴스, 2017년 3월 7일).

(5) 키즈폰

국내 이동통신사들의 키즈폰 시장은 인공지능 플랫폼 기반으로 재편되었다. 통신업계는 물론이고 포털업계도 가세해 단말기와 전용 요금제를 내놓고 있다. 유아에서 초등학생까지가 대상인 키즈폰은 위치추적, 긴급발신 등 안전사양을 충실히 갖추고 학습 콘텐츠를 풍성하게 갖추고 있다. 키즈폰은 상대적으로 저렴해 당장 큰 수익이 나지는 않지만 기존 고객인 부모의 요구에 부응하고, 미래 고객에게 첫 경험을 제공한다는 측면에서 의미가 크다(연합

마이더스, 2018년 5월호). 실시간 위치 서비스는 단순히 상세 정보를 전달하는 것 뿐만 아니라, 이용자의 예측과 계획까지 도와주는 의사소통 수단으로 자리매김했다.

통신사들은 이동통신을 기반으로 아이들의 위치를 추적하는 웨어러블 디바이스 시장에 주력하고 있다. 2015년 국내 만 4~12세 아동 중 미아방지 ICT 디바이스 보급률은 5%로 추산되며, 2025년까지 53%로 확대될 전망이다. 맞벌이 부부가 증가하고, 조부모의 육아가 늘어나면서 육아의 중요한 수단으로 키즈 콘텐츠가 성장하고 있다. KT 올레TV의 IPTV 시청자의 주문형 비디오(VOD) 이용에서 키즈 애니메이션 분야는 TV다시보기를 제치고 1위를 차지하였다. CJ E&M 자사 파트너 채널의 4년간의 누적 조회수 253억회를 장르별로 분석한 결과, 키즈 분야 비중이 34.5%로 26.1%를 차지한 게임을 앞지르고 1위로 나타났다. 디지털 플랫폼은 국내 키즈 콘텐츠 기업에 중요한 기회로 작용했으며, 언어 및 문화의 장벽이 상대적으로 낮아 글로벌 시장의 진출이 쉽다는 평가도 받고 있다. 캐리소프트는 YouTube에서 '캐리와 장난감 친구들', '엘리가 간다', '캐리앤송' 등 9개 채널을 운영하며 2016년에 매출 51억원, 당기순이익 16억원을 달성했다. 스마트스터디의 '핑크퐁' 앱은 글로벌 다운로드가 1억 5,000만건에 달하고, 전 세계 112개국에서 교육 카테고리 1위를 기록하였다(IBK경제연구소, 2018).

제 2 부

현대 한국의 아동소비문화

어린이와 청소년의 중간세대라고 할 수 있는 아동시기는 자아정체감이 형성되고, 신체가 급성장하면서 외모와 신체에도 관심을 가지기 시작(윤혜진, 2011)하는 시기이며, 가정보다는 학교나 학원에서 친구들과 어울리는 시간이 길어지면서 의복에 대한 관심도 증가하게 된다(하선정, 2001). 이처럼 아동소비자는 각종 대중매체의 영향, 편친가정과 맞벌이 가정의 증가로 독립에 대한 욕구가 강하고, 어른이 되기를 갈망한다. 주위 또래집단의 인정과 무리에 소속되고자 하는 욕구가 강하여 또래와 유사한 행동을 하며, 동일한 제품을 소비함으로써 동조성을 추구한다(김찬주와 김용주, 2006에서 재인용).

지식 정보화 시대에 성장하고 교육을 받고 있는 아동소비자들은 스마트폰과 컴퓨터와 친숙하여 유년시절부터 인터넷을 이용하면서, 막강한 정보력을 가지게 되었고, 자신의 의사나 이미지를 표현하는데 거부감이 없는 세대이다. 가상공간에서 또 다른 자아를 표현할 수 있는 온라인 게임에 열광하고, 게임의 캐릭터를 통해 또래들과 사회적 관계를 형성(이상영, 2012)하기도 한다.

더불어 강한 정보력을 바탕으로 한 아동소비자의 구매파워는 막강해지고 있다. 미국의 아이들이 부모세대가 소비하는 제품의 구매에 상당한 영향력을 행사하고 있다는 연구결과(Coffey, et al., 2006)가 이를 뒷받침해주고 있듯이 아이들이 소비하는 제품 뿐만 아니라 부모세대의 소비품목의 선택에도 관여함으로써 의사결정권이 점점 커지고 있음을 알 수 있다.

10대 청소년은 즐겨 사용하지만, 성인 10명 중 9명은 모르는 디지털 시대 대표 유행어 중 하나가 지름신이다. '물건을 구입하다'는 의미로 10대들이 쓰는 '지르다'와 '신(神)'이 결합된 단어로, 청소년들이 물건을 충동구매 할 때 '지름신이 강림했다'는 식으로 사용한다. 생필품이나 학용품을 살 때는 '지름신'이라는 표현이 사용되지 않고, 휴대폰, MP3, 게임기 등 디지털 기기나 디자인이 화려한 제품을 충동구매 할 경우에만 '지름신이 오셨다'라는 표현이 동원된다.

현재 포스트모던 시대는 해체주의적 시대정신이 전통적 가치들을 무너뜨리면서 프리틴의 자아정체성은 물론 가정, 학교, 사회를 바라보는 눈을 총체적으로 바꾸어 놓았다. 지금의 초등학생들은 기성세대의 어린 시절 보다 훨씬 두뇌회전도 빠르고 왕성한 욕구를 가진 소비자로 진화되었다(김경란, 2014). 국내 IT 업체의 핵심 마케팅 타깃은 지름신을 창조해 낸 10대 집단이다. 이들은 1986년 이후 출생한 세대로, 포스트 디지털 세대(PDG · Post Digital Generation)로도 불린다. 인터넷과 휴대폰이 널리 보급되는 시기에 초등학교에 들어갔기 때문에 이전 세대와 달리 디지털 문화에 저항감을 갖지 않는다. 지름신을 등에 업은 포스트 디지털 세대는 디지털 소비를 이끄는 권력자다. 10대의 무선인터넷 이용률은 84.4%에 달하지만, 20대는 62.7%, 30대와 40대는 34%와 17%로 급격히 떨어진다.

어릴 때부터 휴대폰과 인터넷을 접해온 이들은 디지털 기기 구입 과정에도 막강한 영향력을 행사한다. 제일기획이 2002년 프리틴의 구매영향력 지수(부모의 최종 구입에 관여하는 정도)를 조사한 결과, 휴대폰은 40%, 게임 CD는 95%, 컴퓨터는 50% 등으로 나타났다. 부모들은 단지 지불만 하고, 실제 의사결정은 프리틴 자녀들이 하고 있다.

2016년 통계청에서 조사한 통계를 보면, 조사 대상 초등학교 4~6학년 학생의 91% 이상이 온라인·모바일·비디오 등 각종 게임을 하고 있는 것으로 나타났다. 또 통계청이 12일 발표한 '2017년 한국의 사회 동향'을 보면, 조사 대상 초등학생(4~6학년)의 91.1%, 중학생의 82.5%, 고등학생의 64.2%가 온라인과 모바일 등 각종 게임을 즐기고 있었다. 특히 초등학생의 90% 이상이 게임을 하고 있다는 것은 초등학생 거의 전부가 예외 없이 게임을 하고 있다는 것을 가리킨다. 또 나이가 어릴수록, 또 초등학생일수록 각종 게임에 빠진 비율이 더 높다는 것을 의미한다.

이 조사에서 재미있는 현상은 학교급이 낮을수록(초등학생의 73.3%, 중학생의 43.8%, 고등학생의 36.3%) 모바일 게임(스마트폰 게임)을 많이 하고,

학교급이 높을수록(초등학생의 23.3%, 중학생의 54.2%, 고등학생의 61.4%) 온라인 게임을 많이 하는 것으로 나타났다. 이는 초등학생들은 스마트폰 위주로 게임을 하고 학년이 올라 갈수록 돈을 내고 이용하는 PC방 등을 출입해서 본격적인 온라인 환경의 게임을 하게 되기 때문으로 보인다.

한국정보화진흥원(2018)의 '2017년 인터넷 과의존 실태조사'에 따르면 만 10~19살 사이 청소년의 스마트폰 중독 비율은 줄어들었지만 만 3~9살 사이 유·아동의 스마트폰 중독 비율은 2015년 12.4%에서 2016년 17.9% 2017년 19.1%로 늘어났다. 부모가 스마트폰을 사용하는 시간이 늘어날수록 아이들도 따라 느는 경우가 많았다. 부모가 스마트폰 과의존 위험군일 때 유·아동 자녀가 위험군에 속하는 비율이 25.4%로 일반군의 20.2%보다 높았다.

전문가들은 아동의 스마트폰 중독이 강렬하고 자극적인 것에만 반응하고, 느리게 변하는 현실에 무감각해지는 팝콘브레인이 될 수 있다고 경고했다. 팝콘브레인은 좌뇌만 강하게 자극해 우뇌 기능이 상대적으로 떨어질 수 있다. 이로 인해 초기에는 산만한 모습으로 나타나지만 심해지면 ADHD(주의력결핍 과잉행동장애)나 틱장애, 발달장애 등으로 이어질 수 있다. 거북목, 안구 건조증 등 VDT 증후군(Visual Display Terminal)이 발생하기도 한다. 2012년부터 2016년까지 VDT 증후군으로 병원 진료를 받은 9세 이하 아이들은 82,000명이다.

전문가들은 스마트폰 사용은 늦으면 늦을수록 좋다고 조언한다. 2014년 11월 대한소아청소년정신의학회가 실시한 '아동 · 청소년 스마트폰 사용 관련 전문의 인식도 조사'에 따르면 전문의들이 권고한 스마트폰 사용 시작 연령은 중학교 1~2학년이었다. 해외에서는 아이들의 스마트폰 사용을 제한하고 있다. 프랑스는 2018년 9월 3일부터 유치원과 초등학교, 중학교에서 학생들의 휴대전화 사용을 전면 금지했다. 대만은 만 2세 이하 영아의 디지털 기기 사용이 금지돼 있다. 2~18세 아이들이 스마트폰 등에 과몰입 증상을 보이면 부모와 보호자에게 벌금이 부과된다(파이낸셜뉴스, 2018년 10월 3일).

포스트 디지털 세대는 디지털 과소비의 주범이면서 피해자이기도 하다. 한국소비자원의 조사에 따르면 우리나라 청소년의 휴대폰 교체주기는 평균 16개월로 성인보다 두 배 가량 빠르다. 10대들이 휴대폰을 교체하는 이유는 '고장 및 분실'이 47. 6%로 가장 많았으나, 단순히 '신형을 구입하기 위해서'라는 대답도 31.6%나 됐다. 요즘 중학생들의 신종 휴대폰에 대한 집착은 거의 물신화 수준으로 고가의 첨단 휴대폰을 구입하는 학생은 바로 선망과 질투의 대상이 되고 있다.

이 부에서는 아동소비자를 대상으로 직접 조사하여 분석한 자료를 바탕으로 하여 아동소비문화를 살펴보았다.

1. 조사대상 및 자료수집

이 부의 조사대상은 울산지역에 거주하는 초등학교 5-6학년으로, 이들은 10세를 갓 넘긴 프리틴 세대이며, 본인이 좋아하는 제품과 싫어하는 제품을 구분할 줄 아는 특성을 지니고 있다고 하지만 아직은 다른 세대에 비해 구매경험이 부족하고, 소비욕구를 이성적으로 통제하는 능력이 낮다고 판단되어 선정하였다. 450명의 학생들에게 직접 질문지를 나누어 주고, 스스로 기입하게 하는 자기기입식 방법으로 조사를 실시하였다. 수집된 질문지 중 부실기재 및 누락된 19부의 질문지를 제외하고, 총 431부를 최종으로 분석하였다.

2. 조사대상자의 일반적 특성

<표 2부-1>에서 조사대상자의 일반적 특성을 살펴보면, 성별은 남학생 53.1%로 여학생보다 약간 많게 표집되었다. 아버지의 연령은 평균 43.6세, 어머니의 연령은 평균 40.1세로 아버지가 어머니보다 나이가 약간 더 많았다. 우리나라의 경우 전반적으로 결혼할 때 남편이 아내보다 나이가 약간

더 많기 때문에 이러한 결과가 나타났다고 볼 수 있다. 아버지의 학력은 대졸 이상이 59.6%로 고졸 이하보다 약간 더 많았고, 어머니의 학력은 대졸 이상이 57.9%로 고졸 이하보다 약간 더 많았으나, 아버지의 학력보다는 고졸 이하가 약간 더 많았다.

조사대상자가 주관적으로 인식한 가계의 경제적 지위는 중층으로 인식한 경우가 50.4%로 절반을 차지하여 가장 많았고, 중상층은 35.1%로 두 번째로 많았고, 상층은 9.8%로 세 번째로 많았고, 중하층 이하는 4.7%에 불과한 것으로 나타났다. 울산광역시의 경제적 생활수준이 높다는 점을 감안한다고 해도 조사대상자들은 자신의 가계의 경제적 지위가 매우 높다고 인식하고 있다고 볼 수 있다. 초등학생이라 가계의 경제적 지위에 대한 객관적 인식이 약간은 부족해 이러한 결과가 나왔다고 볼 수 있다.

자신의 가족이 얼마나 행복한지를 물어본 결과 매우 행복하다로 응답한 경우가 52.8%로 절반을 넘었고, 조금 행복하다고 응답한 경우도 28.7%를 차지하여 81.5%가 행복하다고 응답했다. 자신의 성격성향에 대해 70.3%가 외향적이라고 응답하여 내향적이라고 응답한 경우의 2배가 넘는 것으로 나타났다.

어머니가 취업을 한 경우가 56.3%로 절반이상으로 나타났다. 아버지의 직업은 사무직이 54.6%로 가장 많았고, 전문직은 15.2%, 기술직은 15.0%로 나타났다. TV 시청시간은 1시간이 30.9%로 가장 많았고, 2시간은 30%를 차지했다. TV를 안본다고 응답한 아동도 21.6%나 되는데, 인터넷이나 모바일을 통하여 TV에서 방영된 프로그램을 보는 아동들도 많기 때문에 이러한 결과가 나왔다고 유추해볼 수 있다. 인터넷을 이용하는 시간은 1시간-2시간 미만이 38.5%로 가장 많았고, 1시간 미만이 32.6%로 두 번째로 많았고, 2시간 이상이 28.9%로 가장 적었다.

〈표 2부-1〉 조사대상자의 일반적 특성

변수		N(%)
성별	여자	202(46.9)
	남자	229(53.1)
	합계	431(100)
거주 형태	아파트	249(57.9)
	단독주택	62(14.4)
	빌라/다세대 주택	110(25.6)
	기타	9(2.1)
	합계	430(100)
인터넷 이용 시간	1시간 미만	140(32.6)
	1시간-2시간 미만	165(38.5)
	2시간 이상	124(28.9)
	합계	429(100)
아버지 교육 수준	고졸이하	161(40.4)
	대졸이상	238(59.6)
	합계	399(100)
성격 성향	외향적	303(71.8)
	내향적	119(28.2)
	합계	422(100)
경제적 지위 인식	중하층	20(4.7)
	중층	215(50.4)
	중상층	150(35.1)
	상층	42(9.8)
	합계	427(100)

변수		N(%)
어머니 직업	비취업	186(43.7)
	취업	240(56.3)
	합계	426(100)
tv시청 시간	안 봄	93(21.6)
	1시간	133(30.9)
	2시간	129(30.0)
	3시간이상	75(17.5)
	합계	430(100)
가족 행복	매우 행복하다	226(52.8)
	조금 행복하다	123(28.7)
	그저 그렇다	62(14.5)
	전혀 행복 하지 않다	17(3.9)
	합계	428(100)
모교육 수준	고졸이하	168(42.1)
	대졸이상	231(57.9)
	합계	399(100)
아버지 직업	전문직	60(15.2)
	사무직	215(54.6)
	기술직	59(15)
	판매서비스 등	60(13.9)
	합계	394(100)

3. 조사도구의 정의 및 측정

가계의 경제적 지위를 주관적으로 인식한 수준은 최하 1점에서 최상 5점을 주는 점수로 측정하여, 점수가 높을수록 경제적 지위가 높다고 인식하는 것을 의미한다. 가족의 행복인식은 아동이 자신의 가정이 어느 정도로 행복하다고 느끼고 있는지를 최하 1점부터 최상 5점까지 부여하는 리커트 척도로 측정하여, 점수가 높을수록 자신의 가족이 행복하다고 인식하고 있다고 해석할 수 있다.

윤리적 소비행동을 소비자가 개별적으로 도덕적 신념에 따라 사회적 책임을 실천하는 소비행동으로 정의하였는데, 윤리적 소비행동을 측정하기 위한 문항은 천경희 외(2010)의 연구를 참고하여 총 17문항으로 구성하였고, 각 문항은 '전혀 그렇지 않다'의 1점부터 '매우 그렇다'의 4점을 주는 리커트척도 측정하였다. 각 문항들의 점수가 높을수록 소비자의 윤리적 소비행동수준이 높음을 의미한다.

소비에 대한 자기조절능력은 소비자 스스로 자신의 소비생활에 주도권을 가지며 어떠한 소비상황에서도 유연하게 소비생활을 통제할 수 있는 능력으로 남수정(2006)의 연구에서 사용한 8개의 문항을 가지고, 4점 리커트 척도로 측정하였다. 이들 문항을 요인분석 한 후 요인적재량이 아주 낮은 2개 문항을 제거하였고, 총 6개의 문항(설명력 66.3%)을 가지고 자기조절능력의 비조절 2개의 문항(설명력 28.3%)과 조절 4개의 문항(설명력 38.0%)으로 구분하였다. 하위요인인 비조절 점수가 높을수록 소비에 대한 자기조절능력 수준이 낮고, 조절 점수가 높을수록 소비에 대한 자기조절능력 수준이 높음을 의미한다.

물질주의는 물질의 소유와 소비를 행복의 주된 원천으로 보는 정도를 의미하며, 송인숙과 제미경(2006) 연구에서 사용한 물질주의 5문항을 사용하여, 4점 리커트 척도로 측정하였고 점수가 높을수록 물질주의 성향이 높음을 의미한다. 이타주의는 자신의 개인적 이익보다는 타인이나 제 3세계 노동자나 사회적 약자의 복지에 관심을 가지는 것을 의미하며, 허은정(2011) 연구에서 사용한 6문항으로 구성하고, 4점 리커트 척도로 측정 점수가 높을수록 이타적인 성향이 높음을 의미한다.

충동소비성향은 제품을 보는 순간 깊은 생각 없이 즉각 소비하는 것으로 상점에 들어가기 전에 사려는 의도나 의식적으로 구매의사결정 과정이 없는 구매활동이며, 유현정 외(2012)의 연구를 토대로 수정한 총 5개의 문항을 4점 리커트 척도로 측정하였다. 각 문항들의 점수가 높을수록 아동소비자의 충동소비성향이 높음을 의미한다.

과시소비성향은 관련 선행연구들을 참고하여 모두 13문항으로 구성했다. 각 문항은 4점 라커트 척도로 측정하였기 때문에 점수가 높을수록 과시소비성향이 높다고 해석할 수 있다.

<표 2부-2>에는 주요 변수들의 하위차원별 범위, 4점으로 환산한 평균과 표준편차 및 Cronbach' α값이 제시하고 있다. 윤리적 소비행동의 하위차원의 하나인 일상적 실천행동의 신뢰도는 .68, 광고인식의 하위차원인 부정적 기능 광고가 .62로 약간 낮게 나타났으나, 신뢰도를 측정한 문항수가 적다는 점을 감안하면 큰 문제는 없다고 볼 수 있다. 나머지 측정도구들의 신뢰도는 모두 높게 나타났다.

〈표 2부-2〉 측정도구 요약

항목		범위 (문항수)	4점환산평균 (SD)	Cronbach' α
윤리적 소비행동	일상적 실천행동	5-20(5)	3.19(.59)	.68
	타인지향 실천행동	6-24(6)	2.26(.68)	.81
광고인식	정보제공 광고	4-16(4)	2.75(.64)	.79
	유희제공 광고	3-12(3)	2.19(.76)	.78
	부정적 기능 광고	4-16(4)	2.45(.63)	.62
자기조절능력		7-28(7)	2.62(.83)	.82
물질주의		5-20(5)	2.63(.75)	.85
이타주의		6-24(6)	2.61(.70)	.81
과시소비성향	자기지향	6-24(6)	2.15(.69)	.88
	타인지향	6-24(6)	1.98(.76)	.91
충동소비성향		5~20(5)	2.26(.70)	.82

4. 자료의 처리

자료를 처리하기 위해 SPSS WIN 21.0k 프로그램을 이용하였으며, 측정도구의 신뢰도를 알아보기 위해 신뢰도 분석을, 조사대상자의 일반적 특성과 아동소비자의 충동소비성향의 정도를 알아보기 위해 빈도분석과 기술통계를, 아동소비자의 일반적 특성에 따라 다양한 종속변수들이 차이가 나는지를 알아보기 위해 T-test와 일원분산분석을 했고, 종속변수에 영향을 미치는 변수들의 상대적 영향력을 분석하기 위해 상관관계분석과 회귀분석을 실시하였다.

5 아동소비자와 매체

매체는 아동의 소비자사회화에 강력한 영향을 미치는 중요한 사회화 작용인이다. 아동소비자들은 대중매체에 등장하는 모델의 다양한 특성과 관련된 행동 및 표현요소들을 쉽게 모방하기 때문이다(McGhee, & Frueh, 1980; Signorielli & Lears, 1992). 특히 아동이 가정에서 중요한 위치를 차지 하면서 가정에서 공동으로 사용하고 중요한 의미를 가지는 내구재를 선택하는 과정에서 아동의 영향력이 증대하였다. 예를 들면 자동차 광고에 아동이 등장하는 경우도 있고, 광고가 아동의 소비생활과 라이프 스타일뿐 아니라 건강에 미치는 영향도 점점 증가하고 있다.

1. 아동소비자의 매체 이용과 정보원천별 영향

1) 관련연구 고찰

김은규와 김성벽(2008)은 학부모들이 자녀를 대상으로 하는 미디어교육을 효율적으로 수행할 수 있는 미디어교육 교재의 내용을 구성하기 위하여 초등학교 아동들의 가정내 미디어 이용 실태를 조사했다. 전반적으로 자녀의 학년이 높을수록 학부모들도 자녀의 인터넷과 TV 사용과 관련된 미디어 교육 내용에 대한 요구가 높았다. 교육내용은 아이들 스스로 자신의 행동을 통제할 수 있도록 미디어 이용규칙을 정하고 이를 실천할 수 있도록 도와줄 수 있는 내용으로 구성된 이용 규칙, 무조건적인 억제보다는 미디어를 적극적으로 활용할 수 있는 방법, 미디어의 유해성으로부터 예방 하기 위한 교육 등의 영역으로 나타났다.

TV 광고에 대한 소비자인식을 조사한 소현진과 박범순(2011)에 의하면 광고점유율은 2000년대 이전까지는 신문이 약 40%로 1위를 차지하였으나, 2001년부터 TV 광고가 최소 23%에서 최대 36%를 차지하면서 현재는 가장 대표적인 광고매체가 되었다. 남성이 여성보다 광고에 대해 더 호의적인 태도를 가지고 있었고, 연령이 낮을수록 광고의 오락적 기능을 더 높게 평가하였고, 광고에서 제공되는 정보를 신뢰하였다. 응답자들은 TV 광고가 제품 정보제공, 사회적 역할과 이미지 전달, 오락적 즐거움 제공 등과 같이 개인적 효용을 창출하고, 경제적 효용성, 물질주의와 건전하지 못한 가치 조장, 기만적 정보제공과 같은 긍정적 면과 부정적 면의 사회적 기능을 수행한다고 인식하였다.

이정아와 류지연(2005)은 다양화되고 있는 광고매체와 그에 따른 광고량의 증가는 수용자들의 광고에 대한 부정적 감정으로 이어져 광고를 피하고자 하는 행동을 유발한다고 하였다. 능동적 매체인 인터넷은 수용자의 선택권이 매우 높아 수용자들에 의해 광고에 대한 노출이 상당부분 통제될 수 있다는 점에서 광고회피 수준은 인터넷이 가장 높고, 다음으로 라디오, 신문, TV, 잡지의 순서이다.

이경렬(2001)은 정보를 얻기 위해 TV를 시청하는 사람들은 물리적 회피를, 시간을 보내기 위해 TV를 시청하는 사람들은 기계적 회피를 많이 하며,

광고를 보려는 동기가 강할수록 인지적 회피와 기계적 회피는 낮아진다고 주장했다. TV 광고의 회피행동에 가장 큰 영향을 주는 것은 광고에 대한 태도였으며, 이 변수는 전체 광고회피행동의 47.6%를 설명하였다.

이귀옥(2010)은 어린이 대상 텔레비전의 식품 광고를 규제 하는 것과 관련 쟁점 사항을 내용분석 하였다. 이 연구의 초점은 어린이 대상 텔레비전 채널에서 차지하는 식품 광고의 양, 광고되고 있는 식품의 종류, 방송 시간대, 목표 대상, 문제가 되고 있는 광고 내용 및 표현의 사용 여부에 맞추어졌다. 어린이 시청률 상위채널인 투니버스, EBS, 챔프, 재능교육으로부터 일주일간 수집된 총 7,720개의 광고 가운데 식품 관련 광고는 2,143개로 27.8%를 차지하였다. 이 가운데 가장 빈번하게 광고된 식품의 종류는 과즙음료, 시리얼, 치킨, 스낵, 빙과류, 햄버거/피자의 순으로 이들 6개 범주가 총 식품 관련 광고의 68.9%를 차지하고 있었다. 어린이 대상 텔레비전에서 식품 관련 광고는 특정 시간대에 집중되기보다는 전체 방송 시간대에 걸쳐서 방영되고 있었으며, 유아나 미취학 아동, 초등학생을 직접적인 목표 대상으로 하는 광고도 각각 17.5%, 16.6%를 차지하고 있었다. 또한 국내외적으로 쟁점이 되고 있는 취학 이전 아동에게 권장하는 내용과 경품 구매를 장려하는 내용이 상당히 등장하고 있었으며, 어린이의 건강하고 건전한 식생활을 유도하는 메시지는 아직 낮았다.

장영애과 박정희(2007)는 부모의 양육태도와 부모-자녀간 의사소통 특성 초등학교 아동의 인터넷 사용에 미치는 영향을 조사하였다. 초등학교 아동의 인터넷 사용은 성별, 학년, 출생순위에 따라서는 차이가 없었으나, 성적에 따라서는 의미있는 차이가 나타났다. 성적이 낮은 집단의 아동들이 높은 집단의 아동들보다 인터넷을 더 많이 사용하였다. 부모의 양육태도가 거부적이고 제재적인 경우와 허용적이고 방임적일 때가 온정적이고 수용적일 때 보다 인터넷을 더 많이 사용하였다. 개방형 의사소통 수준이 가장 낮은 집단이 높은 집단에 비하여, 문제형 의사소통이 높은 집단이 낮은 집단에 비하여 인터넷을 많이 사용하였다.

박명순과 박성온(2004)은 초등학교 아동을 대상으로 인터넷 몰입과 사회능력 및 행동 발달의 관계를 검증하였다. 인터넷 몰입 정도가 높은 집단은 낮은 집단에 비하여 사회능력이 낮았고, 비행, 우울, 공격성 등과 같은 문제행동을 더 많이 했다. 아동소비자를 대상으로 하는 성-중립제품의 광고에서 모델 성별과 카피성별어에 나타난 성유형화 표현은 아동소비자의 성별과 연령에 따라 광고태도, 상품태도 및 구매의도가 모두 차이가 났으나, 인지반응 빈도는 의미있는 차이가 나지 않았다. 저학년 아동이 고학년 아동보다 자기의 성과 일치되는 동성표현을 더 선호하였다(최은섭, 2006).

전춘애, 박철옥, 이은경(2008)은 인구 통계학적 특성, 심리·사회적 특성, 가정환경 특성, 사회환경적 특성에 따라 인터넷 중독에 차이가 있는지를 분석하였고, 관련변수들의 상대적 영향력도 분석하였다. 성별과 가정경제 수준, 자아존중감, 분노조절, 자기 통제력, 타인지향적 스트레스 대처방식, 부모의 양육태도 및 가족 지지, 친구 지지, 교사 지지와 같은 사회적 지지에 따라 인터넷 중독이 달랐다. 인터넷 중독에 영향을 미치는 상대적 영향력은 청소년의 성, 가정, 경제 수준, 자기 통제력, 타인지향적 스트레스 대처 방식, 아버지 돌봄, 아버지 통제, 어머니 돌 봄, 어머니 통제 순서로 나타났다.

김경숙(2017)은 스마트폰에 쉽게 노출되어 있는 초등학교 고학년 아동들을 대상으로 스마트폰중독과 학교생활적응 관계에서 자기조절력 및 부모-자녀 간 의사소통의 매개효과를 검증하였다. 스마트폰중독, 자기조절력, 부모-자녀간 의사소통, 학교생활적응 간에는 의미있는 관련성이 있었고, 스마트폰중독, 자기조절력, 부모-자녀 간 의사소통은 학교생활적응을 설명하는 의미있는 변수로 나타났다. 스마트폰중독과 학교생활적응 관계에서 아동의 자기조절력과 부모-자녀 간 의사소통의 부분매개효과는 유의한 것으로 나타났다.

황중원과 김진숙(2017)은 아동의 외로움과 학업스트레스가 스마트폰 중독에 영향을 주고, 학업스트레스가 외로움과 스마트폰 중독 사이에 매개효과를 보이는지를 검증하였다. 외롭고 학업스트레스가 많을수록 스마트폰에 많이 중독되었고, 학업스트레스는 외로움과 스마트폰 중독 현상 사이에서 매개효과를 가지는 것으로 나타났다.

차동석(2017)은 초등학생의 부정적 스마트폰 사용행태와 부모의 양육태도가 아동과 청소년의 건강에 미치는 영향과 부모양육태도가 부정적 스마트폰 사용이 건강에 미치는 영향을 조절하는지를 분석하였다. 스마트폰의 부정적 사용행태는 아동과 청소년의 신체적, 정신적, 사회적으로 건강에 부정적인 영향을 미쳤다. 부모의 양육태도가 수용-자율통제적일수록 아동과 청소년은 신체적, 정신적, 사회적으로 건강했다. 부모의 수용-자율통제적 양육태도는 부정적 스마트폰 사용이 아동·청소년의 신체적, 사회적 건강에 미치는 영향을 완화하였다.

신하나와 정세훈(2018)은 개인적 요인인 아동 · 청소년의 디지털 리터러시와 사회환경적 요인인 어머니의 스마트폰 중독 수준, 어머니가 행하는 부모중재, 어머니의 디지털 리터러시가 아동 · 청소년기의 스마트폰 중독에 미치는 영향을 분석하였다. 어머니의 스마트폰 중독 수준이 높을수록 자녀의 스마트폰 중독 수준이 높았으나 어머니의 기능적 디지털 리터러시 수준이 높을수록 자녀의 스마트폰 중독 수준은 감소하였다. 어머니 중재는 자녀의 스마트폰 중독 수준과 관계가 없었지만 통제변수 중 하나인 또래집단 간의 미디어 관련 비판적 커뮤니케이션 정도가 높을수록 스마트폰 중독 수준이 낮았다. 그러므로 아동 · 청소년의 미디어 이용행태에 미치는 영향은 어머니 보다는 또래의 역할이 더 중요하였다.

신성철과 신연희(2018)는 초등학생의 스마트폰 과다사용이 학교 부적응과 스트레스에 미치는 영향과 자아 존중감의 조절효과를 분석하였다. 초등학생은 스마트폰 과다사용이 많을수록 학교부적응과 스트레스가 많았고, 스마트폰 과다사용, 학교부적응 및 스트레스가 많을수록 자아존중감이 낮았다. 스마트폰 과다사용은 학교부적응과 스트레스에 직접 영향을 미쳤다. 스마트폰 과다사용이 학교부적응과 스트레스에 미치는 영향에 자아존중감의 조절효과가 통계적으로 의미있는 것으로 밝혀졌다.

김영혜, 손현미, 양영옥, 조영란, 이내영(2007)은 초등학생의 인터넷 게임중독 정도를 파악하고, 인터넷 게임중독과 아동이 지각한 부모-자녀 애착과의 관계를 검증하였다. 인터넷 게임중독 실태를 분류한 결과, 고위험군은 6.3%, 잠재적위험군은 22.5%, 일반사용군은 71.2%로 나타났다. 부모-자녀 애착정도는 일반군, 잠재적위험군, 고위험군 순으로 평균점수가 낮게 나타났다. 그러므로 부모-자녀의 애착 정도를 높이기 위한 부모상담이나 부모교육도 함께 이루어져야 아동의 게임중독을 보다 효율적으로 치료할 수 있다.

이경혜(2018)는 아동청소년의 빈곤, 정서행동문제, 자율적 학습행동역량 및 스마트폰 의존 등의 구조적 관계, 영향력, 중재변수가 정서행동문제의 형성에 미치는 영향을 분석했다. 국가수준의 종단적 데이터인 한국아동·청소년패널조사 자료를 사용하였다. 구조방정식 모형을 분석한 결과 아동청소년의 빈곤수준은 정서행동문제 발생에 직접적인 영향을 미치지 않았고, 자율적 학습행동역량 및 스마트폰 의존을 통하여 간접적인 영향만 미쳤다. 초등학교 1학년 패널과 중학교 1학년 패널 집단의 경우, 정서행동문제 형성에 영향을 주는 변수중에서 스마트폰 의존이 가장 컸고, 자율적 학습행동역량은 두 번째로 컸다.

김인숙과 김도연(2017)은 학령전 아동의 어머니의 스마트폰 중독경향성과 자녀의 스마트폰 사용과의 관계 및 매개변수와의 구조를 분석했다. 어머니의 스마트폰 중독경향성이 클수록 학령전 아동의 스마트폰 과몰입과 부부갈등이 컸고 어머니-자녀 의사소통 수준은 낮았다. 학령전 아동의 스마트폰 과몰입이 강할수록 부부갈등이 컸고, 어머니-자녀 의사소통 수준은 낮았다.

백지은(2009)은 초등학생의 게임중독 경향이 학년과 성에 따라 차이가 나는지를 살펴보고, 학년과 성별에 따라 인터넷 게임 중독에 대한 아동의 자기통제, 부모의 양육태도, 아동의 행동문제 변수의 상대적 영향력을 분석하였다. 인터넷 게임중독 경향은 성별과 학년에 따라 차이가 있었고, 학년과 성별의 상호작용효과도 의미있는 차이가 있었다. 인터넷 게임중독을 설명하는 변수 중 자기통제는 성별 및 학년과 상관없이 가장 중요한 요인으로 나타났다. 부모의 자율/통제적인 양육태도는 고학년 집단에서만 인터넷 게임중독에 유의한 영향을 미치는 변수로 나타났으며, 부모의 수용/거부적인 양육태도는 초등학교 저학년 남아집단에서만 인터넷 게임중독에 영향을 미쳤다. 초등학교 고학년 남아집단에서만 주의집중이 인터넷 게임중독에 영향을 미쳤고, 사회적 미성숙과 위축, 우울/불안, 신체증상과 같은 내재화 행동문제는 초등학교 전체 학생의 인터넷 게임중독에 영향을 미쳤다.

서민영과 임은미(2010)는 유·아동의 인터넷게임중독 경향을 분석하고 유·아동의 인터넷게임중독 경향과 인성특성은 어떤 관계가 있으며, 인터넷게임의 환경문제와 행동특성이 10가지 인성특성 중 어떤 특성과 관계가 있는지를 밝혔다. 유·아동의 인터넷 게임 중독 경향은 정상이라고 볼 수 있는 일반군이 대다수였으나 게임중독경향 위험군과 게임중독경향 잠재군도 11.6%나 되었다. 남자 유·아동의 인터넷게임중독 경향이 여자 유·아동의 인터넷 게임중독 경향보다 강한 것으로 나타났으며, 유·아동의 인터넷게임 중독 경향은 학년이 올라갈수록 증가했다. 인터넷게임중독 경향이 강할수록 부정적 인성특성이 더 많이 나타났고, 이러한 경향은 인터넷게임중독 경향의 하위요인인 게임환경문제와 게임행동특성에서 드러났다. 인터넷게임중독 경향과 부정적 인성 특성의 관련성은 여자 유·아동에게서 더 높게 나타났고, 초등학교 1학년 아동보다 유아와 초등학교 2학년 아동에게서 더 높게 나타났다.

엄윤섭과 최은실(2018)은 초등학생의 스마트폰 중독이 학교적응과 행복감에 미치는 부정적인 결과와 이러한 매개과정에 미치는 자기통제력의 조절효과를 검증하였다. 스마트폰에 중독될수록 학교적응, 행복감, 자기통제력이 낮았고, 자기통제력, 학교적응, 행복감은 서로 양의 상관관계를 보였다. 학교적응은 스마트폰 중독과 행복감 간의 관계에 부분적인 매개효과를 보였다.

자기통제력은 스마트폰 중독과 학교적응 간의 관계를 조절하였고, 스마트폰 중독-학교적응-행복감의 매개과정도 조절 하였다. 자기통제력 수준이 높은 학령전 아동은 스마트폰 중독이 높거나 낮은 것에 관계없이 자기통제력 수준이 낮은 학령전 아동보다 학교적응을 더 잘 하였다.

권수경과 장은영(2010)은 정신과 진료를 받은 초등학생들의 인터넷 사용문제는 어느 정도이고, 이들의 정신과적 장애에 따라 인터넷 사용문제 수준과 인터넷 사용행동에 영향을 미치는 요인을 분석했다. 인터넷중독에 해당하는 고위험사용자군은 임상장애에 따라 발병 빈도가 다르지 않았고, 인터넷 사용문제를 지닌 아동들은 다양한 정신과적 장애를 보였다. 잠재적위험사용자군은 주의력결핍과잉행동장애의 발병 빈도가 가장 높으므로, 이들의 인터넷 사용문제가 높아지지 않도록 적극적 개입이 필요하다. 주의력결핍과잉행동장애 진단을 받은 아동들은 우울할수록 인터넷을 많이 사용했고, 우울장애 진단을 받은 아동들은 우울감과 가족내 갈등이 높을수록 인터넷 사용 수준이 높았다. 불안장애 진단을 받은 아동들은 인터넷을 자극적인 용도로 사용할수록, 행동억제 경향이 낮을수록 인터넷을 많이 사용했다.

학계 및 업계의 전문가를 대상으로 TV, 라디오, 신문, 잡지, 인터넷, 모바일, 옥외매체, 디지털 사이니지 등을 대상으로 주요 광고 매체의 가치를 조사한 이희준과 조창환(2016)의 연구에 의하면, 광고 매체의 영향력을 평가하는데 있어 가장 중요한 지표는 매체에 대한 몰입 가능성, 수용자 도달률, 행동 타겟팅 가능성이다. 인터넷은 매체별 속성 평가가 반영되어 합산된 매체 광고 영향력 지수에 의거할 때 가장 높은 평가를 받는 매체이다. 전문가들의 매체별 영향력 평가는 평가 지표별로 달랐는데, TV는 수용자 도달률과 몰입 가능성이 높았고, 모바일과 인터넷 행동은 타겟팅에 더 적합했다.

서희정, 김류원, 정세훈(2018)은 동영상 광고에 강제 노출이 광고태도에 미치는 직접효과와 심리적 반발의 매개효과, 심리적 반발을 완화시키는 요인으로 광고-프로그램 콘텐츠 간 맥락일치성의 조절효과를 분석했다. 광고 강제노출(유 vs. 무)과 맥락일치(일치 vs. 불일치)의 2x2 요인설계로 실험을 진행한 결과, 광고 강제노출에 따른 광고태도 변화의 주효과는 나타나지 않았다. 그러나 광고 강제노출에 따른 광고태도의 관계에서 맥락일치성에 따른 심리적 반발의 조절된 매개효과가 나타났다. 맥락일치성이 낮은 경우 광고의 강제적 노출에 따르는 심리적 반발이 크게 나타난 반면, 광고-프로그램 맥락일치성이 높은 경우 심리적 반발이 완화되어 광고태도에 미치는 부정적 영향을 감소시킬 수 있었다.

안치수(2008)는 초등학교 학생들을 대상으로 인터넷중독을 예방하기 위한 방안으로 개발된 집중처방적 프로그램에 자기통제력과 자아존중감을 강화하여 유용성을 검증하였다. 실험연구를 통하여 예방 프로그램으로서의 집중전략이 자기통제력 요소와 자아존중감 요소를 부가적으로 처치할 경우 효용성이 증가하는지도 알아보았다. 자아통제력, 자아존중감, 자아통제력과 자아존중감의 상호작용이 중독지수, 인터넷 태도, 인터넷 행위에 미치는 영향력을 검토한 결과 자기통제력은 인터넷 중독지수, 게임태도, 채팅태도에 독립적인 영향을 미쳤다.

김정희와 김미경(2004)은 경북 영주시에 거주하는 초등학교 6학년 남녀 학생을 대상으로 아동이 구매를 할 때 사용하는 소비자정보의 종류와 양을 조사하였다. 전반적인 정보원천 이용 현황은 부모가 52.8%로 가장 많았고 친구는 20.7%, 인터넷은 14.1%, 점포내 진열은 12.5% 순으로 나타났다. 고관여 상품의 경우에는 부모, 친구, 인터넷, 점포내 진열 등의 순으로 나타났고, 저관여 상품의 경우에는 친구, 부모, 사용 경험, 점포내 진열 동의 순으로 나타났으며, 이들 정보원천에 대한 만족도는 전반적으로 매우 높았다.

안지혜와 서영숙(2006)은 아동소비자의 정보탐색 활동, 아동의 부모에 대한 정보제공정도, 아동의 구매영향력, 부모의 아동소비자교육과의 관계를 분석하였다. 아동의 주요 정보원천은 부모의 영향력이 컸고, 정보탐색내용은 각 상품별로 알고자 하는 정보내용이 다르게 나타났으며, 제품의 성능,안전성, 가격 등의 실질인 면을 중심으로 정보를 획득했다. 아동이 독립적으로 구매하기 어려운 고가의 상품의 경우 독립적으로 구매가 가능하거나 주로 사용하는 제품들에 비하여 정보탐색이 더 많았다. 아동이 주로 사용하는 상품의 경우 아동은 구매력을 더 많이 행사하였고, 부모에게 정보를 더 많이 제공하였다. 부모는 아동소비자교육을 할 때 구매행동과 직접적으로 관련이 있는 내용을 더 많이 했고, 정보원천인 TV와 인터넷 이용에 관한 교육은 상대적으로 적게 했다. 아동이 정보탐색을 위한 노력과 부모에게 정보를 많이 제공할수록, 부모로부터 소비자교육을 많이 받았을수록, 구매영향력이 높았다.

조염과 김세범(2018)은 소비자들의 온라인상의 리뷰의 방향성과 유형이 구매의도에 미치는 영향과 조절초점의 조절효과를 분석하였다. 온라인 구전의 방향성과 유형에 따라 구매의도가 차이가 났고, 온라인 구전의 방향성과 유형 간에도 상호작용효과가 있었다. 구매의도는 긍정적이며 사실적인 온라인 구전에서 가장 높았고, 긍정적이며 평가적인 온라인 구전, 부정적이며 평가적인 온라인 구전, 부정적이며 사실적인 온라인 구전의 순으로 낮게 나타났다. 소비자 조절초점의 조절효과도 영향이 있는 것으로 나타났다.

2) 아동소비자의 매체 이용 실태

아동소비자들은 1일 평균 TV를 시청하는 시간이 1시간 이하가 45%로 가장 많았고, 1-3시간은 30%로 두 번째로 많았으며, 3시간 이상도 25%를 차지하였다. 아동소비자들은 1일 평균 인터넷을 이용하는 시간이 1시간 이하가 67%로 가장 많았고, 1-3시간은 22%로 두 번째로 많았으며, 3시간 이상도 11%를 차지하였다.

〈표 5-1〉 아동소비자의 정보원천별 영향을 받는 수준

문항	M(SD)
1. 친구	2.53(1.00)
2. 부모님이나 친척, 이웃	2.86(1.02)
3. 인터넷/모바일 SNS	2.05(.98)
4. TV 광고	2.04(.99)
5. 신문, 잡지, 전단지 광고	1.88(.99)
전체 (4점환산평균)	2.27(.69)

<표 5-1>에는 아동소비자가 정보원천별로 영향을 받는 수준이 제시되어 있다. 부모님이나 친척, 이웃의 영향이 2.86점으로 가장 컸고, 친구가 2.53점으로 두 번째로 컸고, 신문, 잡지, 전단지 광고가 1.88점으로 가장 작았다.

2. 아동소비자의 광고에 대한 태도

<표 5-2>에는 아동소비자의 광고에 대한 태도가 제시되어 있다. '매우 나쁜 –매우 좋은'이 2.83점으로 가장 높았고, '전혀 유용하지 않은-매우 유용한'이 2.79점으로 가장 낮았다. 광고의 유용성에 대한 태도가 다른 차원에 비하여 덜 호의적이라고 해석할 수 있다.

〈표 5-2〉 광고태도 빈도분석표

문항	M(SD)
매우 나쁜 -매우 좋은	2.83(.73)
전혀 유용하지 않은-매우 유용한	2.79(.78)
매우 싫어하는 - 매우 좋아하는	2.80(.81)

아동비만을 감소시키기 위해서는 TV에서 아동을 대상으로 한 정크푸드 광고를 금지해야 한다는 오스트레일리아의 연구결과도 있다. 오스트레일리아 디킨대학 보건·사회개발대학의 빅토리아 브라운 박사 연구팀은 정크푸드에 대한 TV 광고 제한이 5-15세 연령대 아동들로 하여금 주당 평균 192.33kcal의 섭취량을 감소시킬 수 있다고 발표했다. 특히 정크푸드의 텔레비전 광고 제한이 오스트레일리아에서 사회·경제적으로 가장 취약한 그룹에 속한 아동들에게 가장 큰 효과를 나타낸 것으로 분석됐다. 취약한 계층에 속하는 아동일수록 TV 시청시간이 길고, 자연히 TV 광고 노출도 높기 때문이다.이 같은 경제적 모델화가 실현될 경우 해당 연령대 아동들이 평생 동안 총 7억 8,000만 달러 이상의 의료비를 절감하는 효과로 이어질 수 있을 것이라고 브라운 박사는 예측했다(약업신문, 2018년 6월 8일).

미국 다트머스대학교 연구팀이 학술지 공중보건영양저널에 발표한 내용에 따르면, 평균 4.4세의 아동을 대상으로 패스트푸드 광고가 미취학 아동의 패스트푸드 소비에 미치는 영향을 조사한 결과 패스트푸드 광고에 보통 수준과 높은 수준으로 노출된 아이들은 그렇지 않은 아이보다 패스트푸드를 섭취할 가능성이 30%나 높았다(코메디닷컴, 2017년 4월 21일). 영국의 수도 런던은 아동의 비만 문제를 해결하기 위해 대중교통에서 맥도날드 빅맥, 감자튀김, 탄산음료 등 고열량 식품 광고를 전면 금지하기로 했다. 사디크 칸 런던 시장은 나트륨, 지방, 설탕 함유량이 많은 음식 사진을 넣은 모든 광고를 런던교통공사가 운영하는 대중교통에서 없애기로 했다. 그러므로 기차, 버스, 지하철 내부는 물론 역에 설치된 광고판에도 고열량 음식 광고를 게재할 수 없게 되었다(헬스조선, 2018년 5월 14일).

우리나라도 '음주폐해예방 실행계획'을 발표했다. 공공기관, 의료기관, 아동·청소년시설 등 금주구역 지정을 추진한다. 공공성이 높은 청사, 의료기관·보건소, 도서관, 아동청소년을 보호해야 할 장소인 어린이집·유치원, 초·중·고등학교, 청소년활동시설 등을 금주구역으로 지정하여 음주행위와 주류 판매를 금지한다. IPTV와 SNS 등을 고려하여 청소년 등의 음주 유인 가능성을 줄이기 위해 국민건강증진법 시행령에 규정된 광고기준을 법으로 상향 조정하고, 광고기준을 주류 제조· 수입·판매업자가 지킬 수 있도록 주체를 명시한다.

주류광고를 할 때 '술을 마시는 행위' 표현을 금지하고, 미성년자 등급 매체물(방송프로그램 등) 방송 전후의 주류광고 금지, 주류광고노래 금지를 TV, 라디오의 방송매체에 국한하지 않고 다른 광고매체에도 적용한다. 주류광고에서 광고모델이 술을 직접 마시는 장면이나 소리를 통하여 음주를 유도하거나 자극하는 표현을 금지한다. 주류광고 금지 시간대(7시부터 22시)를 DMB, 데이터 방송, IPTV에도 적용하고, 과음경고문구를 주류 용기 외에도 주류광고 자체에 직접 표기하도록 강화한다. 주류회사 행사 후원의 경우 제품 광고를 금하고 후원자 명칭만 사용하며, 지하도, 공항, 항만, 자동차, 선박 등의 교통시설이나 수단에도 주류광고가 금지된다(오가닉라이프신문, 2018년 11월 13일).

<표 5-3>에는 아동의 광고태도가 사회인구학적 변수에 따라 차이가 나는지를 검증한 결과가 제시되어 있다. 아동소비자의 광고태도는 어머니의 직업유무와 TV 시청시간에 따라서는 P <.05 수준에서, 성격성향에 따라서는 P <.01 수준에서 의미있는 차이를 보였으나, 성별, 거주유형, 아버지와 어머니의 교육수준, 아버지의 연령, 가계의 경제적 지위인식 등에 따라서는 의미있는 차이를 보이지 않았다. 어머니가 직업이 있는 아동이 직업이 없는 아동에 비하여 광고에 대하여 더 긍정적인 태도를 가지고 있었다. 외향적인 아동이 내향적인 아동보다 광고에 대하여 더 긍정적인 태도를 가지고 있었고, TV를 3시간 시청하는 아동이 1시간 시청하는 아동보다 광고에 대하여 더 긍정적인 태도를 가지고 있었다.

〈표 5-3〉 사회인구학적 변수에 따른 광고태도

구분 / 변수		광고태도 N	M(SD)	Scheffe
성별	남자	222	2.12(.50)	
	여자	195	2.10(.45)	
	합계	417		
	t값	.346		
거주유형	아파트	241	2.07(.48)	
	기타	175	2.16(.46)	
	합계	416		
	t값	-1.90		
어머니의 직업	취업	234	2.15(.46)	
	비취업	178	2.04(.49)	
	합계	412		
	t값	2.297*		
아버지의 교육수준	대졸 이상	234	2.10(.49)	
	고졸 이하	156	2.13(.44)	
	합계	390		
	t값	-.786		
어머니의 교육수준	대졸 이상	226	2.09(.49)	
	고졸 이하	164	2.12(.45)	
	합계	390		
	t값	-.587		
성격 성향	외향적	297	2.15(.48)	
	내향적	111	2.01(.44)	
	합계	408		
	t값	2.720**		
경제적 지위인식	중층이하	227	2.09(.44)	
	중상층이상	186	2.13(.52)	
	합계	413		
	t값	-.724		

연령	40세 미만	39	2.12(.47)	
	40-45세 미만	181	2.10(.48)	
	45세 이상	170	2.13(.47)	
	합계	390	2.12(.47)	
	F비	.232		
1일 평균 TV 시청 시간	1	91	2.01(.56)	a
	2	129	2.08(.44)	ab
	3	125	2.20(.45)	b
	4	71	2.13(.44)	ab
	합계	416	2.11(.47)	
	F	3.092*		

* p 〈.05 ** p 〈.01

3. 아동소비자의 광고에 대한 인식

<표 5-4>에는 아동소비자의 광고인식을 측정한 문항들을 요인분석한 결과가 제시되어 있다. 모두 3개의 요인이 추출되었는데, 23.14%를 설명해주는 첫 번째 요인은 주로 정보제공과 관련된 문항들이 포함되었기 때문에 정보제공광고라고 명명했다. 21.43%를 설명해주는 두 번째 요인은 3문항으로 구성되어 있고, 재미와 관련된 문항들이 포함되어 있어서 유희제공광고라고 명명하였다. 마지막으로 17.50%를 설명해주는 세 번째 요인은 광고의 부정적인 면과 관련되어 있어 부정적 기능광고라고 명명하였다.

<표 5-5>에는 아동소비자의 광고인식 수준이 요인과 요인을 구성하는 문항별로 제시되어 있다. 정보제공광고로 인식하는 경우가 2.75점으로 가장 높았고, 유희제공광고로 인식하는 경우가 2.19점으로 가장 낮았다. 정보제공광고에서는 "광고는 상품을 살 때 필요한 정보를 준다."가 3.06점으로 가장 높았고, "광고는 나와 비슷한 또래의 아이들이 무엇을 사고 쓰는지 알게 해준다."가 2.50점으로 가장 낮았다. 유희제공광고에서는 "광고는 재미있다."가 2.37점으로 가장 높았고, "광고는 TV프로그램보다 재미있다."가 1.90점으

로 가장 낮았다. 부정적 기능 광고에서는 "광고는 시간과 비용을 낭비하게 한다."가 2.57점으로 가장 높았고, "대부분 광고는 시청하는 소비자가 지식수준이 낮다고 생각하고 제작된다."가 2.34점으로 가장 낮았다.

〈표 5-4〉 아동소비자 광고인식의 차원

요인 / 측정항목	요인1	요인2	요인3
1. 광고는 내가 사고 싶은 상품의 특성을 알게 해 준다.	.823	.186	-.065
2. 광고는 상품을 살 때 필요한 정보를 준다.	.795	.139	-.004
3. 광고는 물건을 살 때 친구에게 뒤떨어지지 않게 사도록 도와준다.	.737	.135	.247
4. 광고는 나와 비슷한 또래의 아이들이 무엇을 사고 쓰는지 알게 해준다.	.674	.286	.155
5. 광고를 생각하면 즐겁다.	.288	.831	.056
6. 광고는 TV프로그램보다 재밌다.	.095	.764	.291
7. 광고는 재미있다.	.338	.735	-.115
8. 광고는 우리 사회에 바람직하지 않은 가치관을 갖게 한다.	.094	.189	.749
9. 대부분 광고는 시청하는 소비자가 지식수준이 낮다고 생각하고 제작된다.	.102	.258	.729
10. 광고는 시간과 비용을 낭비하게 한다.	.009	-.268	.684
아이겐값	2.532	2.143	1.750
분산(%)	25.139	21.431	17.497
누적분산(%)	25.139	46.750	64.247
요인명	정보제공광고	유희제공광고	부정적기능광고

〈표 5-5〉 요인별 문항별 아동소비자의 광고인식 수준

	문항	M(SD)
정보 제공 광고	1. 광고는 상품을 살 때 필요한 정보를 준다.	3.06(.72)
	2. 광고는 내가 사고 싶은 상품의 특성을 알게 해 준다.	2.94(.78)
	3. 광고는 물건을 살 때 친구에게 뒤떨어지지 않게 사도록 도와준다.	2.53(.87)
	4. 광고는 나와 비슷한 또래의 아이들이 무엇을 사고 쓰는지 알게 해준다.	2.50(.90)
	전체 (4점환산평균)	2.75(.64)
유희 제공 광고	6. 광고를 생각하면 즐겁다.	2.30(.92)
	7. 광고는 TV프로그램보다 재미있다.	1.90(.97)
	8. 광고는 재미있다.	2.37(.89)
	전체 (4점환산평균)	2.19(.76)
부정적 기능 광고	9. 광고는 시간과 비용을 낭비하게 한다.	2.57(.91)
	10. 광고는 우리 사회에 바람직하지 않은 가치관을 갖게 한다.	2.45(.82)
	11. 대부분 광고는 시청하는 소비자가 지식수준이 낮다고 생각하고 제작된다.	2.34(.86)
	전체 (4점환산평균)	2.45(.63)

〈표 5-6〉 아동소비자의 사회인구학적 변수에 따른 광고인식

변수 \ 구분		정보제공광고			유희제공광고			부정적 기능광고		
		N	M(SD)	S	N	M(SD)	S	N	M(SD)	S
성별	남자	228	2.73(.65)		229	2.18(.81)		226	2.45(.68)	
	여자	197	2.78(.63)		200	2.19(.70)		200	2.45(.58)	
	합계	425			429			426		
	t값	-.673			-.048			-.012		
거주유형	아파트	247	2.74(.66)		248	2.19(.77)		248	2.47(.63)	
	기타	177	2.77(.61)		180	2.18(.76)		177	2.44(.64)	
	합계	424			428			425		
	t값	-.442			.193			.420		
모직업 유무	예	236	2.76(.63)		239	2.22(.78)		235	2.47(.64)	
	아니오	184	2.73(.65)		186	2.14(.74)		186	2.44(.63)	
	합계	420			425			421		
	t값	.495			1.091			.421		
부교육 수준	대졸 이상	235	2.77(.65)		238	2.23(.82)		235	2.49(.70)	
	고졸 이하	159	2.77(.59)		161	2.17(.67)		159	2.38(.54)	
	합계	394			399			394		
	t값	-.003			.847			1.837		
모교육 수준	대졸 이상	229	2.80(.65)		231	2.24(.81)		228	2.51(.69)	
	고졸 이하	165	2.70(.61)		168	2.15(.68)		166	2.37(.55)	
	합계	394			399			394		
	t값	1.571			1.199			2.207*		
성격 성향	외향적	298	2.80(.66)		302	2.24(.78)		300	2.47(.63)	
	내향적	118	2.64(.57)		118	2.07(.70)		118	2.40(.64)	
	합계	416			420			418		
	t값	2.286*			2.014*			.914		

성격 성향	외향적	298	2.80(.66)		302	2.24(.78)		300	2.47(.63)	
	내향적	118	2.64(.57)		118	2.07(.70)		118	2.40(.64)	
	합계	416			420			418		
	t값	2.286*			2.014*			.914		
경제적 지위 인식	중층이하	231	2.71(.60)		233	2.11(.71)		231	2.44(.60)	
	중상층 이상	190	2.79(.68)		192	2.29(.81)		191	2.46(.67)	
	합계	421			425			422		
	t값	−1.280			−2.490**			−.342		
연령	40세 미만	38	2.67(.61)		39	2.13(.74)		37	2.50(.64)	
	40-45세 미만	189	2.70(.68)		190	2.11(.79)		187	2.38(.63)	
	45세 이상	173	2.82(.57)		172	2.25(.69)		174	2.48(.60)	
	합계	400	2.75(.63)		401	2.17(.74)		398	2.44(.62)	
	F비	1.895			1.715			1.439		
TV 시청 시간	1	93	2.70(.71)		93	2.20(.81)		92	2.52(.70)	
	2	129	2.75(.65)		133	2.22(.79)		132	2.48(.57)	
	3	127	2.80(.60)		128	2.21(.71)		126	2.41(.65)	
	4	75	2.71(.59)		74	2.08(.74)		75	2.38(.62)	
	합계	424	2.75(.64)		428	2.19(.76)		425	2.45(.03)	
	F비	.480			.623			.980		

*p<.05, **p<.01

<표 5-6>에는 사회인구학적 변수에 따라 아동소비자의 광고인식이 요인별로 차이가 나는지를 검증한 결과가 제시되어 있다. 정보제공형광고는 성격성향에 따라서만 의미있는 차이를 보였고, 다른 변수에 따라서는 차이를 보이지 않았다. 외향적 아동소비자가 내향적 아동소비자에 비하여 광고의 정보제공기능에 대하여 더 긍정적으로 인식하고 있었다. 유희제공형광고는 성격성향과 가계의 경제적 지위인식에 따라서만 의미있는 차이를 보였고, 다른 변수에 따라서는 차이를 보이지 않았다. 외향적 아동소비자가 내향적 아동소비자에 비하여 광고의 유희제공 기능에 대하여 더 긍정적으로 인식하고 있었다. 가계의 경제적 지위가 중상층이상이라고 인식하는 아동소비자가 중층이하라고 인식하는 아동소비자에 비하여 광고의 유희제공형 기능에 대하여 더 긍정적으로 인식하고 있었다. 부정적 기능 광고는 어머니의 교육수준에 따라서만 의미있는 차이를 보였고, 다른 변수에 따라서는 차이를 보이지 않았다. 어머니의 교육수준이 대졸이상인 아동소비자가 고졸이하인 아동소비자에 비하여 광고가 부정적 기능을 한다고 인식하고 있었다.

<표 5-7>에는 아동소비자의 광고인식에 영향을 미치는 모든 변수들의 독립적 영향력을 알아보기 위하여 다중 회귀분석을 한 결과가 제시되어 있다. Durbin-Watson 값이 정보제공광고는 1.97, 유희제공광고는 1.94, 부정적 기능광고는 1.88로 정상분포곡선을 의미하는 2에 가까워 잔차에 대한 상관관계가 거의 없으므로 다중회귀모형이 적합하다는 사실을 확인할 수 있다. 정보제공광고는 브랜드과시와 광고태도에 따라서만 P<.001 수준에서 의미있는 관계를 보였고, 다른 변수들과는 의미있는 관계를 맺고 있지 않았다. 브랜드과시를 많이 하고 광고에 대하여 긍정적인 태도를 가지고 있는 아동일수록 광고가 정보를 제공하고 있다고 인식하고 있었다.

유희제공광고는 TV시청시간과 충동구매와는 P<.05 수준에서, 브랜드과시와는 P<.01 수준에서, 광고태도와는 P<.001 수준에서 의미있는 관계를 맺고 있었으나, 다른 변수들과는 관계가 없었다. 아동소비자는 TV를 많이 볼수

록, 브랜드과시를 많이 할수록, 광고에 대하여 긍정적인 태도를 가지고 있을수록 광고가 재미를 제공한다고 인식하고 있었다. 부정적 영향광고는 브랜드과시와 광고태도에 따라서만 P<.01 수준에서 의미있는 관계를 보였고, 다른 변수들과는 의미있는 관계를 맺고 있지 않았다. 브랜드과시를 많이 하고 광고에 대하여 긍정적인 태도를 가지고 있는 아동일수록 광고가 부정적인 영향을 미친다고 인식하고 있었다.

〈표 5-7〉 아동소비자의 광고인식에 영향을 미치는 변수들의 독립적 영향력

종속변인 / 독립변인		정보제공광고		유희제공광고		부정적 영향광고	
		b	β	b	β	b	β
일반적 특성	모직업유무(1=취업)	−.03	−.02	.05	.03	.07	.05
	모교육수준(1=고졸이하)	.10	.08	.03	.02	.12	.09
	성격성향(1=외향적)	−.08	−.05	−.06	−.04	−.11	−.08
	경제적지위(1=상층)	−.07	−.08	.05	.05	.02	.02
	TV시청시간	−.00	−.01	−.05	−.11*	−.00	−.02
이타주의		.11	.12	.08	.07	.03	.04
물질주의		.02	.02	−.06	−.06	−.08	−.09
과시소비성향	브랜드과시	.32	.36***	.26	.24**	.22	.24**
	자기과시	−.04	−.05	.08	.08	.08	.10
충동구매		−.03	−.03	.13	.12*	−.07	−.07
광고태도		.41	.31***	.41	.26***	−.20	−.15**
상수		1.33		.24		2.51	
F값		11.52***		11.44***		3.53***	
Dubin-Watson		1.97		1.94		1.88	
수정된 R2		.24		.24		.07	

*p<.05, **p<.01, ***p<.001

6

아동소비자의 가치

가치는 개인의 소비자행동을 결정하는 중요한 선행변수의 하나라는 점에서 다양한 가치를 측정하고, 다양한 가치가 다양한 소비자행동에 미치는 영향을 경험적으로 밝히기 위한 연구들이 많이 이루어졌다. 이 장에서는 아동소비자의 소비문화에서 중요한 역할을 한다고 볼 수 있는 이타주의, 물질주의 및 소비에 대한 자기조절능력을 분석하였다.

1. 이타주의

이타주의라는 용어를 처음으로 사용한 사회학자 꽁트에 의하면 친사회적 동기는 궁극적인 목적이 자신의 복지를 증진시키기 위한 것일 때는 이기주의적이고, 다른 사람들의 복지를 증진시키기 위한 것일 때만 이타주의가 된다. 이타주의를 연구한 대부분의 심리학자들은 깊은 동정과 공감, 관심이 이타주의를 촉발시킨다는 점에 동의하고 있다(이지연, 2001). 이타주의는 자발적이고, 목표는 다른 사람을 이롭게 하고, 보상을 기대하지 않고 수행된다는 특성을 갖는다. 이타주의는 다양한 요인에 의해 영향을 받지만 비교적 안정적인 성격적 특질을 갖고 있다(김봉철, 최명일, 김유미, 2012).

이타주의는 개인이 소속된 또래집단이나 집단 구성원으로부터 인정받고 존경받으며 수용되는 정도를 결정하는 중요한 요인이며, 소속집단의 안정과 행복도 결정하는 매우 귀중한 요소이다. 이타주의는 다른 사람과 관계를 맺을 때 도와주고, 나누고, 기부하고, 위로하고, 협동하는 등 사회적으로 바람직한 행동인 친사회적 행동의 중요한 동기가 된다(Eisenberg & Miller, 1987). 1920년대 정신분석학에 뿌리를 둔 동기이론에 의하여 인간의 모든 행동을 이기적인 동기로 설명하는 이론체계가 확립되면서, 이타주의는 학자들의 관심에서 멀어졌다(박성희, 1994). 그러나 1980년대부터 이타주의에 대한 관심이 증가하고 있다(이지연, 박성희, 이동렬, 2002).

전래동화와 현대동화에 나타난 이타주의를 분석한 이지연, 박성희, 이동렬(2002)의 연구에 의하면, 이타주의가 나타나는 빈도는 전래동화와 현대동화 사이에 차이가 없었다. 가족과 공동체를 중시하는 우리나라는 이상적으로는 이타주의가 중요하다고 생각하나, 실제 생활에서는 치열한 입시경쟁 때문에 생각과 행동이 일치하지 못하기 때문이다. 이타적 행동의 수혜자는 낯선 사람이 현대동화에서는 16%에 불과했으나, 전래동화에서는 53%로 높게 나타났다. 동화에 나타난 이타적 행동은 성별에 따라 차이가 있었다. 남성은 신체적 위험을 무릅쓰고 남을 구출하거나 자신의 지혜, 노력, 재산을 기부하는 행동을 많이 했고, 여성은 자신이 가지고 있는 것을 나누거나 아픈 사람을 돌보거나 다른 사람에게 관심을 기울이고 동정하고 격려하는 행동을 많이 했다. 전래동화와 현대동화 모두 이타적 행동에 대한 보상을 받지 않는 경우가 많았고, 전래동화의 경우에는 물질적 보상이 많았다.

"아동은 태초부터 선하다." 라는 인식은 성선설에 바탕을 두고 있는데, 이를 두고 학계에서는 오랫동안 논쟁이 그치지 않았다. 미국의 스탠퍼드대학연구진은 아동의 본성은 착하지 않으며, 이타주의는 환경적인 영향에 의해 형성되는 것이라고 주장했다. 2006년에 이루어진 생후 18개월의 아이들이 어떤 지시가 없이도 다른 아이를 도우려 하였다는 실험연구결과는 아동 뿐 아니라 인간의 성선설을 과학적으로 입증한 것으로 평가되었었다. 그러나 당시 실험은 아이들에게 새로운 환경과 낯선 사람에 적응할만한 시간적 여유가 주어진 상태에서 실시됐기 때문에, 후천적으로 타인을 도우려는 이타심이 생겨난 것이라고 스탠퍼드대학 연구진은 반박했다.

스탠퍼드대학 연구진은 새로운 가설을 입증하기 위해 1~2세 영유아 34명을 대상으로 실험을 실시했다. 이들을 두 그룹으로 나눈 뒤, 첫 번째 그룹에는 한 어른이 아이들과 함께 공 하나를 가지고 놀았고, 두 번째 그룹에서는 어른이 동참하되 아이들에게 각각 놀 수 있는 공 하나씩을 따로 주어 놀게 했다. 아이들이 노는 과정에 성인이 다가가 테이블에 있는 물건을 고의로 떨어뜨렸다. 그 결과 상호간의 교류가 있었던 첫 번째 그룹의 아이들은 두 번째 그룹에 비해 물건을 함께 줍는 행동을 보인 확률이 3배가 되었다. 또 상호 교류가 있었던 첫 번째 그룹에서 나이가 더 많은 아이들이 어린 아이들에 비해 도움의 손길을 준 확률도 2배 높았다.

연구진은 이 실험 결과는 이타심에서 비롯된 아이들의 행동 양식이 타고난 본성이 아닌 후천적 관계에 의해 형성된 것이라는 사실을 입증했고, 인간은 새로운 상황에 맞추어 적응하는 능력을 가지고 있다고 설명했다. 아이들은 상호 교류하는 놀이를 통해 다른 사람을 신뢰하게 되며, 이 과정에서 새로운 문화를 접하게 되면서 성공적인 대인관계를 효과적으로 형성한다고 연구진은 설명하였다(나우뉴스 2015년 1월 7일).

모범적 이타주의자들은 발달과정에서 부모나 유의미한 대상의 행동을 모방하였고, 부모와 끈끈한 애정관계를 맺고 있었으며, 경제적으로 어려운 환경에서도 양육자와 긍정적인 관계를 형성했다. 경제적으로 어려운 상황임에도 불구하고 부모가 타인을 배려하는 모습을 보여주고, 헌신적이면서 자녀와 심리적으로 밀접한 유대관계를 유지해온 부모 밑에서 자란 아동이 이타적 행동을 더 많이 했다. 경제적 어려움은 비행이나 정서적 병리를 야기하는 충분조건이기 보다는 그러한 여건에서도 부모와 긍정적인 관계형성이 아동의 인간성을 변화시킬 수 있는 중요한 요인이 된다(이지연, 2003).

두산아트센터 두산인문극장이 20~50대 일반 시민 400명을 대상으로 'SNS 시대의 이타주의'를 주제로 조사한 결과 55%가 SNS에 등장하는 이타적 행위가 사회를 변화시킬 수 있다고 믿었다. 응답자의 61.5%가 'SNS에서 접하는 사회적 이슈에 대한 게시물에 긍정적으로 반응(좋아요·공유·응원 댓글 등)하는 행위'를 이타적 행위라고 생각한다고 답했다. SNS에서 건네는 축하·응원·위로·조언 등을 이타적이라고 생각하는지를 묻는 질문에 46%가 긍정적으로 응답했고, 24%만이 부정적으로 응답했다. 34%의 사람들은 단순히 타인의 게시물에 공유를 누르거나 좋아요를 하는 행위도 이타적 행위에 해당한다고 답변했다(이데일리, 2018년 4월 9일).

이타주의는 전 인류가 보편적으로 가지는 본능이라는 사실이 뇌과학연구로 밝혀지고 있다. 이타주의와 도덕은 고등적인 사고라기보다 분노와 기쁨처럼 원초적인 것에 더 가깝다. 기부나 좋은 일을 하면 활동이 많아지는 뇌 속의 미상핵과 측좌핵은 식사나 섹스를 할 때 기쁨을 느끼게 하는 기초적인 욕구나 보상작용과 관련된 곳이다. 자신이 선행을 하거나 타인의 선행을 보는 경우, 비자발적이라도 좋은 곳에 쓰이는 기부금이나 세금을 내는 등의 이타적인 모든 경우에 인간의 뇌는 감정적인 보상회로를 뜨겁게 달군다. 뜨내기가 많은 역 근처 식당은 맛없는 음식으로도 살아남을 확률이 높지만 인근의 주민들을 대상으로 하는 식당이라면 맛이 없으면 살아남지 못한다. 계속 거래를 해야 할 사람들에게 노력과 서비스를 제대로 하지 않는 식당처럼 근시안적인 이기주의자 대신 바보처럼 보이는 이타주의자가 결국엔 승리자가 된다(김성진, 2008).

1) 관련연구의 고찰

이지연과 이항심(2007)은 긍정심리학의 주제로 주목 받고 있는 이타주의가 청소년들의 주관적 행복감과 또래 수용도에 미치는 영향을 분석하였다. 이타주의 성향이 높은 집단이 낮은 집단에 비해 주관적 행복감, 또래 수용도의 수준이 높았으나, 또래 수용도와 주관적 행복감은 관련이 없었다.

박철과 이상혁(2012)은 경쟁적 이타주의 관점에서 경쟁적 이타주의 메시지, 동조 정보, 투명성이 온라인 모금 기부의도에 미치는 영향을 분석하였다. 온라인 모금 캠페인에서 경쟁적 이타주의 메시지 특성이 강할수록, 온라인 댓글에 동조하는 정보가 많을수록, 정보공개의 투명성이 클수록 온라인 모금캠페인에 기부하려는 의도가 높았다. 온라인 환경에서의 모금 캠페인에서도 기부관여도가 높을수록 기부의도가 높았고, 모금 캠페인을 구성하고 있는 경쟁적 이타주의 메시지, 동조 정보, 투명성이 기부의도에 미치는 영향은 기부 관여도에 따라 다르게 나타났다.

장우성,박윤서,이승인(2014)은 친환경인증마크 유무와 유형(로하스 인증마크 vs. 웰빙 인증마크)에 따라 소비자들의 친환경제품에 대한 태도, 구매의도와의 관계를 분석하고, 소비자의 환경의식 수준과 이타주의 성향이 이 변수들의 관계를 어떻게 조절하는가를 분석했다. 소비자들은 친환경인증마크가 부착되지 않은 제품보다 인증마크가 부착된 제품에 대해서 보다 긍정적인 태도와 높은 구매의도를 보였으나, 인증마크의 유형(로하스 인증마크 vs. 웰빙 인증마크)은 소비자들의 친환경제품에 대한 태도 및 구매의도에 영향을 미치지 않았다. 친환경인증마크 유무와 제품태도의 관계에서 환경의식 수준의 조절효과는 유의하게 나타났으나, 이타주의 성향의 조절효과는 유의하지 않은 것으로 나타났다. 인증마크 유무와 소비자들의 제품에 대한 구매의도와의 관계에서는 환경의식 수준과 이타주의 성향의 조절효과가 나타났다. 친환경인증마크 유형과 제품태도, 구매의도와의 관계에서는 환경의식

수준과 이타주의 성향의 조절효과가 나타나지 않았다.

안대천, 왕진, 전민아(2017)는 CSR활동의 핵심가치이자 소비자 삶의 수단가치 중의 하나라고 할 수 있는 이타주의를 중심으로 라이프스타일 유형을 도출하고, 라이프스타일 유형에 따라 CSR활동의 속성(영향력, 적합성, 지속성), CSR 진정성 및 기업태도에 차이가 나는지를 분석하였다. 소비자 라이프스타일은 자아만족 추구자, 온라인중시 이타주의자, 사회적 명성 추구자 등 세 가지 유형으로 분류되었고, 집단 간에 CSR활동의 속성과 진정성에 대한 인식, 기업태도에서 유의미한 차이가 있는 것으로 나타났다. 자아만족 추구자 집단이 CSR속성, CSR진정성, 기업태도에서 다른 두 집단에 비하여 긍정적인 평가를 했고, 그 다음은 온라인중시 이타주의자이고, 사회적 명성 추구자가 가장 낮았다. 자아만족 추구자 집단의 경우에는 활동의 적합성과 지속성의 영향력이 크게 작용한 반면, 온라인중시 이타주의자의 경우에는 진정성 인식에 미치는 영향이 가장 컸고, 진정성과 기업태도 간의 관계에 있어서도 집단 간에 유의미한 차이가 있는 것으로 나타났다.

권기환과 김진홍(2017)은 공감성, 이타주의, 자선 경험이 사회적 기업을 설립하고자 하는 개인의 의도에 미치는 영향을 분석하였다. 자선 경험은 사회적 기업 창업 의도에 영향을 미치는 것으로 나타났으나, 공감성과 이타주의는 사회적 기업 창업 의도에 영향을 미치지 않는 것으로 나타났다.

민승기와 강정석(2013)은 연속적으로 나타나는 이타적 소비와 관련된 선택 상황에서 선행되는 이타적 소비선택이 후속되는 이타적 소비선택에 미치는 영향과 도덕적 자기 개념의 수준 변화와 이타주의가 두 변수의 관계에 미치는 영향을 분석했다. 후속 소비선택에서 기부 비율은 이타적 소비 조건보다 이기적 소비 조건에서 더 높게 나타났으나 두 조건 모두에서 첫 번째 소비선택을 한 후에 도덕적 자기 개념의 수준 변화는 없는 것으로 나타났다. 두 조건에서 이타주의의 차이가 없음에도 불구하고, 이타적 소비 조건에서는 이타주의가 높을수록 후속되는 소비선택에서 기부 비율이 높아졌으나

이기적 소비 조건에서는 이타주의와 소비선택에서 기부 비율 사이에 관련성이 없었다.

Shimada(2011)는 이타주의가 이민자가 본국 가족에게 송금하는 액수와 본국 가족의 송금액지출에 미치는 영향을 분석하였다. 본국 가족에 대해 이타적인 이민자일수록 가족에게 고액의 송금을 했고, 본국 가족이 이민자에 대해 이타적이지 않은 가족은 송금된 돈을 투자가 아닌 자신들을 위한 소비에 지출할 가능성이 높았다.

강효민(1999)은 스포츠 사업조직의 심리적 소유감과 조직몰입 및 역할 행동의 관계를 분석했다. 조직에 대한 심리적 소유감이 높을수록 존속몰입과 규범몰입은 높았으나 감정몰입은 낮았다. 조직에 대한 심리적 소유감이 높을수록 비불평성이 높았으나 이타주의는 낮았다. 직무/과제에 대한 심리적 소유감이 높을수록 공익성이 높았다. 존속몰입이 높을수록 비불평성, 이타주의, 공익성이 높았으며, 일반화된 순응과 예의는 낮았다. 감정몰입이 높을수록 이타주의와 일반화된 순응은 높았으며, 비불평성은 낮았고, 규범몰입이 높을수록 비불평성과 예의가 높았다.

주소현(2018)은 국민연금에 대한 다각적인 태도에 미치는 변수를 사회적 위치이론, 정치적 성향이론, 개인의 심리적 특성 변수를 포함하여 탐색하였다. 나이가 젊을수록 국민연금의 필요성에 대한 태도가 부정적이며, 양가감정 수준이 높았고, 가입자에게 유리한 방향의 개혁을 지지하였다. 국민연금의 필요성에 대한 태도에 영향을 미치는 변수로는 사회적 위치이론 변수와 심리적 특성변수가 유의미하게 나타났다. 나이가 많을수록, 소득수준이 높을수록, 미혼보다 기혼이, 공감성향이 높을수록, 이타주의 성향이 높을수록, 삶의 만족도가 높을수록 국민연금의 필요성에 대하여 긍정적인 태도를 가지고 있었다. 대졸인 경우 대학원재학 이상인 경우보다 국민연금의 필요성에 대한 태도가 부정적인 것으로 나타났다. 국민연금에 대한 양가감정은 연령이 낮을수록, 여성인 경우, 자영업인 경우, 사회경제적 지위가 낮을수록, 이타주의 성향이 높을수록, 삶의 만족도가 낮을수록 높아지는 것으로 나타났다. 국민연금에 대한 개혁 의견 중 보험료율에 대한 의견은 60대인 경우, 남성인 경우, 사회경제적 지위가 높은 경우, 삶의 만족도 수준이 높은 경우 가입자의 부담을 완화하자는 의견에 동의하는 경향을 보였고, 이타주의 성향이 강한 경우에는 가입자 부담을 강화하자는 의견에 동의하였다.

양재장, 김수옥, 함기영, 이용기(2013)는 친환경 제품 구매자의 가치가 친환경 행동에 미치는 영향에서 친환경 제품의 환경에 대한 신념과 개인적 규범의 매개역할을 분석하였다. 이기주의 가치를 가진 친환경 제품 구매자는 친환경 제품의 환경에 대한 신념의 영향을 받지 않았으나, 범지구적 이타주의 가치를 가진 구매자들은 친환경 제품의 환경에 대한 신념에 정의 영향을 받았다. 이기주의, 범지구적 이타주의, 친환경 제품의 환경에 대한 신념은 개인적 규범에 정의 영향을 미쳤고, 개인적 규범은 친환경 행동에 정의 영향을 미쳤다.

2) 아동소비자의 이타주의 수준

<표 6-1>에는 아동소비자의 이타주의 수준이 제시되어 있다. 전반적인 이타주의 수준은 평균이 2.61점으로 중간점인 2.5점보다 약간 높았다. “다른 사람들의 권리와 이익을 보호하는 행위는 모든 사람의 중요한 의무다.”가 가장 높았고, “부유한 국가는 자신들의 재산의 일부를 가난한 나라들과 공유해야 하는 도덕적 의무를 가지고 있다.”가 두 번째로 높았고, “현세대를 넘어 미래세대의 복지에 대해서도 관심을 가지고 있다.”가 세 번째로 높았으며, 이 세 문항은 모두 중간점보다 높았다. “나는 다른 사람을 돕는데 많은 시간을 할애한다.”는 네 번째로 높았고, “제 3세계 등 가난한 나라에 살면서 일하는 사람들의 복지에 대해 관심을 가지고 있다.”가 가장 낮았는데, 두 문항은 중간점보다 낮았다.

전반적으로 선언적 측면이 강한 문항이 자신이 직접 실천해야 하는 측면

이 강한 문항들에 비하여 수준이 높았다. 특히 제 3세계의 가난한 나라에 살고 있는 사람들의 복지에도 관심을 가져야 한다는 점에 대한 인식수준이 낮다는 점은 문제라고 볼 수 있다. 우리나라가 과거 어려운 시절에 선진국의 도움을 받아 경제성장을 하였다는 점에서 우리도 이제는 가난한 국가들의 복지에도 관심을 가지고 도우려고 노력해야 할 것이다.

국제신문과 KNN 그리고 월드비전 부산지역본부가 공동주최하고 부산광역시교육청이 후원한 동전모으기 캠페인에는 부산지역 120개 초등학교와 중학교가 참여했다. 2017년 부산지역 지구촌 사랑 나눔 캠페인 '사랑의 동전모으기'로 마련한 후원금 1억 원으로 '부산시교육청 지원 제9호 희망 학교'인 베트남 나항 따비초등학교 분관이 신축됐다. 한국의 학생과 제3세계 아동이 1 대 1 친구 맺기를 통해 꿈을 키울 수 있도록 후원하는 월드비전 '글로벌 친구 맺기' 캠페인은 2017년 부산에서 20개교 230명의 학생들이 참여했다. 캠페인에 참여한 명륜초, 가동초, 용수초 교장은 29명의 베트남 나항 월드비전 후원아동을 만나 한국 학생들이 준비한 선물과 함께 소식을 주고받는 뜻깊은 시간을 가졌다(국제신문, 2018년 2월 7일).

〈표 6-1〉 아동소비자의 이타주의 수준

문항	M(SD)
1. 나는 다른 사람을 돕는데 많은 시간을 할애한다.	2.39(.89)
2. 제 3세계 등 가난한 나라에 살면서 일하는 사람들의 복지에 대해 관심을 가지고 있다.	2.34(.91)
3. 다른 사람들의 권리와 이익을 보호하는 행위는 모든 사람의 중요한 의무다.	2.88(.94)
4. 부유한 국가는 자신들의 재산의 일부를 가난한 나라들과 공유해야 하는 도덕적 의무를 가지고 있다.	2.82(.96)
5. 현세대를 넘어 미래세대의 복지에 대해서도 관심을 가지고 있다.	2.65(.96)
전체 (4점 환산평균)	2.61(.70)

〈표 6-2〉 사회인구학적 변수에 따른 이타주의

변수		이타주의 빈도	이타주의 평균(SD)
성별	남	227	13.23(3.48)
	여	201	12.88(3.54)
	전체	428	13.07(3.51)
	t값	1.026	
부연령	만 40세 미만	39	11.46(3.36)A
	만 40세 - 44세	188	13.23(3.58)B
	만 45세 이상	173	13.24(3.31)B
	전체	400	13.06(3.48)
	F값	4.670*	
모연령	만 40세 미만	114	12.41(3.76)
	만 40세 - 44세	215	13.38(3.39)
	만 45세 이상	69	13.20(3.01)
	전체	398	13.07(3.46)
	F값	3.016	
부학력	고졸 이하	159	13.00(3.28)
	대졸 이상	237	13.33(3.54)
	전체	396	13.20(3.44)
	t값	.946	
모학력	고졸 이하	166	12.80(3.28)
	대졸 이상	230	13.51(3.50)
	전체	396	13.21(3.42)
	t값	2.050*	
어머니 작업	취업	240	13.13(3.48)
	비취업	183	12.97(3.55)
	전체	423	13.06(3.51)
	t값	.466	
성격 성향	외향적	300	13.19(3.63)
	내향적	119	12.84(3.15)
	전체	419	13.09(3.50)
	t값	.914	
경제적 지위인식	중층 이하	232	12.54(3.45)
	중상층 이상	192	13.72(3.47)
	전체	424	13.08(3.51)
	t값	3.482**	
TV 시청 시간	안 봄	92	13.71(3.47)
	1시간	133	13.05(3.28)
	2시간	127	12.87(3.80)
	3시간 이상	75	12.63(3.40)
	전체	427	13.06(3.51)
	F값	1.559	

*$p<.05$, **$p<.01$

<표 6-2>에는 사회인구학적 변수에 따라 아동소비자의 이타주의 수준이 차이가 나는지를 검증하기 위하여 T검증과 일원분산분석을 한 결과가 제시되어 있다. 아동소비자의 이타주의 수준은 아버지의 연령과 어머니의 학력에 따라서는 P <.05 수준에서, 가계의 경제적 지위인식에 따라서는 P <.01 수준에서 의미있는 차이를 보였으나, 성별, 어머니의 연령, 아버지의 학력, 어머니의 직업유무 및 TV 시청시간에 따라서는 의미있는 차이를 보이지 않았다.

이타주의 수준은 아버지의 나이가 만 40세 이하인 아동이 40-44세, 45세 이상인 아동에 비하여 의미있게 낮았으나, 40-44세와 45세 이상 집단 사이에는 의미있는 차이가 없었다. 어머니의 학력이 대졸 이상인 아동이 고졸 이하인 아동보다 이타주의 수준이 높게 나타났다. 가계의 경제적 지위를 중상층 이상이라고 인식하는 아동이 중층 이하라고 인식하는 아동보다 이타주의 수준이 높게 나타났다.

2. 물질주의

물질주의는 15-16세기에 유럽에서 시작되어 18세기에는 영국, 19세기에는 프랑스, 20세기에는 미국에서 꽃을 피웠다. 물질적 풍요를 누리는 현대사회에서 소비자들은 물질적 재화의 소유와 소비를 통해 심리적 만족과 행복을 추구하며, 물질적 재화 자체를 사회적 성공과 지위의 상징으로 생각하는 소비지향적 물질주의 성향이 급속하게 확산되고 있다(서정희와 허은정, 2004).

지나친 물질주의는 물질만능주의, 배금주의, 황금만능주의로 까지 확산되어 여러 가지 심각한 사회문제를 야기하고 있다. 흥사단 투명사회운동본부 윤리연구센터가 전국 초·중·고등학생 1만1천명을 대상으로 조사해 발표한 '2015년 청소년 정직지수 조사' 결과는 물질만능주의를 보여주는 매우 충격적인 사례라고 볼 수 있다. 고교생의 56%가 "10억이 생긴다면 죄를 짓고 1년 정도 감옥에 가도 괜찮다"고 응답했고, 45%는 "이웃의 어려움과 관계없이

나만 잘살면 된다."고 응답했다.

연세대학교 사회발전연구소가 유니세프의 어린이·청소년 행복지수를 활용해 전국 초·중·고교생 7343명을 대상으로 조사한 결과에 의하면 우리나라 학생의 주관적 행복지수는 88점으로 조사대상 22개 OECD 회원국중 20위를 기록했다. 2016년 국제구호단체 세이브더칠드런 조사에서 우리나라 학생들은 빈곤가정 비율이나 교육자재, 책 보유 비율 등으로 조사한 물질적 행복지수는 115점으로 118점을 얻어 1위를 한 핀란드에 이어 2위를 차지하였다. 그러나 황금만능주의와 과도한 학업경쟁, 외모지상주의의 부작용으로 자살충동을 세 번 이상 경험한 자살위험집단 비율이 초등학생은 5.5%, 중학생은 6.5%, 고등학생은 9.1%에 달했다(중부매일 2017년 5월 3일).

1) 관련연구의 고찰

시대와 나라, 연구자에 따라 물질주의의 개념은 조금씩 다르게 나타나고 있으나, 대부분 소비와 밀접하게 연관되어 있다. Ware & Warlcman(1971)은 소유물과 돈이 인간의 행복과 사회적 진보에 중요하다고 믿는 신념, Moschis & Churchill(1978)은 인간의 행복과 사회발전의 중요한 요소가 재화와 화폐라고 간주하는 경향, Richins & Dawson(1992)은 물질의 소유를 통해 행복을 추구하는 경향이라고 물질주의를 규정하였다. 그러므로 물질주의 가치관을 가진 사람은 물질을 소유하고 있는 양과 질을 자신의 성공 기준으로 삼으려하고, 물질의 소유가 일상생활의 주된 관심사가 된다. Belk(1987)는 물질적 소유와 소비를 행복의 주된 원천으로 보는 관점에서 소비자가 소유자체에 애착을 가지고 자유재량적인 소비를 통해 심리적 행복을 추구하는 것을 물질주의라고 정의하였다. Richins & Najjar(1992)는 물질주의 성향이 높은 소비자들은 생활의 만족을 위해 끊임없는 물질의 소비와 획득을 필요로 하며, 이러한 소비수준이 곧 행복을 가져다준다고 여긴다고 하였다.

Bredemeier와 Toby(1960)는 물질주의는 종교에 버금갈 정도로 물질을 숭배하게 하고, 생활을 구조화하고 특정 행동을 하게 하는 유인이 된다고 하였다. 예를 들면 기독교에서는 하나님과 맘몬을 함께 섬길 수 없다고 한다. 부정한 방법으로 번 이윤과 뇌물은 윤리적으로 의심스러운 재산이기 때문이다. 맘몬은 인간이 절대로 만족할 수 없는 욕망을 품도록 유혹하고, 이러한 기만적인 형태의 욕망 때문에 인간으로 하여금 맘몬을 우상으로 숭배하게 하는 속성을 가지고 있다(서정희, 김성숙, 2013).

Daun(1983)은 물질주의는 물질을 획득하고 소유하는 것을 강조하는 생활양식이라고 하였다. Csikszentmihalyi와 Rochenberg-Halton(1978)은 물질주의를 수단적 물질주의와 궁극적 물질주의로 구분하였다. 수단적 물질주의는 좀 더 안전하고 즐거운 삶을 영위하기 위한 수단으로 물질을 소유하여 사용하는 것으로 속성상 한계가 있고, 궁극적 물질주의는 물질의 소유 자체가 삶의 목적이 되기 때문에 끊임없이 더 소유하려는 속성이 있다.

물질주의 성향이 강한 소비자들은 소비생활양식에 따라 다른 사람과 자신을 평가하고(Rassuli와 Hollander, 1986), 심리적인 만족보다 재력을 더 중요하게 여기고(Heilbroner, 1956), 물질적 복지를 성공의 증거로 보고, 종교개혁 이후에는 종교적 가르침과도 부합되는 것으로 간주하게 되었다(Du Bois, 1955). 예를 들면 화이트칼라 계층은 비싼 옷과 장신구 등의 소비를 통하여 자신들이 상류사회와 동일한 생활수준을 누린다고 자부하고 상류사회 구성원이 가지는 위신과 지위를 일시적으로 차용함으로써 소외의식을 충족시킨다(Mills, 1951).

실증연구에서도 물질주의 성향이 강한 소비자일수록 덜 행복하다고 느끼고(Belk, 1984), 물질적 생활수준에 대한 만족도가 낮아 전반적인 생활만족도도 낮았고(Richins, 1987), 가계복지를 인지하는 수준도 낮았다(임정과 이기춘, 1988). 물질주의가 강할수록 외부 통제성이 높았고, 공동체와의 유대감과, 자아실현 욕구가 낮았다. 남성성이 강할수록 물질주의적 성향이 강했고, 활력감은 낮았고, 우울증을 보이는 경우가 많았다(홍기원과 김연우, 2015). 홍경화(2014)도 물질주의적 가치와 욕구가 강한 사람들은 물질주의 성향이 약한 사람들에 비하여 더 자주 불안 증상을 호소하였고, 우울증에 더 걸리기 쉽고, 신체적 불편을 더 자주 보인다고 하였다.

이민아와 송리라(2014)는 소득수준과 물질주의 가치관이 한국인의 행복에 미치는 영향을 알아보기 위하여 전국 18세 이상의 남녀를 대상으로 수집한 2009년 한국종합사회조사(KGSS) 자료를 분석하였다. 소득수준이 높을수록 행복감과 삶의 만족도가 높아지지만 물질주의 가치관은 행복감과 삶의 만족도에 부정적인 영향을 미쳤다. 물질주의 가치관을 가진 응답자, 즉 인생을 살아가는데 중요한 요소로 돈을 선택한 사람들은 그렇지 않은 사람들에 비해 행복감과 삶의 만족도가 낮았다. 주목할 만한 사실은 물질주의 가치관이 응답자의 소득수준에 따라 차별적 효과를 갖지 않는다는 점이다. 즉, 소득이 상승하더라도 물질주의 가치관이 갖는 부정적 효과는 감소되지 않았다.

'세상에 믿을 사람 하나 없다'는 믿음이 강한 사람일수록 물질을 중시하고 인간관계를 경시하였고, 친구와 함께하는 즐거움을 낮게 평가하였다. 양질의 사회적 관계가 행복과 건강에 핵심적 요소이며 물질주의는 행복과 건강에 악영향을 미친다는 점을 고려하면, 낮은 일반적 신뢰는 개인의 삶의 질에 중요한 영향을 미칠 수 있다(박진영, 최혜원, 서은국, 2012).

서정희와 조영희(1997)는 울산광역시에 거주하고 있는 청소년 소비자의 물질주의 성향은 용돈의 크기, 연령, 학년, 가계의 소득수준 및 가계의 소비수준에 따라 의미 있는 차이를 보인다고 하였다. 서정희와 석봉화(1998)는 청소년소비자들의 물질주의 가치를 유형화하고 빈도를 분석했다. 행복추구적 물질주의 가치지향형이 전체의 절반 이상을 차지함으로써 가장 많은데 비하여 물질주의 가치 소극적 지향형, 성공·생활수단적 물질주의 가치 지향형 및 물질주의 가치 적극적 지향형은 상대적으로 적은 수를 차지하였다. 그러므로 울산광역시에 거주하고 있는 청소년소비자들은 대체로 생활의 수단과 행복하기 위하여 물질을 소유하거나 획득하려는 물질주의 가치를 많이 지향하고 있으나, 성공지향적인 물질주의 가치는 상대적으로 덜 지향하고 있다고 볼 수 있다.

연령과 소득 수준이 낮을수록 물질주의 성향이 더 강하고(김수영, 2007), 젊은 여성일수록 물질주의 성향이 강해서 소비나 소유를 삶의 주된 행복의 원천으로 여기고 있었다(송인숙, 1993). 성영신(1994)의 연구에서는 한국 소비자들의 물질주의 성향은 소득이 낮을수록 더 높게 나타나 물질주의 성향이 부유층뿐만 아니라 소득이 낮은 계층의 문제도 된다. 물질주의 가치관은 남녀대학생의 대인관계문제, 내현적 자기애 성향에 유의미한 영향을 미치며, 지각된 사회적 지지는 여자대학생에게만 유의미한 영향을 미쳤다(장세진, 강문선, 나혜진, 남연경, 박민경, 김수영, 2016).

백지숙과 박성연(2004)은 어머니의 물질주의 가치관은 남학생의 물질주의 가치관과 상관관계가 없었으나, 여학생의 물질주의 가치관과는 정적 상관관계를 보였다고 하였다. 어머니와 여학생간의 물질주의 가치관의 세대간 전이를 사회학습이론의 관점에서 설명할 수 있다. 즉 어머니는 남학생보다 동성인 여학생의 사회화 모델이 되기 때문에 딸은 어머니의 행동을 관찰하여 물질주의 가치관을 학습할 수 있다.

손상희(2009)는 아동소비자가 물질주의적 소비문화에 얼마나 편입되어 있으며, 소비자사회화 대리자들의 상대적 영향력을 분석하였다. 아동소비자는 소비주의보다는 물질주의 성향이 더 높은 것으로 나타났고, 소비자사회화 대행 변수들의 상대적 영향력은 친구, TV, 부모의 순으로 나타났다. 친구는 물질주의와 소비주의 성향에 강력한 정적 영향력을 미쳤고, TV는 친구 다음으로 물질주의 성향에 강한 정적 영향을 미쳤으나, 소비주의 성향에는 의미있는 영향을 미치지 않았다. 부모의 사회화와 관련된 다양한 변수들은 물질주의 성향에 아무런 영향을 미치지 않았으나, 자녀와 광고에 대한 대화가 많을수록 소비주의 성향에 정적인 영향을 미쳤다.

박재홍과 강수택(2012)은 1982-2005년 기간 중 다섯 차례에 걸쳐서 조사된 세계가치조사 자료를 이용하여 탈물질주의 가치의 변화 추이를 출생 코호트별로 분석하였다. 서구의 선진공업국들과 비교할 때 한국에서의 탈물질주의 가치는 아직 널리 확산되지 않은 상태이다. 1980년대 중·후반 경기 호황과 시민사회 영역 확대의 흐름 속에서 탈물질주의 가치가 빠르게 확산되었으나, 90년대 중반 이래 신자유주의 경쟁체제가 강화되고 안보 불안감이 심화되면서 탈물질주의 가치가 위축되기 시작했다. 1955년 이후 출생한 코호트는 1990년 조사에서 탈물질주의 비율이 높게 나타나도록 하는 데 기여했으나 동시에 그 이후 조사에서 비율의 급격한 감소에도 기여했다. 전체적으로 볼 때 1990년 이래 탈물질주의와 물질주의 비율은 모두 감소하였고 그 감소분만큼 혼합형이 증가했다. 1955-69년 코호트와 1970-84년 코호트는 탈물질주의 비율 감소에 기여했으며, 1925-39년 코호트와 1940-54년 코호트는 물질주의 비율 감소에 기여했다.

이미정, 이수형, 송종호, 홍성헌(2011)은 물질주의를 행복추구적, 성공상징적, 획득주의적 물질주의로 구분하여 이들 물질주의 가치관과 재활용 신념, 재활용 태도, 재활용품 구매행동 간의 관계를 검증하였다. 획득중심적 물질주의와 성공상징적 물질주의가 강할수록 재활용의 중요성에 대한 신념이 낮았고 재활용의 불편함에 대한 신념은 높았다. 행복추구적 물질주의는 재활용 신념에 아무런 영향을 미치지 않았다. 재활용의 중요성에 대한 신념이 강할수록 재활용 태도가 더 긍정적이었으나, 재활용의 불편함에 대한 신념은 재활용 태도에 아무런 영향을 미치지 않았다. 재활용에 대하여 긍정적인 태도를 가질수록 재활용품 구매행동을 더 적극적으로 하였다.

2) 아동소비자의 물질주의 수준

<표 6-3>에는 아동소비자의 물질주의 수준이 제시되어 있다. 아동소비자의 전반적인 물질주의 수준은 평균 2.63점으로 중간점보다 약간 높았다. “사

고 싶은 물건을 모두 살 수 있는 경제능력이 없어 때로는 괴롭다."가 2.28점으로 가장 낮았고, "무엇이든 원하는 물건을 살 수 있을 만큼 부자가 되고 싶다."가 2.87점으로 가장 높았다. "남보다 물건을 더 많이 살 수 있는 경제능력이 있으면 행복할 것이다."가 두 번째로 높았다.

〈표 6-3〉 아동소비자의 물질주의 수준

문항	M(SD)
1. 좋은 물건을 갖는 것은 중요하다.	2.66(.91)
2. 무엇이든 원하는 물건을 살 수 있을 만큼 부자가 되고 싶다.	2.87(.99)
3. 남보다 물건을 더 많이 살 수 있는 경제능력이 있으면 행복할 것이다.	2.77(.97)
4. 사고 싶은 물건을 모두 살 수 있는 경제능력이 없어 때로는 괴롭다.	2.28(.94)
5. 주위 사람들보다 경제적인 면에서 뒤지고 싶지 않다.	2.59(.94)
전체 (4점 환산평균)	2.63(.75)

미국의 이선 카우치는 2013년 음주운전으로 4명을 사망하게 한 뒤 선 법정에서 "삶이 너무 풍요로워 감정통제가 안 되는 '부자병'을 앓고 있다"고 호소하여 징역형 대신 보호관찰 10년형의 관대한 처분을 받았다. 그는 법원 명령을 어기고 술을 마셨고 게임하는 동영상을 트위터에 올렸다가 경찰 추적을 받자 2015년 말 멕시코로 도주했다가 검거되었다. 천만 관객을 동원했던 영화 '베테랑'의 주인공은 부자병의 전형을 보여준다. 영화에서 재벌 3세 조태오(유아인 분)는 마약류 관리에 관한 법률 위반, 성매매 특별법 위반, 음주 및 과속, 공공질서 파손, 공무집행 방해, 경찰관 살인교사, 등 범죄를 밥 먹듯 저지른다. 또 그는 폭력, 파괴, 동물학대 등을 지속적으로 저지르면서도 양심의 가책을 느끼지 못한다. 돈 없고 빽 없는 보통 사람들은 머리로는 이들의 범죄행각을 비난하면서도 다른 한편으론 그들이 휘두르는 부와 권

력을 부러워하는 이중적 사고를 하게 되어 사회적으로 큰 문제가 되고 있다(한국일보, 2016년 1월 16일).

부자병 초기에는 폭력, 도박, 절도 등 소소한 탈선에 머물지만 이것이 부모의 돈이나 배경 덕으로 아무런 뒤탈 없이 넘어가게 되면 그 다음에는 성폭력이나 마약, 살인 등 대형범죄를 저지른다. 부모가 과소비를 하고, 과잉보호를 통해 아이가 원하는 모든 것을 해주는 부모 밑에서 자란 아이들은 조절력을 상실해 충동조절이나 감정조절을 상실할 수 있다. 물질적 가치가 세상 그 어떤 가치보다 우위를 점한 사회에서서 대중은 자신도 모르게 범죄행위에 대한 비판보다 나도 저렇게 살아봤으면 좋겠다고 동경하게 된다(한국일보, 2016년 1월 11일).

팔레스타인의 로켓공격 위험에 시달리는 이스라엘 인들을 대상으로 이들의 스트레스와 물질주의 성향을 조사한 연구(Rubio, Somer & Rindfleish, 2013)에 의하면, 물질주의가 강한 사람들일수록 더 많은 스트레스를 받았으며, 이 스트레스를 해소하기 위해 충동적인 쇼핑을 한다. 말레이시아 소비자를 대상으로 한 연구(Baker & Moschis, 2013)에 의하면, 물질주의가 강한 소비자일수록 생활만족도가 떨어진다. Moran, Bryant 및 Kwak(2015)은 스트레스를 많이 받고 있는 소비자일수록 제공되는 자극에 관계없이 온라인에서 충동구매성향이 높게 나타났다.

<표 6-4>에는 사회인구학적 변수에 따라 아동소비자의 물질주의 수준이 차이가 나는지를 검증하기 위하여 T검증과 일원분산분석을 한 결과가 제시되어 있다. 아동소비자의 물질주의 수준은 어머니의 학력에 따라서는 $P<.05$ 수준에서, 가계의 경제적 지위인식에 따라서는 $P<.001$ 수준에서 의미있는 차이를 보였으나, 성별, 아버지의 연령과 학력, 어머니의 연령, 어머니의 직업유무 및 TV 시청시간에 따라서는 의미있는 차이를 보이지 않았다. 아동소비자의 물질주의 수준은 어머니의 학력이 고졸이하가 대졸이상보다 높았고 가계의 경제적 지위 인식이 중층이하보다 중상층 이상이 더 높았다.

〈표 6-4〉 사회인구학적 변수에 따른 물질주의

변수		물질주의	
		빈도	평균(SD)
성별	남	228	13.46(3.73)
	여	202	12.85(3.74)
	전체	430	13.17(3.74)
	t값	1.701	
부연령	만 40세 미만	39	13.21(3.82)
	만 40세 - 44세	189	13.42(3.71)
	만 45세 이상	174	12.91(3.74)
	전체	402	13.18(3.73)
	F값	.863	
모연령	만 40세 미만	114	13.25(3.71)
	만 40세 - 44세	217	13.18(3.75)
	만 45세 이상	69	13.04(3.66)
	전체	400	13.18(3.71)
	F값	.069	
부학력	고졸 이하	161	13.45(3.74)
	대졸 이상	238	13.10(3.65)
	전체	399	13.31(3.70)
	t값	.937	
모학력	고졸 이하	168	12.79(3.80)
	대졸 이상	231	13.64(3.64)
	전체	399	13.28(3.72)
	t값	2.260*	
모직업 유무	유	240	13.09(3.78)
	무	185	13.28(3.73)
	전체	425	13.17(3.76)
	t값	-.526	
성격 성향	외향적	303	13.08(3.85)
	내향적	118	13.47(3.37)
	전체	421	13.19(3.72)
	t값	-1.024	
경제적 지위인식	중층 이하	235	12.57(3.72)
	중상층 이상	191	13.90(3.68)
	전체	426	13.16(3.76)
	t값	3.673***	
TV 시청 시간	안 봄	93	13.40(4.08)
	1시간	133	12.98(3.76)
	2시간	129	13.15(3.75)
	3시간 이상	74	13.27(3.31)
	전체	429	13.17(3.75)
	F값	.245	

*p<.05, ***p<.001

3. 아동소비자의 소비에 대한 자기조절능력

소비자가 보다 바람직하고 합리적이고 효율적으로 소비생활을 하는데 중요한 역할을 하는 변수 중의 하나가 소비에 관한 자기조절능력이다. 소비에 대한 자기조절능력이 떨어져 나타나는 충동구매는 소비자의 비이성적 소비형태 중에서 가장 빈번하게 나타나고 있고, 광고와 다양한 마케팅 전략 때문에 사회적으로 많은 문제가 되고 있다. 잦은 충동구매는 신용불량 등으로 나타나는 소비자 개인의 경제문제를 야기할 뿐 아니라, 가족문제로 확대되고 심한 경우는 도박이나 도벽으로 이어져 큰 범죄행위를 유발하기도 한다.

서울대를 졸업한 중학교 교사 출신인 53세의 최모씨는 서울 서초구 잠원동 새마을금고에서 장난감 권총으로 직원과 고객들을 위협해 2,400만원을 빼앗아 오토바이를 타고 달아났다가 구속됐다. 최씨는 범행을 한 새마을금고에서 4년 전 통장을 개설했었고, 범행 사흘 전엔 현장 답사를 나와 청원 경찰이 없는 것을 확인하였다. 최씨는 아들로 인한 사채 채무 3,000만원과, 지인들에게 빌린 2,000만원을 갚기 위해 범행을 했다고 진술했다. 새마을금고에서 강탈한 2,400만원 중 2,150만원은 돈을 빌린 지인들에게 돌려줬지만, 나머지 250만원은 강원도 정선 카지노에서 탕진했다. 최씨는 생활고와 부채, 도박문제 등으로 범행을 저지른 것으로 알려졌다(조선일보 2015년 7월 30일).

1) 관련연구의 고찰

남승규(2005a)는 의사결정을 잘 내리는 소비자가 자기조절을 잘하게 되고, 자기조절을 잘하는 소비자가 성공적인 소비경험과 바람직한 구매행동을 할 것이라고 가정하고 충동구매행동을 소비자 자기 조절모형과 관련지어 재검토하였다. 소비자 자기조절 모형은 의사결정오류 요인과 의사결정의존 요인을 포함하는 역기능적 자기조절과 정보인식활용 요인과 의사결정확신 요인을 포함하는 순기능적 자기조절로 구성되었다. 자기조절을 잘하는 사람들은 그렇지 않은 사람들보다 충동구매행동을 덜 하는 경향이 있었다.

어떤 영역에서 성공한 사람들과 더불어 성공적인 소비생활을 향유하는 사람들은 적응목표를 달성하기 위하여 자기조절을 잘하는 사람들이다. 대부분의 소비자들은 자기조절을 잘 할뿐만 아니라, 자기조절을 잘하는 소비자들은 유쾌하고 성공적인 소비경험을 하게 될 것이다. 대부분의 소비자들이 추구하는 것은 최고의 제품이나 서비스가 아니라 만족을 주는 제품이나 서비스이기 때문이다. 소비자는 최적의 상품을 선택하는 것이 아니라 가장 만족할 수 있는 상품을 선택한다. 소비자는 가장 품질이 우수하고 가장 가격이 저렴한 상품을 구매하는 것이 아니라, 가장 품질이 우수하지 않아도 가장 가격이 저렴하지 않아도 충분히 만족할 수 있는 상품을 선택한다. 자기조절을 잘하는 사람들이 자기조절을 잘못하는 사람들보다 만족을 추구하는 광고카피를 더 선호하고 극대를 추구하는 광고카피를 덜 선호하는 경향성은 있었으나, 유의한 차이를 보이지는 않았다. 이런 결과가 나온 이유를 몇 가지 원인에서 찾을 수 있다. 첫째, 너무 유명한 광고를 사용함으로써 이미 형성된 광고태도의 영향을 배제하지 못했을 수 있다. 둘째, 차량의 가격차이 등과 같은 가외적인 변수들의 영향을 통제하지 못하였다. 비싸면 품질도 뛰어나다고 인식하는 심리가 선호등위에 영향을 미쳤을 수 있다. 끝으로, '대한민국 1%'라는 광고카피가 일부 참가자들에게 1등이라는 최고를 지향하는 극대추구 기준이 아니라 만족추구 기준으로 작용하였을 수 있다. 앞으로 연구에서는 이런 문제점들을 충분히 보완하고 실제적이거나 잠재적인 구매자와 사용자를 대상으로 다시 검토해 볼 필요가 있다. 의사결정에서 선택오류를 범하는 정도에 따라서 자기조절을 잘하는 사람과 자기조절을 못하는 사람이 자기조절 양극단에 위치하는 형태로 구분할 수 있었다. 그리고 자기조절수준에 따라서 성공적인 소비경험과 광고카피에 대한 반응이 달라지는 경향도 확인할 수 있었다. 사람들은 천성적으로 한계를 갖고 태어나지만, 합리적인 방식으로 성공하기 위하여 참여하는 행동들과 전략들 중의 하나가 바로 의사결정의 자기조절 과정일 수도 있다(남승규, 2005b).

남수정(2006; 2007)은 소비에 대한 자기조절 개념은 단순히 구매에 대한 욕구를 통제한다는 충동억제의 개념이나 검약과 절약을 강조하는 관점에서 벗어나 소비자 스스로 자신의 소비패턴이나 의사결정에 대한 확신과 신념을 가지고 소비생활에 대해 계획을 세워 점검하며 스스로의 구매욕구를 통제 할 수 있는 능력이라고 정의하였다. 이러한 소비에 대한 자기조절능력을 통해 소비자는 지속적이며 자연발생적으로 나타나게 되는 소비에 대한 요구를 스스로 조절하여 외적 조건들에 의해 압도되지 않고 각자 삶의 목표를 향해 끊임없이 노력할 수 있게 된다. 남수정(2006)은 소비자가 보다 주체적으로 소비의 모든 과정을 합리적으로 조절하고 관리할 수 있는 능력을 체계적으로 측정할 수 있는 소비에 대한 자기조절 척도를 개발하였다.

남수정(2007)은 소비에 대한 자기조절과 소비생활 만족도의 관계를 실증적으로 살펴보기 위하여 경제수준과 소비에 대한 자기조절이 소비생활 만족도에 미치는 영향을 살펴보았다. 인구통계적 특성에 따라 소비에 대한 자기조절과 소비생활 만족도는 달라지는 것으로 나타났다. 구체적으로 나이가 많고 교육년수가 길수록 자기조절을 잘 하는 것으로 나타났으며 학력이 높을수록 소비생활 만족도가 높은 것으로 나타났다. 소비생활 만족도는 주관적 경제수준과 소비에 대한 자기조절에 의해 영향을 받는 것으로 나타났으며 특히 소비에 대한 자기조절의 영향력이 주관적 경제수준의 영향력 보다 상대적으로 높은 것으로 나타났다. 단순히 자신의 소비생활에 안분지족하는 생활보다는 소비에서 발생되는 보상으로부터 자유로워지고, 어떻게 소비의 보상을 스스로 조절할 수 있으며 더 나아가 자신의 삶을 계획하고 조정하여 삶의 질을 스스로 결정할 수 있도록 하는 과정을 통해 소비생활 만족도는 극대화될 수 있다. 궁극적 만족과 행복은 객관적인 수치보다는 자신의 소비생활을 어떻게 인지하며 스스로 자신의 욕구를 조절하고 진정한 만족에 대해 냉철히 인지하도록 함으로써 자기조절적 삶의 주체가 되는 것에서 비롯된다고 할 수 있다.

성형석과 한상린(2010)은 서비스 실패 시 자기조절성향인 평가지향성과 목표지향성이 부정적 감정에 미치는 영향과 이때 귀인과정에 따른 고객의 부정적 감정인 후회감과 실망감의 차이, 이러한 부정적 감정들이 체념과 구전활동에 미치는 영향을 분석하였다. 자기조절성향에 따른 후회감의 차이를 분석한 결과, 목표 지향적 성향이 강한 고객보다는 평가지향적 성향이 강한 고객일수록 후회감이 더 크고, 목표지향적 성향이 강한 고객은 실망감이 더 큰 것으로 나타났다. 고객의 부정적 감정들은 귀인과정의 조절적 역할(내적귀인-후회감, 외적귀인-실망감)에 따라 서로 다른 감정이 형성되었다. 후회감과 실망감은 소비자의 서비스 실패 후 행동반응에 다른 영향을 미쳤다. 즉 본인의 의사결정에 따른 선택을 후회하는 고객은 체념적 반응이 높게 나타났으나, 실망을 한 고객은 서비스 제공자나 제3자에 대한 부정적 구전행동을 더 많이 했다.

이진용과 전담(2011)은 사전연구와 실험을 통하여 자아조절자원의 고갈효과가 감정에 대한 대응전략인 쾌락적 소비 회피와 정화소비에 미치는 영향을 분석하였다. 사전연구에 의하면 부정적 감정을 불러일으키는 돈을 소비해야 할 경우 쾌락적 제품 회피와 정화 소비 선택비율이 더 높게 나타났지만, 긍정적 감정을 불러일으키는 돈을 소비할 경우 이러한 차이가 나타나지 않았다. 실험을 통하여 자아조절자원의 고갈여부에 따라 쾌락적 제품 회피 및 정화소비의 선택비율에 차이가 나타나는지 검증한 결과, 부정적 감정을 불러일으키는 돈을 소비할 때 나타나는 회피와 정화 소비의 선택비율이 조절자원의 고갈 때문에 대체로 줄어들었다. 부정적 감정에 대한 대응전략인 회피와 정화소비를 쾌락적 소비와 함께 제시한 실험에서는 조절자원의 고갈로 인해 적극적인 대응전략인 정화 소비의 선택 비율은 통계적으로 유의한 수준으로 줄어들었지만, 회피를 선택한 비율은 통계적으로 유의한 차이가 나타나지 않았다. 정화소비는 소극적인 방식인 쾌락적 소비의 회피에 비해 조절자원을 더욱 많이 요구하는 적극적 대응전략이므로 조절자원의 고갈효과에 따라 감소 비율이 높은 것으로 나타났다. 정화소비와 회피는 부정적 감정을 개선하였지만 정화소비에서 부정적 감정이 완화되는 효과가 훨씬 컸다.

박찬옥과 최순덕(2012)는 교육과학기술부에서 개발한 유치원 기본과정 내실화를 위한 유아경제, 소비자교육 프로그램을 만 5세 유아들에게 적용하고, 이러한 경험이 유아의 경제 기본개념 및 자기조절력에 미치는 영향을 분석해봄으로써 프로그램의 효과를 살펴보았다. 이 프로그램은 유아의 경제 기본개념에 긍정적인 영향을 미치는 것으로 나타났다. 경제, 소비자교육의 개념 요소를 기회비용, 희소성, 의사결정, 선택, 생산, 소비, 분배, 절제, 재활용으로 선정하고, 이들을 자원, 시장, 공유의 세 가지 차원에서 구성한 이 프로그램은 유아들이 실생활에서 다양하게 접할 수 있는 직접적인 경험 중심의 교수-학습 방법을 적용하여 게임, 극 놀이, 견학, 동작, 조형, 음악, 이야기 나누기, 토의, 토론, 동화, 동시, 조작, 조사 등 다양한 교육활동으로 이루어져 있다. 이러한 경제, 소비자교육활동을 경험한 실험집단 유아들의 경제기본개념 점수가 비교집단 유아들의 경제기본개념 점수보다 유의하게 향상되었다. 그러므로 이 프로그램이 유아의 경제기본개념 증진에 긍정적인 영향을 주었다고 해석할 수 있다. 이 프로그램이 경제기본개념의 하위영역별로 미친 영향을 살펴보면, 실험집단 유아들의 선택과 희소성, 기회비용, 소비, 상품과 서비스, 화폐, 가격과 교환, 그리고 시장 영역 점수가 비교집단 유아들의 점수보다 유의하게 높은 것으로 나타났다. 이 프로그램은 유아의 자기조절력에 긍정적인 영향을 미치는 것으로 나타났다. 이 프로그램이 자기조절력의 구성요인 및 하위요소별로 미친 영향을 살펴보면, 실험집단 유아들의 계획하기, 점검 및 평가하기의 인지조절능력, 정서억제하기, 정서대처하기의 정서조절 능력을 증진시키는 것으로 나타났다.

조민자와 이종한(2009)은 청소년의 자기조절프로그램을 개발하고, 이를 청소년들에게 실시하여 그 효과를 검증하였다. 이 프로그램은 집단으로 주 1회 실시되는 것으로서, 자기조절 프로그램의 이해와 동기부여, 목표설정, 시간관리, 자아탐색, 정서탐색 및 자극통제법, 의사소통, 자신과 타인 이해하기를 주 내용으로 하며, 전체 8회기로 이루어져 있다. 청소년의 자기조절 프로그램을 대학생 23명으로 구성된 집단에 실시하였으며, 이들의 자기조절능력, 자기효능감, 스트레스 등을 프로그램 시행 전과 후에 측정하여, 이를 통제집단 23명의 학생들과 비교하였다. 실험 전과 후 집단 간의 자기조절능력, 자기효능감, 스트레스, 자아존중감의 차이를 검증하였고, 집단별 실험 전과 실험 후의 차이를 검증하였다. 그 결과 자기조절능력, 자기효능감, 자아존중감이 유의하게 증가하였으나 스트레스는 유의한 차이가 나타나지 않았다.

박세훈과 이나래(2018)는 브랜드 우위 대안과 속성 우위 대안이 주어졌을 때, 소비자들이 가지고 있는 어떠한 요인들에 의해 대안들에 대한 선호가 달라지며, 이러한 선호 차이는 어떤 심리적 메커니즘을 거치는지를 조사했다. 제품속성에 비하여 브랜드 지위가 뛰어난 대안을 브랜드 우위 대안, 브랜드 지위에 비하여 제품 속성이 뛰어난 대안을 속성 우위 대안으로 설정했을 때, 쾌락적 소비목표와 실용적 소비 목표, 동기 지향 성향인 향상조절초점과 예방조절초점이 선호하는 대안에 미치는 영향을 실험을 통하여 검증했다. 소비자가 쾌락적 소비 목표를 가진 경우 브랜드 우위 대안인 애플을 HP보다 더 선호하고, 브랜드의 상대적 중요도가 매개하였다. 이 효과는 의사결정모드와 브랜드의 상대적 중요도를 거쳐 순차적으로 매개되는 것으로 나타났다. 2(소비 목표: 쾌락 vs. 실용) x 2(조절 초점: 향상 vs. 예방)의 집단 간 요인 설계를 활용한 실험 결과, 향상초점을 가진 소비자들이 브랜드 우위 대안인 애플을 더 선호하지만, 이는 소비 목표와 다르게 순차적 매개모형에서 의사 결정모드를 거치지 않고 브랜드의 상대적 중요도를 거쳐서 직접적으로 매개되었다.

원성두, 김임렬, 이민규(2015)는 행동 문제 및 정신건강의 주요 변수인 것으로 알려진 자기조절은 개념 자체가 여전히 모호하며, 임상심리학을 비롯해 심리학 내 여러 분야에서 상이한 개념과 모델이 존재한다고 하였다. 이 논문은 자기조절과 관련해 심리학 내의 각 분야를 대표하는 주요 이론들, 측정도구 그리고 심리적 개입법을 살펴보았다. 임상적인 수준의 장애를 가진 환자들뿐만 아니라 일반인들의 정신건강 증진을 위한 목표-중심 자기조절 프로그램 개발의 필요성을 저자들은 제안하였다.

2) 소비에 대한 자기조절능력 실태

〈표 8-5〉 아동소비자의 소비에 대한 자기조절능력

문항	M(SD)
1. 나는 종종 아무생각 없이 물건을 산다.	2.75(.92)
2. 나는 순간적인 감정에 의해 물건을 산다.	2.82(.88)
3. 내 자신이 내린 결정 이후에 나타날 결과에 대해 자신이 있다.	2.52(.87)
4. 미래를 위해 현재의 물건 사는 것을 포기할 수 있다.	2.70(.95)
5. 나는 쇼핑하는 것보다 저축하는 것이 더 즐겁다.	2.51(.98)
6. 나는 계획한 일을 끝까지 완성하는 편이다.	2.62(.89)
7. 자신의 행동에 대한 결과를 고려하여서 행동하는 편이다.	2.65(.88)
8. 나는 돈을 쓰는 데에 나 자신만의 원칙을 가지고 있다.	2.64(.95)
전체 (4점환산평균)	2.65(.49)

<표 8-5>에는 아동소비자의 소비에 대한 자기조절능력의 실태가 제시되어 있다. 모든 문항의 평균은 중간점인 3점보다 약간 아래로 나타나, 소비에 대한 자기조절 능력이 높지 않은 것으로 나타났다. "나는 순간적인 감정에 의해 물건을 산다."가 2.82점으로 가장 높았고, "나는 종종 아무생각 없이 물건을 산다."가 2.75점으로 두 번째로 높았고, "미래를 위해 현재의 물건 사는 것을 포기할 수 있다."가 2.70점으로 세 번째로 높았다. "나는 쇼핑하는 것보다 저축하는 것이 더 즐겁다."가 2.51점으로 가장 낮았고, "내 자신이 내린 결정 이후에 나타날 결과에 대해 자신이 있다."는 2.52점으로 두 번째로 낮았다.

<표8-6>에는 아동소비자의 소비에 대한 자기조절능력이 사회인구한적 변수에 따라 차이가 나는지를 분석한 결과가 제시되어 있다. 아동소비자의 소비에 대한 자기조절능력은 어머니의 직업유무와 가계의 경제적 지위 인식에 따라서만 P<.05 수준에서 의미있는 차이를 보였고, 성별, 아버지와 어머니의 연령, 아버지의 어머니의 학력, 성격성향 및 TV 시청시간에 따라서는 의미있는 차이가 나타나지 않았다. 어머니가 취업을 한 아동이 취업을 하지 않은 아동보다 자기조절능력이 높았다. 어머니가 취업을 한 아동은 어머니가 직장에 있는 시간에 혼자서 있는 경우가 더 많기 때문에 독립적으로 자신이 해야 할 일을 하는 경향이 많고, 전업주부들은 대체로 자녀에게 자녀가 원하는 것을 더 세심하게 챙겨주기 때문에 이러한 결과가 나왔다고 유추할 수 있다. 가계의 경제적 지위가 중상층 이상인 아동이 중층 이하인 아동보다 자기조절능력이 높았다.

〈표 8-6〉 사회인구학적 변수에 따른 소비에 대한 자기조절능력

변수		자기조절능력	
		빈도	평균(SD)
성별	남	224	20.20(4.55)
	여	199	19.92(4.09)
	전체	423	20.07(4.34)
	t값	.653	
부연령	만 40세 미만	38	18.92(3.17)
	만 40세 - 44세	187	19.95(4.48)
	만 45세 이상	171	20.25(4.35)
	전체	396	19.97(4.32)
	F값	1.472	
모연령	만 40세 미만	112	19.75(4.23)
	만 40세 - 44세	215	20.01(4.50)
	만 45세 이상	67	20.18(3.98)
	전체	394	19.97(4.33)
	F값	.233	
부학력	고졸 이하	158	20.22(4.08)
	대졸 이상	234	20.20(4.54)
	전체	392	20.21(4.36)
	t값	-.032	
모학력	고졸 이하	163	19.90(4.32)
	대졸 이상	230	20.39(4.41)
	전체	393	20.19(4.37)
	t값	1.093	
모직업 유무	유	235	20.49(4.27)
	무	183	19.53(4.37)
	전체	418	20.07(4.33)
	t값	2.246*	
성격 성향	외향적	296	20.23(4.53)
	내향적	118	19.76(3.63)
	전체	414	20.10(4.30)
	t값	1.097	
경제적 지위인식	중층 이하	231	19.69(4.01)
	중상층 이상	188	20.57(4.69)
	전체	419	20.09(3.34)
	t값	2.051*	
TV 시청 시간	안 봄	93	20.72(4.96)
	1시간	130	20.10(4.04)
	2시간	126	20.20(4.16)
	3시간 이상	73	18.92(4.21)
	전체	422	20.06(4.34)
	F값	2.474	

*$p<.05$

7

아동소비자의 충동소비성향[10]

산업혁명 이후 경제적 풍요로움은 필수재 구매 중심의 소비에서 보다 다양한 욕구충족을 위한 재화 및 서비스의 구매로 소비의 영역을 확대시켰고 아울러 인간의 삶의 질을 높여주는데 기여했다. 그러나 고도 산업사회를 지나 정보사회로 진입하면서 소비자들은 넘쳐나는 재화와 정보 중 무엇이 소비자에게 진정으로 필요하고 유익한 것인지를 평가하고 선택하는 데 점점 더 어려움을 겪게 되었다. 소비에 대한 자기조절능력은 약화되고 순간적인 소비충동이나 과시적 욕구, 무분별한 타인의 모방 등과 같은 비이성적인 소비행동은 증가하게 되었다(유현정 외, 2012).

건강보험심사평가원에 따르면 지난 2009년 3,720명이던 우리나라의 충동조절장애 환자 수는 2010년 4,375명, 2011년 4,470명, 2012년 4,937명, 2013년

10 이 장은 복미정과 서정희가 소비자문제연구 47권 1호에 발표한 논문인 "아동소비자의 충동소비성향과 관련 변수"를 수정한 것이다.

4,934명으로 5년동안 1,214명 즉, 32.6%로 급증했다고 한다. 성별, 연령별 환자 수는 2013년 기준 10대 남성이 1,106명으로 가장 큰 비중을 차지하였고, 20대 남성 986명, 30대 남성 745명, 40대 남성 454명, 10대 여성 366명 등의 순으로 나타났다(MBN, 2015. 1. 15). 10대의 충동조절장애가 다른 세대에 비해 높은 편인데, 이는 핵가족화와 시험, 성적 등에서 비롯된 스트레스가 부정적으로 표출된 것이다.

많은 학자들이 충동구매행동을 소비자가 특정 제품에 대하여 강한 호의적 감정이 발생되는 순간 즉각적으로 나타난 구매행동이라고 정의하고 있다. 제품 또는 광고(모델)이 마음에 들어서, 금전적으로 여유가 생길 때, 미적(패션) 감각 또는 디자인 때문에 충동구매 행동을 보인다. 충동구매행동은 구매욕구와 구매의도가 충동적으로 발생하고, 그런 충동의 발생은 대부분 구매행동으로까지 이어진다고 본다(남승규, 2005).

이 장에서는 과거에 비해 점점 자기 욕구와 선호도가 분명하지만 충동조절장애가 있고, 소비욕구를 조절하는 능력이 다른 세대에 비해 떨어지는 아동소비자의 충동소비성향을 조사하고 충동소비성향에 미치는 변수를 분석하였다. 충동소비성향과 관련된 선행연구들 대부분은 성인소비자나 청소년소비자를 대상으로 하였고, 비합리적인 소비행동을 유발하는 충동소비성향을 초등학교시기에 분석함으로써 아동소비자를 대상으로 한 적절한 소비자교육자료를 도출할 수 있을 것이다. 그리고 아동소비자와 관련된 변수로는 물질주의, 가계의 경제적 지위인식, 가족의 행복인식과 소비에 대한 자기조절능력을 선정하여, 충동소비성향에 영향을 미치는 변수들을 좀 더 구체적으로 살펴볼 것이다. 본 연구의 결과를 바탕으로 차후 아동소비자의 눈높이에 맞는 맞춤형 소비자교육을 실시한다면 이 세대가 성인이 되었을 때 합리적인 소비문화를 형성하는데 기여할 것이라 여겨진다. 아동소비자는 사회화를 통하여 부모의 소비행동을 모방하고, 관찰하고, 독자적 또는 부모와 함께 소비향동을 하는 동시에, 역사회화를 통하여 아동의 소비행동이 부모의 소비행동에도 영향을 미칠 수 있다. 특히 가정에서 아동의 영향력이 점점 더 커지고 있는 상황에서 아동의 충동소비성향과 관련 변수를 파악하는 것은 가정의 합리적인 소비생활을 위한 중요한 자료가 될 수 있다.

1. 관련연구의 고찰

김영신과 박지영(2006)은 소비자소외감 중 무력감을 많이 느낄수록 충동구매를 많이 하는 반면, 연령이 증가할수록 충동구매행동은 감소한다고 하였다. 사회경제적 지위와 주관적 생활수준이 충동구매행동에 직접, 간접적으로 부적인 인과효과를 미치고 있었다. 즉 사회경제적 지위가 낮을수록, 주관적 생활수준을 낮게 인지할수록 충동구매를 많이 하는 것으로 나타났다.

이민희와 홍은실(2009)은 소비지향적 태도가 고등학생의 충동구매에 가장 크게 영향을 미치는 변수라고 하였다. 소비지향적 태도가 강할수록, 대중매체의 영향을 많이 받을수록, 친구의 영향을 많이 받을수록, 남자보다는 여자가 충동구매를 많이 하였다. 주형준과 서현석(2014)은 충동구매 성향이 높은 소비자일수록 온라인 쇼핑몰에서 제공하는 쾌락적 가치를 높게 평가하였다고 분석했다.

성영신 외(2012)는 소비자들은 제품의 가치를 경험했을 때 더 충동구매를 하려고 했고, 더 많은 금액을 지불하고자 하였으며, 제품을 소유했을 때 더 행복할 것이라고 생각하였다. 충동과 절제를 점화시킨 결과 충동 점화에서는 충동구매결정이 증가하였고, 절제를 점화했을때는 충동구매결정이 감소하였다. 이성수(2008)의 연구에서도 물질주의와 인지적 종결욕구가 강할수록 충동구매를 많이 했으며, 남자의 경우 종결욕구가, 여자의 경우에는 물질주의가 충동구매에 상대적으로 강한 영향력을 미쳤다.

마케팅자극 요인과 충동구매 성향 사이에서 소비자 심리적 특성의 조절효과를 연구한 강봉희(2012)는 쾌락성, 혁신성, 물질주의 성향과 같은 소비자의 심리적 특성은 충동구매 성향에 긍정적인 효과를 미치며, 가격할인과 점포분위기는 소비자 심리적 특성이 조절작용을 할 때 더욱 강하게 충동구매 성향에 영향을 미친다고 했다. 조주은(2012)도 면세품에 대한 개인적 관심과 선호가 긍정적인 감정을 형성하여, 충동구매에도 긍정적인 영향을 미친다고 하였다.

박진표과 김재영(2013)에 의하면 긍정적인 쇼핑감정은 실용적 쇼핑가치에는 부정적, 쾌락적 쇼핑가치에는 긍정적인 영향을 미쳤다. 쾌락적 쇼핑가치는 POP 광고 반응에 양의 영향을 미쳤으며, 소비자의 쾌락적 쇼핑가치는 충동구매에 음의 영향을 미쳤고, 실용적 쇼핑가치는 충동구매에 음의 영향을 미쳤다.

쇼핑동기와 충동구매를 연구한 이지은과 최자영(2008)은 쾌락적 쇼핑동기 중 트렌드 추구 동기의 영향력이 가장 높게 나타났고, 기분전환, 가치추구 동기 순으로 충동구매에 영향을 미친다고 하였다. 그러나 사회적 쇼핑 동기는 충동구매에 부적으로 영향을 미쳤고 쇼핑관여도는 모든 쾌락적 쇼핑동기와 충동구매 간의 관계에서 조절변수 역할을 하는 것으로 나타났다. 쇼핑 저관여 집단 보다 고관여 집단에서 트렌드 추구 동기, 가치추구 동기, 기분전환 동기가 충동구매에 미치는 영향력이 높았다.

송인숙과 제미경(2006)은 기혼여성의 물질주의 성향과 기업의 물질주의 조장에 대한 인식정도가 높다고 하였다. 우리나라 기혼 여성은 재화의 소유나 소비를 중요하게 생각하며, 기업의 활동이 이러한 물질주의를 조장하고 있다고 강하게 인식하고 있었다. 기혼여성의 비윤리적 상거래 행동에 가장 크게 영향을 미치는 변수는 바로 물질주의 성향이었고, 그 다음이 소득, 교육수준, 연령, 기업의 물질주의 조장 인식정도의 순으로 나타났다. 물질주의 성향이 높을수록, 소득이 낮을수록, 고졸집단에 비해 대졸집단이, 30대에 비해 20대와 40대인 경우, 기업의 물질주의 조장에 대한 인식정도가 낮을수록 비윤리적 상거래행동 수준이 높았다.

의복충동구매와 쇼핑감정을 연구한 박은주(2011)의 연구에서도 쇼핑과정 중 긍정적 감정을 느낄 때 미국과 한국의 대학생 모두 의복충동구매 가능성이 높게 나타났으며, 부정적 쇼핑감정이 발생했을 때는 한국대학생들만이 패션지향적인 충동구매를 하는 경향이 있었다. 점포이미지에 대한 소비자의 성격특성별 감성 반응과 충동구매를 연구한 김영미 등(2014)의 연구에서도 친화적인 성격의 고객과 성실한 성격의 고객은 점포이미지 조절효과에 의해 긍정적인 감정을 더욱 많이 느꼈고, 이러한 긍정적인 감정은 충동구매에 더 많은 정의 영향을 미쳤고, 부정적인 감정은 충동구매에 유의한 영향을 미치지 않았다.

김지아와 양윤(2015)의 연구에서는 긍정적 감정에서 자기조절이 높은 촉진초점자의 충동구매의도는 낮으나, 자기조절이 낮은 촉진초점자의 충동구매의도는 상대적으로 더 높았다. 예방초점자는 자기조절의 높고 낮음과 상관없이 충동구매의도가 낮았다. 부정적 감정상태에서는 조절초점과 상관없이 자기조절이 높은 집단의 충동구매의도가 낮았으나, 자기조절이 낮은 집단의 충동구매의도는 높았다. 긍정적 감정 상태에서는 촉진초점에서보다 예방초점에서 충동구매의도가 확연하게 더 높았다.

정원진(2011)은 온라인 쇼핑몰에서 상품을 구매할 때 시각적 자극의 강도가 높은 변화형 광고를 접한 고객은 행복, 기쁨, 흥분의 정도가 높게 나타났고, 온라인 충동구매도 많았다고 하였다. 인터넷쇼핑몰에서 서비스품질 및 쇼핑흥미도와 충동구매간에 소비감정의 매개역할에 관한 연구(전상택·이형주, 2012)에서도 남성들은 대부분 인터넷쇼핑몰에서 감정에 의해 충동구매를 하지 않는 것으로 나타났으며, 오히려 쇼핑에 대한 흥미도가 높거나 질문에 신속하게 응대해주고 불평사항을 적극적으로 해결하는 것과 같은 반응성이 높을수록 충동구매를 하는 것으로 나타났다. 여성들은 감정에 의해 충동구매를 많이 했고, 특히 쇼핑에 흥미를 많이 느끼면서 긍정적인 감정일 때 충동구매를 더 많이 하는 편이었다.

정미실(2014)은 과시적, 자극적, 상기적 충동구매에 공통적으로 영향을 미치는 것은 자기통제로, 위험지각보다는 자기통제가 충동구매에 좀 더 영향을 미치는 변수라고 하였으며, 자기통제가 약한 사람일수록 의복을 충동적으로 구매한다고 하였다. 충동구매와 후회감을 연구한 박철과 김인규(2014)의 연구에서는 지각된 정보통제력이 높은 소비자는 가격민감성이 높으며 과잉확신 성향이 강하고, 가격민감성과 과잉확신 성향이 높을수록 충동구매가 높아지며, 모바일 쇼핑에서의 충동구매는 구매 후 더 많이 후회한다.

충동구매를 통제하기 위한 수단으로 예기된 죄책감이라는 단서에 따라 충동구매 성향이 차이가 있는지를 분석한 양윤과 박민지(2014)는 충동구매 성향이 낮은 사람은 단서에 상관없이 실용재를, 높은 사람은 단서가 주어지지 않았을 경우 쾌락재를, 단서가 주어졌을 때는 실용재를 더 많이 선택하였다. 소비자의 자기통제와 접촉욕구가 충동구매에 미치는 영향을 연구한 전성희와 양윤(2008)은 제품에 대한 접촉욕구가 강할수록 충동구매경향성이 높고, 자기통제가 높은 조건에서 접촉욕구의 높고 낮은 정도에 따라 나타나는 충동구매경향성 정도가 유의하게 다르게 나타난다고 하였다.

청소년의 역기능적 의사소통과 자아존중감을 가지고 집단을 분류한 후에 충동구매와의 관련성을 연구한 정미재(2006)에 의하면, 감성적 충동구매는 비난형-자존감이 높은 집단에서 가장 많았고, 감성적 충동구매와 비계획적 구매 모두 자아존중감이 높은 집단에서 많았다. 비난형 집단에서는 감성적 충동구매가, 회유형 집단에서는 비계획적 구매요소가 많았다.

화장품 제품의 구매동기, 구매체험, 충동구매에 있어서 성별 차이와 관여도의 조절효과를 살펴본 윤성준 외(2012)는 고객의 관여도는 구매체험과 충동구매 사이에 부분적으로 조절역할을 하였는데, 구매체험 중 감각적 체험이 관여도와 상호작용을 함으로써 충동구매에 유의한 영향을 미친다고 하였다. 저관여 제품은 충동구매를 유발할 수 있으나 고관여 제품은 충동구매를 하지 않는다고 여겼고, 성별은 충동구매와 관련이 없었다.

박진표와 김재영(2013)에 의하면, 광고형 POP 광고와 프로모션형 POP 광고에 반응할수록 충동구매 성향이 높아졌고, 정보형 POP 광고는 충동구매에 의미있는 영향을 미치지 않았다. 인터넷 소비자특성 요인이 충동구매에 미치는 영향을 연구한 임용택(2013)에 의하면 혁신성, 구매경험, 몰입정도가 높을수록 충동구매 성향도 높아졌으며, 혁신성, 구매경험, 몰입정도는 계획구매 보다 충동구매에 더 많은 영향을 미쳤다.

강수영과 김효진(2014)은 시간한정 메시지의 시간적 거리와 충동구매성향에 따라 소비자가 어떠한 조절초점 메시지에 의하여 구매의도가 높아지는 가를 분석했다. 높은 충동구매성향을 가진 소비자와 낮은 충동구매성향을 가진 소비자 모두 시간한정 메시지의 제시기간이 먼 경우보다 가까운 경우, 구매의도가 높아졌다. 시간적 거리가 먼 경우, 충동구매성향이 높은 소비자일수록 실을 강조하는 예방 메시지에 의해, 충동구매성향이 낮은 소비자일수록 득을 강조하는 촉진 메시지에 의해 구매의도가 높아졌다. 시간적 거리가 가까운 경우, 충동구매성향과 관계없이 모두 실을 강조하는 예방메시지에 의해 구매의도가 높아졌다.

손준상(2011)은 자아개념의 사회의존성-독립성에 따라 2개의 집단으로 나누고, 충동구매는 계획성 정도에 따라 충동구매 집단과 비충동구매 집단으로 나누어 구매 후 감정을 비교하였다. 충동구매집단은 비충동구매 집단보다 죄책감, 후회, 행복감이 높았고, 자긍심은 비충동구매 집단이 높았다. 자아개념은 충동구매에 유의한 영향을 미쳤으며, 죄책감, 후회, 행복감에서 충동구매 후 감정에 미치는 영향을 조절하였다.

박한내와 남인우(2011)는 구매충동성, 조절초점, 귀인이 후회에 미치는 영향을 분석한 결과 예방초점을 하는 소비자와 외적 귀인을 하는 소비자가 구매 후 후회를 더 많이 했으나, 충동구매를 일으키는 요인인 구매충동성 변수는 후회에 통계적으로 의미있는 영향을 미치지 않는다고 하였다. 유현정 외(2012)는 자기조절능력 및 비이성적 소비행동이 구매 후 후회에 어떠한 영향을 미치는지 조사한 결과 여성일수록, 연령이 낮을수록, 소득이 높을수록, 학력수준이 낮을수록 충동소비를 많이 하였고, 구매 후 후회도 많이 했다.

전종근 등(2013)의 연구에 의하면, 사용편이성과 반응성과 같은 모바일 상거래 서비스 특성이 강할수록 충동구매가 많이 이루어지고, 충동구매를 많이 할수록 후회를 많이 하나 통제성은 영향을 미치지 않았다. 모바일 상거래 서비스 특성들은 소비자지식이 낮은 소비자집단에서는 충동구매에 영향을 미쳤으나, 높은 소비자집단에서는 영향을 미치지 않았다.

소셜커머스 환경에서 인지된 밀집과 소비자 쇼핑성향이 충동구매에 미치는 영향을 연구한 김병수(2013)는 소셜커머스 소비자들의 충동구매에 플로우가 긍정적으로 유의한 영향을 미쳤고, 사이트 밀착도 충동구매를 야기하는 핵심 요인임을 밝혔다. 그러나 인지된 밀집은 직접적으로 영향을 미치지 않았다. 소비자들의 충동구매 성향도 사이트밀착도와 충동구매에 모두 영향을 미치는 것으로 나타났다.

지혜경(2013)은 쇼핑중독 고집단은 판촉자극 충동구매, 기분전환 충동구매, 브랜드 추구 쇼핑성향, 유행 추구 쇼핑성향 순으로 쇼핑중독에 의미있는 영향을 미친다고 했다. 쇼핑성향보다는 충동구매성향이, 기분 전환을 위한 충동구매성향보다는 쇼핑몰이 제공하는 판촉에 자극받아 촉발되는 충동구매성향이 쇼핑중독 고집단의 쇼핑중독에 영향을 더 많이 미쳤다.

조윤실(2014)은 나이가 어릴수록, 남성보다는 여성이, 쇼핑을 주목적으로 인터넷을 사용하는 경우, 인터넷 사용시간이 길수록, 상품, 가격, 판촉에 대한 마케팅 자극에 대한 만족도가 높을수록 충동구매 지출을 더 많이 했다. 그러나 직업, 학력, 소득, 유통에 대한 마케팅 자극 만족도는 충동구매에 영향을 미치지 않았다.

김완석과 유연재(2015)는 마음챙김 소비가 충동구매와 중독구매에 미치는 영향을 검증하기 위하여 역기능적 소비행동의 중요 선행변수인 충동성, 물질주의, 자기통제력, 정서조절 능력과의 관련성과 상대적 영향력을 비교하였다. 마음챙김 소비는 충동구매와 중독구매를 감소시키고, 충동구매와 중독구매의 설명력을 증가시켰고, 상대적 영향력도 가장 높았다. 마음챙김 소비가 4개의 변수에 영향을 주고, 4개의 변수가 다시 역기능적 소비행동에 영향을 주는지를 알아보기 위하여 매개효과를 검증한 결과, 충동구매에서는 충동성, 물질주의, 정서조절 능력의 매개효과가 중독구매에서는 충동성과 물질주의의 매개효과가 나타났다.

최낙완, 이충화, 임아영(2017)은 의인화된 쾌락제품에서 파트너 역할지각이 사회적 제휴욕망을 자극하여 충동구매의도에 미치는 과정과, 장기목적 의식이 자아통제를 자극하여 충동구매의도에 미치는 영향을 분석하였다. 초콜릿을 실험자극으로 한 결과, 의인화된 쾌락제품에서 지각된 파트너 의식이 강할수록 사회적 제휴 욕망이 강해졌고, 사회적 제휴 욕망이 강할수록 접근-회피 갈등이 강해졌다. 장기목적 의식이 강할수록 자아통제성이 높아졌고, 자아통제성이 높을수록 접근-회피갈등이 강해졌다. 사회적 제휴 욕망이 강할수록 충동구매의도가 강해지나, 자아통제성이 강할수록 충동구매의도는 약해졌다. 접근-회피 갈등은 충동구매의도에 영향을 미치지 않았다.

이희정(2016)은 모바일 기기를 이용하여 항공 및 여행상품을 구매할 때 모바일 기기에 대한 능숙도, 가격민감도, 조절초점의 관계를 분석하고 가격민감도와 조절초점성향이 충동구매 및 후회감에 미치는 영향을 분석하였다. 소비자들은 모바일 채널 및 쇼핑환경에 능숙할수록 가격민감도가 높고, 향상초점 성향을 보였다. 가격민감도가 높은 소비자는 항공 및 여행상품을 충동구매 하는 성향이 높았고, 항공 및 여행상품을 구매할 때 향상초점 성향이 높을수록 충동구매 성향도 높아졌다.

안은미, 이병관, 김성은(2015)은 충동을 느끼는 상황과 충동구매가 이루어진 이후의 상황에서 자기자비 성향이 각 상황에 따라 미치는 영향을 분석했다. 충동을 느낀 상황에서 자기자비성향이 높은 사람들이 낮은 사람들에 비해 충동구매를 더 많이 했고, 구매를 하지 않으면 더 후회할 것이라고 예상했다. 충동구매가 이미 이루어진 상황에서 자기자비성향이 높은 사람들이 낮은 사람들에 비해 후회를 덜 하는 것으로 나타났다. 소비자의 자기자비성향이 충동구매에 미치는 영향은 충동을 느낀 당시에는 자신에 대해 관대하고 구매하지 않을 경우에 대한 예상된 후회 때문에 충동구매를 더 많이 했다. 그러나 이미 충동구매를 한 후에는 결과에 대해서 자신을 덜 자책하기 때문에 후회를 덜 하게 된다고 해석될 수 있다.

이칠성과 김장현(2016)은 동행구매를 통해 발견된 충동구매의 원인들을 재분류하고, 쇼핑 이후 인터뷰를 통해 사전 쇼핑 목록 중 소비자가 충동구매라고 생각하는 물품과 원인을 분석하였다. 한국소비자의 식료품 구매 과정에서 충동구매를 하게 하는 요인은 진열, 인적요인, 판촉, 저장목적, 보완재 및 가격으로 나타났다. 일반적인 가정과 1인 가구로 분류하여 분석한 결과, 일반가구는 진열 및 인적 요인에 의한 충동구매가 많았고, 1인 가구는 판촉의 영향을 많이 받는 것으로 나타났다.

나홍규, 최우성, 김현덕(2015)은 커피전문점의 서비스 스케이프가 충동구매에 미치는 영향과 관계감정의 조절효과를 분석했다. 서비스 스케이프의 6개 하위요인 중 좌석의 안락성이 좋을수록, 청결성이 나쁠수록 충동구매를 많이 했다. 관계감정 중 접근적 감정은 조절효과를 보이지 않았으나, 분리적 감정은 서비스 스케이프의 요인 중 배경음악과 신호 및 상징에서 조절효과를 보였다.

정구철과 윤소연(2016)은 대학생들의 감각추구성향과 충동구매성향이 인터넷 쇼핑 중독 및 쇼핑 중 정서에 미치는 영향을 분석하였다. 감각추구성향의 하위요인 중 경험추구와 스릴·모험추구 성향이 약하고 탈억제가 강할수록 인터넷 쇼핑 중독이 높아졌다. 인터넷 쇼핑 중독에 유의한 영향을 미친 감각추구성향의 하위요인들을 통제한 후 2단계에 충동구매경향성의 하위요인들을 투입한 결과, 제품속성관여형, 부정적 기분회피형, 기호관여형이 강할수록 인터넷 쇼핑 중독 경향이 높아졌다. 긍정적 기분유지형과 제품속성관여형이 강할수록 충동구매성향의 하위요인중에서 인터넷 쇼핑 중 긍정적 정서가 강해졌으나, 비계획형이 강할수록 긍정적 정서가 약해졌다.

신수아, 김용중, 이해영(2015)은 소셜커머스를 이용하는 여행자들의 이용동기와 충동구매 성향에 따라 소셜커머스 여행자들의 이용행태의 차이를 분석하였다. 소셜커머스를 이용하는 여행자는 흥미성, 정보획득, 편리성, 경제성 등과 같은 다양한 동기를 가지고 있었다. 이 동기를 중심으로 편리/실용성 추구 집단, 저동기 집단, 다목적 동기 추구 집단, 재미/다양성 추구 집단으로 세분화 할 수 있었고, 세분화 된 여행자 집단에 따라 소셜커머스에 대한 플로우, 브랜드 충성도, 커머스 충성도에 차이가 났다. 소셜커머스 여행자의 충동구매 성향에 따라서도 이용행태는 차이가 났으나, 소셜커머스 이용동기와 충동구매 성향의 상호작용 효과는 없었다.

박은주(2018)는 모바일 쇼핑과정에서 기업이 제공하는 패션제품 희소성이나 유명성이 브라우징 활동, 구매압박감, 충동구매행동에 미치는 영향을 분석했다. 기업이 제공하는 패션제품의 희소성이 증가할수록, 유명성이 높을수록 소비자의 브라우징 활동은 증가하였는데, 유명 브랜드 제품이 희소한 제품보다 브라우징 활동을 증가시켰다. 모바일 시장에서 소비자의 브라우징 활동이 증가할수록 구매압박감은 증가하였으며 증가한 구매압박감은 모바일 충동구매행동을 증가시켰다.

진만, 이수형, 진상택(2017)은 중국 인터넷쇼핑몰 사용자 특성이 충동구매행동, 재구매의도 및 쇼핑흥미도에 미치는 영향을 분석했다. 중국 인터넷쇼핑몰 사용자 특성은 충동구매행동에 영향을 미치고, 충동구매행동은 재구매의도에 영향을 미쳤다. 인터넷쇼핑몰 사용자 특성 중에서 기술지식과 혁신성이 충동구매행동이 쇼핑흥미도에 미치는 영향에서 조절효과를 보였다.

양문희(2016)는 인터넷에서 활발하게 쇼핑활동을 하고 있는 대학생들의 인터넷 쇼핑 충동구매성향에 영향을 미치는 요인을 살펴보았다. 대학생들이 가장 즐겨 이용하는 패션제품의 충동구매성향은 기분전환, 비계획, 구매자/제품자극, 판촉자극의 네 가지 요인으로 구분되었다. 인터넷 패션제품 충동구매성향 유형에 영향을 미치는 개인성향을 분석한 결과, 감각추구성향, 인지욕구, 체면민감성, 자아존중감 등이 충동구매성향에 영향을 미치는 것으로 나타났다. 특히, 자아존중감이 낮고 체면민감성이 강할수록 충동구매 성향이 높아지는 것으로 나타났다.

윤소연과 정구철(2017)은 성인들의 인터넷 쇼핑유형과 충동구매성향이 인터넷 쇼핑중독에 미치는 영향과, 쇼핑 중 경험하는 정서와 쇼핑 후 경험하는 정서의 차이를 검증하였다. 인터넷 쇼핑유형은 편의추구형, 가격추구형, 쾌락추구형, 유행추구형, 일반형으로 분류되었다. 여성들이 남성들보다 쾌락추구성향, 충동구매성향 및 쇼핑중독이 강했다. 쾌락추구형 집단이 다른 집단들보다 유의하게 충동구매성향과 쇼핑중독이 높은 것으로 나타났다. 쾌락추구형 집단은 다른 집단에 비해 쇼핑 중 긍정정서가 높았으나, 이 정서는 쇼핑한 후에 감소하였고, 쇼핑 중 부정정서는 쇼핑 한 후에 증가함으로써, 쇼핑을 통해 긍정정서가 증가하거나 부정정서가 개선되지는 않았다. 위계적 회귀분석을 한 결과, 충동구매성향과 인터넷 쇼핑유형 군집 중에서 쾌락추구형이 쇼핑중독에 영향을 미쳤다.

하한호와 변충규(2018)는 긍정적 인지편향, 위험태도 및 충동구매성향 간의 인과관계를 분석했다. 자기고양 편향은 위험태도에 영향을 미치지 않았으나, 통제착각편향과 위험태도는 충동구매에 양의 영향을 미쳤고, 비현실적 낙관주의편향이 위험태도에 음의 영향을 미쳤다. 통제착각편향과 비현실적 낙관주의편향 및 충동구매의 관계에서 위험태도의 매개효과가 나타났다.

김정희(2017)는 소비자의 물질주의 형성에 관련된 잠재 요인들을 밝히고, 이 잠재 요인들이 소비자의 충동구매 및 쇼핑 후 행복에 어떠한 영향을 미치는가를 분석했다. 소비자의 물질주의는 행복, 사회적 인정, 독특성의 다차원으로 구성되었다. 소비자의 물질주의를 구성하는 모든 요인들은 충동구매에 양의 영향을 주었다. 소비자의 물질주의를 구성하는 요인들 중, 행복 차원이 강할수록 쇼핑 후 행복을 덜 느꼈으나, 사회적 인정 차원과 독특성 차원이 강할수록 쇼핑 후 행복을 더 많이 느끼는 것으로 나타나, 물질주의 차원에 따라 쇼핑 후 느끼는 행복이 다르게 나타났다.

2. 충동소비성향의 실제

1) 충동소비성향의 수준

아동소비자의 충동소비성향의 정도는 <표 7-1>에 제시되어 있다. 전체적인 충동소비성향의 평균이 2.27로 중간점인 2.5점보다 약간 낮아 아동소비자들의 충동소비성향이 낮았다. 문항별로 살펴보면 "갑자기 무엇인가를 구매하고 싶을 때가 있다."의 평균이 2.73으로 '그렇다'에 가까워 가장 높았다. 다음은 "미리 계획하지 않았다 할지라도, 제품이 필요하다고 생각되면 산다"., "당장 필요하지 않아도 나의 이미지와 어울리는 물건을 보면 곧장 산다.", "어떤 물건을 사고 싶은 충동이 들면 꼭 사고야 만다.", "점원이 판매하기 위해 좋은 말을 해주는 것을 알지만, 기분이 좋아져 구매하길 권하면 곧장 산다."의 순으로 평균이 2점대를 약간 상회하는 것으로 나타났다.

전반적으로 아동소비자의 충동소비성향은 낮았지만, 갑자기 무엇인가를 구매하고 싶을 때가 있는 것으로 나타났다. 이는 연령이 낮을수록, 학생일수록 자기조절능력이 낮게 나타나 충동소비성향을 억제하지 못하고 있는 것으로 해석할 수 있다. 일상생활 속에서 매번 갑작스럽게 구매와 관련된 욕구를 느끼지만 이러한 갈등을 스스로가 해결하기 위하여 충동을 자제하고 절제하기 위한 개인 소비자의 노력과 함께 아동소비자교육도 필요하다고 볼 수 있다. 또한 단순히 자신의 소비생활에 안분자족하는 생활보다는 소비에서 발생되는 보상으로부터 자유로워지고, 소비의 보상을 스스로 조절할 수 있으며, 더 나아가 자신의 삶을 계획하고 조정하여 삶의 질을 스스로 결정할 수 있도록 노력하는 과정을 통해 소비생활 만족도를 극대화(남수정,

2007)할 수 있다는점 을 아동소비자에게 교육시켜야 할 것이다.

〈표 7-1〉 아동소비자의 충동소비성향 수준

문항	m(SD)
1. 당장 필요하지 않아도 나의 이미지와 어울리는 물건을 보면 곧장 산다.	2.15(.91)
2 나는 점원이 판매하기 위해 좋은 말을 해주는 것을 알지만, 기분이 좋아져 구매하길 권하면 곧장 산다.	2.00(.91)
3. 나는 미리 계획하지 않았다할지라도, 제품이 필요하다고 생각되면 산다.	2.31(.93)
4. 나는 갑자기 무엇인가를 구매하고 싶을 때가 있다.	2.73(.94)
5. 나는 어떤 물건을 사고 싶은 충동이 들면, 꼭 사고야 만다.	2.14(.93)
충동소비성향(4점 환산평균)	2.27(.70)

2) 사회인구학적 특성과 충동소비성향

아동소비자의 사회인구학적 특성에 따른 충동소비성향의 차이를 알아보기 위해 T-test와 일원분산분석을 한 결과는 <표 7-2>와 같다. 충동소비성향은 가계의 경제적 지위인식에 따라서 $p<.05$ 수준으로, 가족의 행복인식에 따라서는 $p<.001$ 수준으로 통계적으로 의미있는 차이를 보였지만 성별, 부모님의 연령, 부모님의 교육수준, 어머니의 취업여부, 성격 성향에 따라서는 의미있는 차이가 나타나지 않았다. 20대부터 50대 이상의 성인소비자를 대상으로 한 유현정 외(2012)의 연구에서는 성별, 연령, 소득과 학력에 따라 충동소비가 차이가 있는 것으로 나타났는데, 이 연구에서는 가계의 경제적 인식과 가족의 행복인식에서 의해서만 의미있는 차이를 보였다. 성별의 경우 아동소비자들은 성인소비자들에 비하여 남녀 간의 성역할을 덜 차이가 있는 것이로 인지하고 있기 때문에 차이가 없다고 해석할 수 있고, 이 연구의 조사대상자의 연령의

폭이 성인에 비하여 동질적이기 때문에 차이가 나지 않았다고 볼 수도 있다. 아동소비자들은 객관적인 가계소득이나 부모의 교육수준 보다는 자신들이 주관적으로 느끼고 있는 가계의 경제적 인식과 행복 인식이 더 중요하다고 볼 수 있다.

가계의 경제적 지위인식에서는 중상층 이상인 집단이 중층 이하 집단보다 충동소비성향이 더 강한 것으로 나타났다. 이러한 결과는 고소득일수록 충동소비를 더 많이 한다는 유현정 외(2012)의 연구와 같다. 그러나 사회경제적 지위와 주관적 생활수준이 낮을수록 충동구매를 더 많이 한다는 김영신과 박지영(2006)의 연구, 자산규모가 1억원 이하인 경우 충동구매를 했다는 비율이 80%이나, 10억원 이상인 경우는 64%라는 삼성생명은퇴연구소(2018)의 결과와는 다르다.

가족의 행복 인식에서는 '그저 그렇다'인 집단의 충동소비성향이 가장 높게 나타났고, 다음이 '행복하지 않다'이었고, 가장 낮은 집단이 '행복하다'인 집단이었다. 사후검증 결과 '행복하지 않다'와 '행복하다', '그저 그렇다'와 '행복하다'인 집단간에만 차이가 있을 뿐 '행복하지 않다'와 '그저 그렇다' 간에는 차이가 없었다. 가족이 행복하지 않다고 인식하는 아동소비자 집단은 행복하다고 인식하는 아동소비자 집단보다 충동소비성향이 더 높게 나타났다. 이는 성인소비자들의 긍정적인 감정이 충동구매를 높인다는 기존의 연구(김영미 외, 2014; 전상택·이형주, 2012; 정원진, 2011; 조주은, 2012; 채명수·김미정, 2013)와는 다른 결과이다.

소득수준이 높은 집단은 잘못된 구매로 인해 입을 수 있는 경제적 타격이 소득수준이 낮은 집단에 비해 상대적으로 가벼울 수 있으므로, 이들 소비자에게는 비이성적 소비 행태의 위험지각 또한 낮고(유현정 외, 2012), 아동소비자의 부모세대는 맞벌이일 가능성이 높아 자녀들에게 아낌없이 경제적 지원을 할 가능성이 크기 때문에 가계의 경제적 수준에 대한 인식이 높은 아동소비자에게서 충동소비성향이 높다고 해석할 수 있다.

그리고 아동소비자가 속한 가족의 행복이 낮다고 여길수록 충동소비성향이 높은 것은 가정 내에서 경험한 심리적인 불안감이 바람직하지 않은 행동의도에까지 영향을 미칠 수 있음을 시사한다고 볼 수 있다. 그러므로 아동소비자에게 적합한 소비자교육을 해야 하며, 순간의 욕구가 바람직하지 않는 소비행동으로까지 이어지고, 이러한 비합리적인 소비행동은 아동기 이후까지 이어질 가능성이 크다는 점도 아동에게 인식시켜야 한다.

〈표 7-2〉 아동소비자의 사회인구학적 특성에 따른 충동소비성향

변수		N	m(SD)	t/F
성별	남성	229	11.21(3.61)	-.800
	여성	202	11.48(.38)	
아버지 연령	만 40세 미만	39	11.67(3.21)	.550
	만 40세 - 44세	190	11.43(3.50)	
	만 45세 이상	174	11.13(3.52)	
어머니 연령	만 40세 미만	115	11.83(3.31)	2.293
	만 40세 - 44세	217	11.00(3.67)	
	만 45세 이상	69	11.51(3.01)	
아버지 교육수준	고졸 이하	161	11.49(3.13)	-.179
	대졸 이상	238	11.43(3.76)	
어머니 교육수준	고졸 이하	168	11.11(3.18)	1.481
	대졸 이상	231	11.63(3.74)	
어머니 취업여부	유	240	11.35(3.39)	-.026
	무	186	11.35(3.65)	
성격 성향	외향적	303	11.30(3.55)	-.428
	내향적	119	11.46(3.36)	
가계의 경제 지위인식	중층 이하	235	10.99(3.11)	-2.278*
	중상층 이상	192	11.78(3.89)	
가족행복 인식	행복하지 않다	79	12.01(3.31) a	8.124***
	그저 그렇다	123	12.07(2.95) a	
	행복하다	226	10.70(3.72) b	

* p 〈.05 *** p 〈.001

4) 아동소비자의 충동소비성향에 영향을 미치는 변수

<표 7-3>에는 아동소비자의 충동소비성향과 관련된 변수들 간의 상관관계를 분석한 결과가 제시되어 있다. 가계의 경제적 지위를 높게 인식하고 가족이 행복하다고 인식하고 자기비조절능력이 강할수록 물질주의 성향이 강했다. 물질주의 성향이 강하고, 가계의 경제적 지위가 높다고 인식하고, 가족이 행복하다고 인식하지 않을수록, 자기비조절능력이 강할수록, 아동소비자의 충동소비성향이 높았다. 그러나 충동소비성향은 자기조절능력과는 통계적으로 의미있는 관계가 없었다.

〈표 7-3〉 변수들 간의 상관관계

	물질주의	가계경제 지위인식	가족 행복인식	자기조절 능력	자기비조절 능력
물질주의	1.000				
가계경제 지위인식	.168***	1.000			
가족행복인식	−.118*	.184***	1.000		
자기조절능력	.088	.081	.124*	1.000	
자기비조절능력	.357***	.095*	−.130**	.088	1.000
충동소비성향	.484**	.152**	−.183***	.058	.551***

* p 〈.05 ** p〈 .01 *** p 〈.001

아동소비자의 충동소비성향에 영향을 미치는 변수들의 상대적인 영향력을 알아보기 위해 위계적 회귀분석을 한 결과는 <표 7-4>에 제시되어 있다. Durbin-Watson 값이 2.119로 정상분포곡선을 의미하는 2에 가까워 잔차에 대한 상관관계가 거의 없었다.

물질주의만 포함된 1차 모형에서 물질주의가 강할수록 충동구매성향이 높게 나타났고(β=.486, p<.001), 이 모형의 설명력은 23.5%였다. 가계의 경제적 지위인식과 가족의 행복인식을 추가한 2차 모형에서는 설명력이 25.9%로 높아졌다. 물질주의(β=.451, p<.001)가 강할수록, 가계의 경제적 지위를 높게 인식할수록(β=.109, p<.05), 가족이 행복하지 않다고 인식할수록(β=-.150, p<.01) 충동구매성향이 높았다. 자기조절능력을 더 추가한 3차 모형에서 설명력은 41.3%로 크게 증가하였다. 변수들의 상대적 영향력을 보면, 자기비조절능력(β=.427, p<.001)이 가장 높았고, 두 번째는 물질주의(β=.304, p<.001), 세 번째는 가족의 행복인식(β=-.104, p<.01)이고 가계의 경제적 지위인식(β=.085, p<.05)이 가장 낮았다. 그러나 자기조절능력은 유의한 관계를 보이지 않았다. 소비에 대한 자기비조절능력이 클수록, 물질주의 성향이 강할수록, 가계의 경제적 지위가 높다고 인식할수록, 가족이 행복하다고 인식하지 않을수록 충동소비성향은 더 높아졌다.

〈표 7-4〉 아동소비자의 충동소비성향에 영향을 미치는 변수

	1차 모형		2차 모형		3차 모형	
	B	β	B	β	B	β
물질주의	.454	.486***	.420	.451***	.284	.304***
가계 경제적 지위 인식			.508	.109*	.396	.085*
가족행복인식			-.573	-.150**	-.398	-.104**
자기조절 능력(조절)					.046	.009
자기조절 능력(비조절)					1.789	.427***
상수	5.383		3.064		1.481	
F비	129.552***		49.720***		60.078***	
수정된 R2	.235		.259		.413	
△R2	.235		.027		.157	

* p 〈.05 ** p〈 .01 *** p 〈.001

이 연구에서 자기비조절능력이 충동소비성향에 가장 크게 영향을 미치고 있는데, 이는 남승규(2005)의 연구결과와 같다. 남승규(2005)의 연구에서도 순기능적인 자기조절은 충동구매 성향의 차이가 나타나지 않았지만 역기능적인 자기조절은 충동구매 성향의 차이가 나타났다. 자기조절을 잘하는 사람들은 그렇지 않은 사람들에 비하여 충동구매행동을 덜 하는 것으로 나타났다. 그리고 자기의지력보다 소비 욕구가 더 강해서 소비자가 자기통제력을 회복하지 못할 때 충동소비성향이 더 높아진다는 Hoch & Loewenstein(1991), 자기조절을 하지 못할 때 충동구매를 하게 된다는 Baumerister(2002)의 연구와도 같다. 유현정 외(2012)의 연구에서도 자기비조절이 강할수록 충동소비가 강했으나, 자기조절은 유의한 영향을 미치지 않았다.

두 번째로 충동소비성향에 영향을 미치는 변수는 물질주의이다. 이러한 연구 결과는 충동구매에 가장 강하게 영향을 미치는 요인이 물질주의라고 주장한 강봉희(2012), 김영신과 박지영(2006), 송인숙과 제미경(2006), 이성수(2008)의 연구와도 일치한다. 다양한 소비경험이 부족하고, 명확한 소비가치관이 형성되지 않아 가시적이고 현시적인 소비재에 대한 소유욕이 높은 아동소비자들일수록 충동소비성향이 높은 것이라고 해석할 수 있다.

가계의 경제적 수준에 대한 인식이 높을수록 충동소비성향이 높게 나타났는데, 이것은 유현정 등(2012)의 연구와 부분적으로 일치한다. 그에 비해 가족의 행복인식이 낮을수록 충동소비성향이 높아 행복에 대한 부정적인 인식이 또 다른 욕구충족의 일환으로 비이성적인 소비행동을 양산시킬 수 있음을 시사한다.

따라서 충동소비성향과 관련된 4가지 요인들은 아동소비자에게 바람직하지 않은 소비에 대한 가치관을 심어줄 수 있기 때문에, 합리적인 소비가치관이 형성될 수 있도록 유도하는 맞춤형 소비자교육이 유년 시절부터 필요하다고 본다. 특히 자기 욕구와 선호도만을 우선으로 여기는 아동소비자들에게 욕구를 통제하고, 제어하는 자기조절능력을 높이고, 물질주의가 인간이 추구하는 행복의 진정한 가치가 아님을 강조할 필요가 있다.

잠이 모자라면 식품을 충동구매한다는 연구결과가 나왔다. 수면부족이 비만을 부르는 또 다른 이유가 밝혀진 것이다. 스웨덴 웁살라대학의 연구팀이 체중이 보통 수준인 14명의 남성들을 상대로 실험을 한 결과다. 연구팀은 이들에게 50달러씩을 주고 40개의 식품 품목 중에서 사고 싶은 만큼 사도록 했다. 이 중 20개는 고열량 식품이었고, 나머지 20개는 저열량 식품이었다. 연구팀은 참가자들을 하루는 정상적인 수면을 취하게 하고 하루는 불충분한 수면만 취하도록 했다. 또 식품 구매 전에 평상시에 먹는 것과 같은 아침 식사를 하도록 해 허기가 구매에 영향을 미치지 않도록 했다.

그 결과 수면이 부족한 상태에서 식품을 구매할 때 열량은 9% 더 높았고, 식품의 품목도 18% 더 많았다. 연구팀은 간밤에 수면이 부족한 날 아침에는 참가자들의 혈압도 높았고 허기를 유발하는 호르몬 수치도 높은 것을 확인했다. 연구를 수행한 콜린 채프먼 교수는 "그러나 허기를 유발하는 호르몬이 고열량 식품을 사도록 한 것은 아니며 충동적인 결정을 하게 하는 요인이 이 같은 구매 패턴을 나타나게 한 것으로 보인다"면서 추가적인 연구가 필요하다고 말했다(코메디닷컴, 2013년 9월 6일).

최근에는 다양한 가계부앱을 활용하여 합리적인 경제생활을 할 수 있다. 네이버 가계부앱을 설치한 후 거래 중인 은행이나 신용·체크카드를 등록하면 된다. 스마트폰으로 받는 신용카드 승인 문자, 통장 입출금 내용 문자 등을 자동으로 정리해준다. 특히 일별·주별·월별 등 다양한 기간으로 정렬해 관리할 수 있어 편하다. 지출보다 수입이 많으면 웃는 얼굴, 수입보다 지출이 많으면 우는 얼굴을 표시해주는 이모티콘 서비스도 있다.

신한카드의 FAN 페이봇은 관리하고 싶은 비용항목별로 카드 사용 내역을 자동 분류해주고, 예산을 설정하면 예산 내에서 소비할 수 있도록 비서처럼 조언도 해주는 것이 특징이다. 특히 소비데이터 분석으로 지름신(충동구매)이 오는 날짜를 예측해 경고도 해준다. 신한PONEY 앱은 부모와 자녀가 스마트폰으로 상호 인증해 사용할 수 있는 것이 특징이다. 부모가 자녀 계좌로 용돈을 보내면 잔액과 사용 내역을 함께 조회할 수 있다. 일종의 용돈 기입장 같은 개념으로 자녀의 소비 습관을 잡아주는 데 도움이 된다(국방일보, 2017년 11월 15일).

8

아동소비자의 과시소비성향[11]

경제적 풍요로움을 누리고 있는 오늘날 나타나고 있는 비이성적인 소비행동의 하나로 과시소비성향을 들 수 있다. 유교사상의 영향을 많이 받아 체면문화가 강한 한국사회에서 다른 사람이 자신을 어떻게 보고 평가하는가를 중요하게 여기는 생활문화가 소비생활에 큰 영향을 미치고 있다. 현대 소비사회에서 소비는 자신의 많은 것을 드러낼 수 있는 가장 중요한 수단이기 때문이다.

과시소비라는 용어는 Veblen의 저서 유한계급론에서 처음으로 사용되었다. Veblen(1934)은 재화 및 용역을 사용하여 효용을 얻기 위한 목적보다는 금전력을 과시하기 위한 목적으로 되도록 많은 재화와 용역을 소비하는 것(장현선, 허경옥, 2009 재인용)을 과시소비라고 정의하였다. Veblen은 고가제품의

11 이 장은 복미정과 서정희가 2017에 한국컴퓨터정보학회지(22권 4호)에 발표한 논문인 "아동소비자의 과시소비성향과 관련 변수"를 수정한 것이다.

과시적 소비를 통해 사회적 지위와 신분을 확인시키려는 심리 때문에 가격이 올라도 수요가 줄지 않는다고 하였다.

장현선과 허경옥(2009)은 과시소비를 제품의 상징성을 통해 타인의 인정을 얻고자 하는 목적으로 제품을 소비하는 것으로 정의하였고, 유현정, 김수진, 김영림, 안보름, 전현진(2012)은 부유한 사람들이 부를 과시하기 위해 비싼 상품을 사는 경향을 과시소비라고 보았다. 즉, 고가의 제품을 좋다고 여기고, 고가의 제품을 구입할 수 있다는 것을 타인에게 보여줌으로써 우월감을 드러내는 성향이 과시소비성향이라 볼 수 있다.

최근에는 과시의 대상이 물질에서 경험으로 옮겨가는 경향이 나타나 관련 제품에도 변화가 일고 있다. SNS, 셀카 등에서 은근한 과시를 하고 싶어 하는 소비자들이 사진 배경으로 등장할 수 있는 액세서리(한국경제신문, 2016. 3. 24)로 관심이 이동하고 있다는 분석이다. 대표적인 사례가 대한민국에서의 명품소비 열풍이다. 실제로 우리나라에서의 명품소비는 과시의 대표적인 방법임을 증명하듯 한국의 명품 시장 규모는 118억 달러, 세계 8위 규모로 추정된다.

1. 관련연구의 고찰

이형실과 이은정(2004)은 경기도 구리시에 있는 중학교 2학년 남녀학생을 대상으로 하여 과시소비성향 수준을 알아보고 과시소비성향에 영향을 미치는 관련 변수들을 분석하였다. 남녀 중학생 과시소비성향은 중간 정도로 나타났다. 과시소비성향의 하위영역인 지위인식적 과시 소비성향, 브랜드지향적 과시소비성향, 수입품지향적 과시소비성향도 중간 정도로 나타났으나 유행지향적 과시소비성향은 중간보다 약간 높았다. 청소년의 과시소비성향은 성별에 따라 차이가 있었는데 남학생의 과시소비성향이 여학생보다 높은 것으로 나타났다. 청소년의 과시소비성향은 또래집단과 대중스타, 자아존중감에 의해 영향을 받는 것으로 나타났다. 청소년 소비자는 또래집단과 대중스타의 영향을 많이 받을수록, 자아존중감이 낮을수록 과시소비성향이 높았다.

한성희와 강이주(2009)는 과시소비성향을 브랜드지향 과시소비, 유행지향 과시소비, 수입제품지향 과시소비 등 3가지로 구분하여 어떠한 변수들이 영향을 미치는가를 분석하였다. 부모의 교육수준이 높을수록, 월평균소득이 400만원 이상인 집단이, 용돈이 20만원 이상인 집단이 과시소비성향이 높았다. 브랜드지향 과시소비는 남학생이, 유행지향 과시소비는 여학생이 높았다. 과시소비성향에 영향을 미치는 독립변수들의 영향력은 과시소비성향의 차원에 따라 다르게 나타났는데, 브랜드지향과 유행지향은 소비주의성향이 가장 높았고, 학교소비자교육이 두 번째로 높았으나, 수입제품지향은 또래집단의 영향력이 가장 높았고, 학년이 두 번째로 높았다.

계선자, 전미영, 이민주, 박다정(2013)에 의하면 초등학교 4-6학년을 대상으로 하여 과시소비성향과 자원절약행동을 조사한 결과, 과시소비성향은 평균보다 낮았으며, 자원절약행동은 비교적 합리적인 수준이었다. 과시소비성향은 학년, 용돈액수, 가계소득이 높고, 용돈액수가 많은 집단이 더 높았다. 자원절약행동은 용돈의 액수가 적고, 사회화과정과 가족 응집력이 높고, 부모의 양육태도가 민주적일수록 더 합리적으로 나타났다. 가정 안에서 이루어지는 사회화과정을 통한 부모의 교육적 역할이 무엇보다 초등학생의 자원절약 행동을 하게 하는 중요한 요인임이 입증되었다. 특히 부모의 학력이나 소득 같은 외형적인 부분 보다는 가족 간의 응집력과, 양육태도와 같은 내적인 부분이 더욱 중요하였다.

박선아(2008)는 대구시에 소재한 초등학교 4, 5, 6학년 학생들을 대상으로 새로운 소비계층으로 부각되고 있는 프리틴의 과시소비성향, 충동소비성향, 동조소비성향 수준이 어느 정도 인지 알아보고 이에 영향을 미치는 요인들을 규명하였다. 프리틴의 소비성향은 건전한 편이라고 할 수 있으나, 저학년에서 고학년으로 갈수록 과시소비성향, 동조소비성향이 높았다. 프리틴의 과시소비성향과 동조소비성향은 이성친구가 있는 학생들이 높은 것으로 나타났다. 월평균용돈 액수가 많을수록 과시소비성향과 충동소비성향, 동조소비성향이 높았다. 과시소비성향과 동조소비성향에 가장 큰 영향을 미친 것은 외모관심도였고 충동소비성향은 낮은 자아존중감이었다. 프리틴세대들이 자신에 대해 긍정적인 생각을 가질 수 있도록 부모와 선생님들의 지속적인 관심이 필요하고 자아를 개발하고 존중할 수 있는 교육프로그램이 요구된다. 또한 물질주의와 외모우월주의가 강한 현대사회에서 자라나는 프리틴이 대중매체에 대한 비판적 의식을 가지고 선별적으로 수용할 수 있도록 하는 소비자 교육이 필요할 뿐만 아니라 프리틴을 자극하는 대중매체 프로그램을 규제할 수 있는 사회적 제도가 필요하다.

김성숙과 장애경(2005)은 청소년의 인터넷이용 패턴과 과시소비성향과의 관계를 분석하기 위해 개인특성변수들과 대중매체, 친구의 영향 등과 소비자교육 관련 변수 등을 포함한 사회화요인 관련 변수를 함께 고려하였다. 청소년의 과시소비성향 수준은 중간 정도로 나타났는데, 유명상표지향이 유행 및 타인지향, 수입품 지향보다 약간 높았다. 청소년의 인터넷이용 행동은 과시소비성향과 통계적으로 유의한 관련성이 있는 것으로 나타났으며 하위영역인 인터넷 접속빈도, 인터넷 정보이용, 인터넷 관계형성, 인터넷 쇼핑경험 등도 유의하게 관련이 있는 것으로 나타났다. 중회귀분석 결과 청소년의 과시소비성향을 설명하는데 유의미한 변수는 대중매체의 영향, 친구의 영향, 인터넷 쇼핑 경험, 아버지의 직업인 것으로 나타났다.

차경욱과 최민영(2010)은 의류구매행동에서 나타나는 청소년 소비자들의 과시소비성향과 동조소비성향이 사회 · 경제적 특성에 따라 차이가 나는지를 분석하였고, 과시소비성향과 동조소비성향에 따라 의류를 구매할 때 중요하게 고려하는 평가속성을 비교하였다. 의류구매행동에서 나타나는 과시소비성향은 중학생보다 고등학생이, 어머니의 교육수준이 대학원 이상일 때, 아버지의 직업이 전문 · 관리직, 전문기술직, 사무직일 때, 어머니의 직업이 사무직, 전업주부일 때, 월평균 용돈이 6-10만원 일 때 높은 것으로 밝혀졌다. 의류구매행동에서 나타나는 동조소비성향은 친구집단과 대중매체에 대한 동조 모두 고등학생 보다 중학생이, 남학생 보다는 여학생이, 월평균가계소득과 월평균용돈 수준이 높을수록 높게 나타났다. 과시소비성향이 가장 높은 집단에서는 의류를 구매할 때 디자인과 색상을 가장 중요하게 생각했으며, 친구집단 동조소비성향이 가장 높은 집단과 대중매체 동조소비성향이 가장 높은 집단은 모두 유행성을 가장 중요하게 생각했다. 디자인과 색상, 상표 유명도, 유행성을 중시하는 정도는 과시소비성향과 동조소비성향이 상, 중, 하 집단 사이에 의미있는 차이가 있었다.

길수영(2012)은 청소년의 동조성, 물질주의, 과시소비성향, 브랜드 선호도가 청소년 소비자의 패션 명품 복제품 구매태도에 미치는 영향을 분석하였다. 사회·인구·통계학적 특성에 따른 구매행동의 차이를 살펴본 결과, 성별에 따라서는 유의한 차이가 없었으며 고학년일수록 명품 복제품 구매 경험이 높게 나타났다. 지역에 따라서는 인천 및 수원이 서울에 비해 명품 복제품 구매경험이 높은 것으로 나타났고, 10만원 이상의 용돈을 받는 학생들이 그 이하의 용돈을 받는 학생에 비해서 명품 복제품 구매 경험이 높은 것으로 나타났다. 동조성, 물질주의 성향의 하위요인 중 물질추구형과 행복추구형, 과시소비성향의 하위요인 중 모조유명상품선호 성향, 브랜드 선호도의 하위요인중 브랜드복제품선호 등이 강할수록 복제품에 대한 구매태도가 긍정적으로 나타났다. 복제품 구매태도에 가장 큰 영향을 미치는 변수는 동조성이고, 그 다음이 물질주의인 것으로 나타났다.

장현성과 허경옥(2009)은 청소년 소비자가 올바른 의사결정을 할 수 있도록 유도할 뿐만 아니라, 청소년 스스로 자신의 소비생활 정도를 진단해 볼 수 있는 과시소비성향을 측정하기 위한 척도를 개발하였다. 선행연구를 통해 총 31문항을 추출하여 1000명의 청소년 소비자를 대상으로 안면타당도, 내용타당도, 표면타당도 등의 타당도와 신뢰도를 체계적으로 검증하였다.

최종 4개 요인으로 구성된 18개 항목의 척도가 개발되었으며, 4개 요인은 수입품 및 유명상표 과시요인, 고가품 과시요인, 유행추구 과시요인, 지위상징 과시요인이다.

임미주(2013)는 체면상황이 과시소비행동의도와 동조소비행동의도에 미치는 영향을 실증적으로 분석하기 위하여 이들의 관계에 물질주의성향 및 개인주의성향의 조절효과가 있는지를 조사하였다. 현시적 체면상황이 방어적 체면상황 보다 과시소비행동에 더 큰 영향을 미쳤다. 대학생들은 방어적 체면상황에서 동조소비행태를 보였으나 일반인들은 그렇지 않은 걸로 나타났다. 체면상황에 따른 과시소비행동의도에 대한 물질주의성향의 조절역할을 분석한 결과 일반인들은 물질주의성향에 따른 과시소비행동의도의 차이가 크게 나타났지만 대학생은 그렇지 않았다. 체면상황에 따른 과시소비행동의도에 대한 개인주의성향의 조절효과를 분석한 결과 일반인들은 개인주의성향에 따른 과시소비행동의도의 차이가 크게 나타났지만 대학생은 그렇지 않았다. 체면상황에 따른 동조소비행동의도에 대한 집단주의성향의 조절효과를 분석한 결과 집단주의성향이 강할수록 동조소비의도의 차이가 커지는 것으로 나타났다.

소영하와 한유진(2013)은 청소년 소비자를 대상으로 성별, 연령, 용돈수준에 따른 소비지향태도와 과시소비행동의 차이를 비교하고 대중매체, 또래영향력, 또래동조성이 소비지향태도와 과시소비행동에 미치는 상대적 영향력을 분석했다. 청소년소비자의 소비지향태도와 과시소비행동은 남학생보다 여학생, 중학생보다 고등학생이 더 높았다. 청소년 소비자는 용돈을 많이 사용하고, 소비지향태도가 강할수록 과시소비행동을 더 많이 하였다. 대중매체, 또래영향력 및 또래동조성은 청소년 소비자의 소비지향태도와 과시소비행동에 영향을 미쳤다.

장서윤과 하규수(2015)는 주거 부동산의 거주유형 특성과 심리적 요인에 따른 베블렌효과를 확인하기 위하여 심리적 특성, 주거특성, 인구사회학적 특성이 베블렌효과에 미치는 영향을 분석하였다. 거주자의 체면민감성은 자아존중감과 과시소비성향에 유의한 영향을 미쳤다. 체면민감성이 높은 사람은 자신에 대해 높은 평가와 긍정적 이미지를 형성하고자 하는 욕구가 강하며 타인의 시선을 높게 의식하는 것으로 나타났다. 그러나 거주자의 자아존중감은 통계적으로 유의하지만 과시소비성향에 미치는 영향력이 크지 않았다. 자가거주자가 차가 거주자에 비해 자아존중감에 따른 과시소비성향이 더 높았다. 차가거주자가 자가거주자에 비하여 체면민감성이 과시소비성향에 더 큰 영향을 미쳤다. 거주형태, 거주규모, 가구소득이 과시소비성향에 통계적으로 유의한 영향을 미쳤다. 거주유형에서 아파트 거주자가 단독주택 거주자에 비해 과시소비성향이 컸고, 가구소득이 커질수록 과시소비성향도 큰 것으로 나타났다.

백승헌과 김기탁(2017)은 골프참여자의 관여도에 따른 체면민감성이 과시소비성향 및 교체구매결정에 미치는 영향을 분석하였다. 골프참여자의 관여도에 따른 체면민감성은 과시소비성향에 부분적인 영향을 미쳤다. 골프참여자의 관여도에 따른 체면민감성은 교체구매결정에 부분적인 영향을 미쳤고, 골프참여자의 관여도에 따른 과시소비성향이 교체구매결정에 부분적인 영향을 미쳤다.

김연아, 최영래, 조은영(2018)은 골프 참여자들을 대상으로 미디어에 대한 수용요인과 외모의 사회문화적 태도 및 과시소비성향과의 관계를 분석하였다. 골프 참여자들의 미디어 수용은 외모에 대한 사회문화적 태도와 과시소비성향에 부분적으로 정적인 영향을 미쳤다. 골프 참여자들의 외모에 대한 사회문화적 태도는 과시소비 성향에 부분적으로 정적인 영향을 미쳤다.

김유겸과 황선환(2017)은 등산객의 과시적 여가소비가 여가만족을 향상시키는가를 규명하기 위해서 레크리에이션 전문화와 과시적 여가소비의 상호작용에 따른 여가만족의 차이를 규명하였다. 레크리에이션 전문화 수준이 높은 집단의 과시적 여가소비는 레크리에이션 전문화 수준이 낮은 집단 보다 높았고, 레크리에이션 전문화 수준이 높은 집단의 여가만족은 레크리에이션 전문화 수준이 낮은 집단 보다 높았다. 과시적 여가소비가 낮은 집단의 여가만족이 과시적 여가소비가 높은 집단 보다 높았다. 레크리에이션 전문화와 과시적 여가소비의 상호작용에 따른 여가만족을 분석한 결과, 레크리에이션 전문화 수준이 높고 과시적 여가소비도 높은 등산객 집단의 여가만족이 가장 높은 반면, 레크리에이션 전문화 수준이 낮고 과시적 여가소비가 높은 등산객의 여가만족이 가장 낮았다.

황선환과 김송희(2017)는 자전거 동호인의 레크리에이션 전문화와 과시적 여가소비의 상호작용에 따른 여가만족의 차이를 분석하였다. 자전거 동호인의 레크리에이션 전문화 수준이 높을수록 과시적 여가소비와 여가만족도가 높게 나타났다. 자전거 동호인의 과시적 여가소비가 높은 집단의 여가만족은 과시적 여가소비가 중간인 집단과 낮은 집단보다 높았다. 자전거 동호인의 레크리에이션 전문화와 과시적 여가소비의 상호작용에 따른 여가만족은 통계적으로 유의한 차이는 없었으나, 전문화 수준이 높고 과시적 여가소비가 낮은 집단의 여가만족이 가장 높았으며, 레크리에이션 전문화 수준이 낮고 과시적 여가소비도 낮은 집단의 여가만족이 가장 낮게 나타났다.

윤소정과 김남조(2015)는 캠핑객의 과시적 여가 소비성향과 고가 캠핑브랜드 선호 행동을 분석하였다. 캠핑참여자의 과시적 여가소비성향은 유명브랜드 선호, 제품의 상징성, 유행추구 등의 3개 하위 요인으로 나뉘었으며 제품의 상징성과 유행추구의 두 가지 요인이 브랜드 태도에 유의한 영향을 미치는 것으로 나타났다. 브랜드 태도는 브랜드 이미지에 유의한 영향을 미쳤고 브랜드 태도와 브랜드 이미지는 캠핑 브랜드 충성도에 유의한 영향을 미치는 것으로 밝혀졌다.

이정학, 장용석, 이재문, 안정훈(2015)은 아웃도어 스포츠용품 소비자의 과시소비성향과 체면민감성이 상표충성도에 미치는 영향을 분석하였다. 과시소비성향의 하위요인인 타인인정지향, 유행추구성향, 고가선호, 외제품선호는 모두 상표충성도에 영향을 미쳤다. 체면민감성의 하위요인인 창피의식, 형식경직성, 타인의식 모두가 상표충성도에 유의한 영향을 미치는 것으로 나타났다.

진대건과 유소이(2017)는 소비자의 체면민감성과 과시소비성향이 아웃도어웨어의 구매행동과 재구매의도에 미치는 영향을 분석하였다. 체면민감성과 과시소비성향은 밀접한 관계가 있고, 타인에게 자신을 긍정적으로 표현하기 위한 과시적 형태가 나타났다. 체면민감성과 과시소비성향이 구매행동에 대하여 부분적으로 영향을 주는 것으로 나타났다. 아웃도어웨어의 착용빈도가 높고 고가의 비용을 지불할 의사가 있는 소비자의 경우 재구매의도가 높게 나타났다. 또한 체면민감성과 구매행동의 관계에서 과시소비성향의 매개효과가 유의하게 나타나 한국인의 소비문화에서 체면의식은 과시소비성향을 매개하여 구매행동에 영향을 미치는 것을 알 수 있다.

이형룡, 이덕원, 강제완(2015)은 국적별 체면민감성에 관한 차이를 알아보고, 관광객의 체면민감성이 과시소비성향에 미치는 영향에 국적이 어떠한 조절효과를 미치는지를 분석하였다. 체면민감성의 하위요인인 타인의식성, 형식의식성, 창피의식성은 과시소비성향에 유의한 영향을 미치는 것으로 나타났다. 특히 타인의식성과 창피의식성은 과시소비성향에 정의 영향을 미쳤고, 형식의식성은 과시소비성향에 부의 영향을 미쳤다. 체면민감성이 과시소비성향에 미치는 영향에서 국적별 조절효과 여부에 대한 검증에서 타인의식성과 창피의식성이 과시소비성향에 미치는 영향관계에서 한국과 중국에 따른 국적은 조절작용을 하는 것으로 나타났다. 그러나 형식의식성과 과시소비성향의 관계에서 국적에 따른 차이는 없는 것으로 나타났다.

김경은과 조성도(2016)는 중국 브랜드를 대상으로 브랜드 글로벌성과 브랜드 현지성이 브랜드 가치에 미치는 영향과 브랜드 충성도로 이어지는 과정을 분석하고, 세계주의와 과시적 소비성향의 조절효과도 분석하였다. 중국 브랜드의 브랜드 글로벌성과 브랜드 현지성은 브랜드 가치에 긍정적 영향을 미쳤고, 브랜드 충성도를 증진시켰다. 브랜드 현지성이 브랜드 글로벌성에 의해 높아지고 이어서 브랜드 가치에 영향을 미치는 강도가 브랜드 글로벌성이 브랜드 가치에 직접적으로 미치는 강도보다 크게 나타났다. 그리고 세계주의와 과시적 소비성향이 높은 경우에 브랜드 글로벌성의 영향력이 더 크게 나타났다.

김홍렬(2018)은 체면민감성과 자아존중감이 과시소비성향과 대학생활만족에 미치는 영향을 분석하였다. 체면민감성이 높고 자아존중감이 낮을수록 과시소비성향이 높은 것으로 나타났다. 자신에 대한 타인의 시선이나 평가는 과시소비를 부추기기 때문에 여행, 음식, 여가활동을 선택할 때 상황에 맞는 행동인식보다는 본인의 수준을 넘는 비합리적으로 결정하는 경향이 높기 때문에 소비에 대한 올바른 가치관과 의미, 그리고 건전한 소비문화에 대한 교육프로그램이 필요하다. 체면민감성이 높고, 자아존중감이 낮고, 과시소비성향이 강할수록 대학생활에 대한 만족도가 낮았다.

이금붕과 유현정(2017)은 급격한 경제적, 사회적 변화로 인해 이전의 세대와는 매우 다른 소비특성을 보이는 1990년대에 태어난 중국의 지우링허우 세대를 조사대상으로 선정하여 금전태도와 과시소비성향을 분석하였다. 지우링허우 세대의 금전태도는 관리속박형이 42.7%로 가장 많았고, 평범형은 32.9%로 두 번째로 많았고, 배금향유형은 15.9%로 세 번째로 많았고, 무지형은 8.5%로 가장 작았다. 관리속박형과 배금향유형에서 과시소비성향, 물질주의심리, 자아존중심리가 모두 상대적으로 높은 것으로 나타났다. 과시소비성향을 구성하는 두 가지 유형에 영향을 미치는 요인은 차이가 있었으나, 친구와 매체는 과시소비 성향에 정적인 영향을 미치는 것으로 나타났다.

이재원, 강지원, 이승희(2017)는 사드배치 논란 이전의 중국인 소비자들을 대상으로 유형적 한류 경험과 무형적 한류 경험이 한국산 제품 구매의도에 미치는 영향과 과시소비성향의 조절효과를 분석하였다. 중국인 소비자들의 유형적 한류 경험과 무형적 한류 경험은 한국산 제품 구매의도에 긍정적인 영향을 미치는 것으로 나타났다. 과시소비성향의 조절효과를 검증한 결과 중국인 소비자들의 유·무형적 한류 경험이 한국산 제품 구매의도에 미치는 긍정적인 영향은 과시소비성향에 의해 더욱 강화되는 것으로 나타났다.

송호준, 김남희, 천성용(2017)은 사회적 배제 집단에게 금전적, 실용적 가치는 적지만 기부 사실을 가시적으로 보여줄 수 있는 상징적 보상물을 추가적으로 제공할 경우 이타적 행동 가능성이 높아질 수 있다고 제안하였다. 이러한 사회적 배제와 상징적 보상물의 상호작용 효과가 과시소비성향에 의해 매개되는지를 분석하였다. 사회적 배제 집단은 기부연계 운동화 제품에 아무런 보상물을 제공하지 않은 조건보다 추가적으로 기부사실을 상징적으로 증명할 수 있는 팔찌를 제공할 경우 더 높은 구매의도를 보였다. 이에 반해 사회적 포용 집단은 기부 팔찌를 제공한 조건과 제공하지 않은 조건에서 구매의도가 차이나지 않았다. 또한 과시적 소비성향의 매개효과를 증명하기 위한 실험에서, 사회적 배제와 상징적 보상물이 기부연계제품에 미치는 상호작용 효과는 과시적 소비성향에 의해 매개되는 것으로 나타났다.

김충현과 이지윤(2014)은 신제품을 수용할 때 소비자의 개인적, 내적 요인인 혁신 저항성과 과시소비 성향에 따라 과정 및 결과 시뮬레이션 효과가 어떻게 작용하는가를 분석하였다. 혁신 저항성이 낮아 신제품 수용에 거부감이 약한 집단은 두 시뮬레이션 간 수용의도와 제품태도에서 차이가 없었지만 혁신 저항성이 높은 집단에서는 결과 시뮬레이션이 과정 시뮬레이션보다 수용의도와 제품태도 모두 긍정적인 결과를 초래하는 것으로 나타났다. 또한 혁신 저항성과 시뮬레이션 간의 상호작용효과를 분석한 결과도 의미있는 것으로 나타났다. 과시소비성향이 높은 집단에서는 시뮬레이션 간 수용의도와 제품 태도에서 차이가 없는 것으로 나타났으나, 과시소비 성향이 낮은 집단에서는 결과 시뮬레이션이 과정 시뮬레이션보다 수용의도와 제품태도 모두 긍정적인 결과를 유도하는 것으로 나타났다. 그러나 과시소비성향과 시뮬레이션간의 상호작용을 분석한 결과 제품 태도에는 상호작용이 유의미한 것으로 나타났으나 수용의도에는 상호작용이 영향을 미치지 않았다.

김성민, 황희정, 이훈(2018)은 현상학적 연구 방법을 이용하여 20대 여성의 사회관계망서비스 사용의 여가행동으로서 의미와 사용패턴을 알아보고, 자기표현으로서 사회관계망서비스를 어떻게 활용하는지 분석하였고, 자기표현을 넘어 과시적 표현으로 나타나는 유형을 분류하였다. 사회관계망서비스에 드러난 과시적 표현 이후의 심리를 분석하였다. 현대 사회에서는 직접적인 서로간의 친밀감이 사회관계망서비스를 통해 과시적 표현으로 나타나는 현상이다. 과거에는 경제적 활동과 소비를 통해 과시를 하였다면, 현대에서는 사회관계망서비스상에 과시를 함으로써 동일한 행동이 표출되는 장이 확장되었다고 해석할 수 있다.

Kennedy와 Bolat(2017)는 온라인과 면대면 표적집단면접을 통하여 수집한 자료를 근거이론으로 분석하여 열망소비자가 많은 HENRYs(high earners, not rich yet)의 과시소비 과정을 분석했다. 과시소비를 하는 동기는 내재적 동기와 외재적 동기로 구분되는데, 내재적 동기가 강한 참여자들이 다수를 차지했다. 내재적 동기가 강한 자아존중감을 위한 과시소비를 하는 참여자들은 명품을 구매한다. 소수이기는 하지만 외재적 동기인 지위를 과시하기 위하여 명품을 구매한 참여자들은 마침내 나르시즘에 빠지게 되고, SNS에 자신이 구매한 명품을 포스팅한다. 그러나 브랜드와 블로거에 대한 신뢰는 감소하게 된다.

최근 중국에서는 웨이보와 인스타그램에서 Falling Star Challenge가 유행하고 있다. 비싼 고급 자동차에서 내리다 발이 걸려 넘어진 것처럼 포즈를 취하고 가지고 있던 소지품을 모두 떨어뜨린 듯 바닥에 흩뿌려 사진을 찍어서 올리는 방식이다. 바닥에 떨어진 소지품들은 모두 값비싼 명품 액세서리나 화장품, 전자기기들이어야 한다. 중국 매체 사우스 차이나 모닝 포스트는 두 여성이 도로 한 복판에 차를 세우고 Falling Star Challenge 인증샷을 찍다가 교통방해죄로 각각 벌금 150위안과 10위안을 냈다고 보도했다(위키트리, 2018년 10월 24일).

2. 과시소비성향의 실제

1) 과시소비성향의 차원과 수준

<표 8-1>에는 아동소비자의 과시소비성향을 측정하기 위한 문항들을 요인분석한 결과가 제시되어 있다. 과시소비성향의 하위영역을 추출하기 위하여 주성분분석과 varimax 회전을 사용한 결과 eigen value가 1이상이고, 경험적으로 해석이 가능한 요인이 2개가 추출되었다. 전체분산의 35.31%를 설명하는 요인 1은 과시소비성향의 동인이 자신의 내부적 이유가 큰 영향을 미치는 특성이 강하다는 점에서 자기지향 과시소비성향이라고 명명하였다. 30.50%를 설명하는 요인 2는 외부적 이유가 큰 영향을 미친다는 점에서 타인지향 과시소비라고 명명하였다. 2개 요인의 총 설명력은 65.50%였다.

아동소비자의 과시소비성향과 관련된 변수들의 일반적 경향은 <표 8-2>에 제시되어 있다. 자기지향 과시소비의 평균은 2.15이며, 타인지향 과시소비의 평균은 2.00으로 차이가 적기는 하지만 타인지향 과시소비보다 자기지향 과시소비성향이 조금 더 높은 것으로 나타났다. 자기지향 과시소비 중에서는 "내가 유명상표를 사용하는 것은 그 제품이 특별하다기보다 남들이 나를 다르게 봐주는 것을 느끼기 때문이다."가 2.03점으로 가장 낮았고, "유명상표를 사용하면 자신감이 생긴다."가 2.42점으로 가장 높았다. 타인지향 과시소비 중에서는 "남에게 잘 보이기 위해 우리 집 형편에 비해 비싸고 고급스러운 제품을 무리하게 구입하고 사용한다."가 1.84점으로 가장 낮았고, "옷차림에 따라서 대우하는 자세가 달라지므로 좋은 옷을 입는 것이 중요하다."가 2.08점으로 가장 높았다.

〈표 8-1〉 과시소비성향 요인분석

측정항목 \ 요인	요인1	요인2
1. 남에게 잘 보이기 위해 우리 집 형편에 비해 비싸고 고급스러운 제품을 무리하게 구입하고 사용한다.	.783	.249
2. 유행하는 스타일이나 인기가 있는 제품이 아니면 구입하지 않는다.	.768	.300
3. 구입한지 얼마 안 되는 물건이라도 유행이 지난 것은 쓰고 싶지 않다.	.765	.265
4. 초라한 옷차림은 나 자신을 초라하게 만든다.	.762	.286
5. 옷차림에 따라서 대우하는 자세가 달라지므로 좋은 옷을 입는 것이 중요하다.	.745	.367
6. 유행제품을 남보다 먼저 가지고 있으면 과시하고 싶은 마음이 생긴다.	.732	.399
7. 주변 친구들이 유행하는 물건을 가지고 있으면 나도 사야 기죽지 않는다.	.629	.425
8. 유명상표를 사용하면 자신감이 생긴다.	.135	.791
9. 유명브랜드 제품을 살 때 상표나 마크가 잘 보이는 것을 선택한다.	.318	.779
10. 내가 유명상표를 사용하는 것은 그 제품이 특별하다기보다 남들이 나를 다르게 봐주는 것을 느끼기 때문이다.	.412	.723
11. 남에게 보이는 물건은 비싸더라도 유명상표를 구입하려고 노력한다.	.397	.694
12. 가깝게 지내는 친구들 대부분이 사용하는 유명제품을 나 혼자만 사용하지 못하면 소외감을 느낀다.	.374	.674
13. 외국어로 된 상표명을 붙여야 세련되게 보인다.	.385	.674
아이겐값	4.590	3.924
분산(%)	35.308	30.187
누적분산(%)	35.308	65.495
요인명	자기지향 과시소비	타인지향 과시소비

〈표 8-2〉 요인별, 문항별 아동소비자의 과시소비성향

문항		M(SD)
자기지향 과시소비	1. 유명상표를 사용하면 자신감이 생긴다.	2.42(.84)
	2. 남에게 보이는 물건은 싸더라도 유명상표를 구입하려고 노력한다.	2.11(.81)
	3. 유명브랜드 제품을 살 때 상표나 마크가 잘 보이는 것을 선택한다.	2.21(.86)
	4. 가깝게 지내는 친구들 대부분이 사용하는 유명제품을 나 혼자만 사용하지 못하면 소외감을 느낀다.	2.08(.90)
	5. 외국어로 된 상표명을 붙여야 세련되게 보인다.	2.04(.91)
	6. 내가 유명상표를 사용하는 것은 그 제품이 특별하다기보다 남들이 나를 다르게 봐주는 것을 느끼기 때문이다.	2.03(.85)
	전체 (4점환산평균)	2.15(.86)
타인지향 과시소비	7. 주변 친구들이 유행하는 물건을 가지고 있으면 나도 사야 기죽지 않는다.	2.07(.92)
	8. 구입한지 얼마 안 되는 물건이라도 유행이 지난 것은 쓰고 싶지 않다.	1.95(.90)
	9. 유행하는 스타일이나 인기가 있는 제품이 아니면 구입하지 않는다.	1.95(.92)
	10. 유행제품을 남보다 먼저 가지고 있으면 과시하고 싶은 마음이 생긴다.	2.05(.95)
	11. 초라한 옷차림은 나 자신을 초라하게 만든다.	2.04(.94)
	12. 옷차림에 따라서 대우하는 자세가 달라지므로 좋은 옷을 입는 것이 중요하다.	2.08(.97)
	13. 남에게 잘 보이기 위해 우리 집 형편에 비해 비싸고 고급스러운 제품을 무리하게 구입하고 사용한다.	1.84(.89)
	전체 (4점환산평균)	2.00(.93)

2) 과시소비에 영향을 미치는 변수

아동소비자의 사회인구학적 특성에 따라 과시소비성향이 차이가 나는지 알아보기 위해 T-test와 일원분산분석을 실시한 결과가 <표 8-3>에 제시되어 있다. 자기지향 과시소비, 타인지향 과시소비와 과시소비성향 모두 가계의

경제적 지위인식에 따라서만 차이를 보일 뿐, 아동의 성별, 부모의 연령 및 교육수준, 개인의 성격성향에 따라서는 차이를 보이지 않았다.

구체적으로 살펴보면 자기지향 과시소비와 과시소비성향은 가계의 경제적 지위인식에 따라서는 $p<.01$ 수준으로, 타인지향 과시소비는 $p<.05$ 수준으로 통계적으로 유의미한 차이를 보였다. 가계 경제적 지위인식이 중상층 이상일수록 자기지향 과시소비, 타인지향 과시소비와 과시소비성향이 모두 높은 것으로 나타났다. 즉 아동소비자 스스로 가계의 경제적 능력이 높다고 생각할수록 제품의 소유를 통해 효용을 얻기 보다는 제품의 상징을 통해 다른 사람들의 인정을 받고자 하는 과시소비성향이 높아진다고 볼 수 있다.

〈표 8-3〉 사회인구학적 변수에 따른 과시소비성향

		자기지향적 과시소비		타자지향적 과시소비		과시소비	
		m	scheffe	m	scheffe	m	scheffe
성별	남성	12.93		11.97		24.89	
	여성	12.80		11.83		24.59	
	t	.322		.322		.381	
아버지 연령	40세 이하	12.43		12.08		24.37	
	41~44세	12.99		12.31		25.31	
	45세 이상	13.00		11.64		24.64	
	F	.578		.835		.420	
어머니 연령	40세 이하	12.75		12.17		24.84	
	41~44세	12.99		11.46		24.47	
	45세 이상	12.86		12.53		25.39	
	F	.133		1.536		.286	
아버지 교육수준	고졸 이하	12.92		11.76		24.70	
	대졸 이상	12.91		12.21		25.07	
	t	.035		-.948		-.460	
어머니 교육수준	고졸 이하	12.68		11.71		24.36	
	대졸 이상	13.03		12.18		25.19	
	t	-.818		-1.007		-.995	
성격성향	외향적	12.91		11.75		24.63	
	내향적	12.88		12.29		25.18	
	t	.059		-1.091		-.624	
가계 경제적 지위 인식	중층이하	12.32		11.83		23.70	
	중상층 이상	13.56		12.53		26.05	
	t	3.013**		2.533*		2.913**	

*p〈.05 **p〈.01

이러한 결과는 경제적 변수가 과시소비와 관련이 있다고 한 심미영(2006), 소영하와 한유진(2013), 장서윤과 하규수(2015), 허경옥(2016)의 연구결과와 유사하다. 아동소비자들의 성별, 부모의 연령 및 교육수준, 개인성격보다 과시소비성향과 더욱 크게 관련이 있는 변수는 바로 가계의 경제적 수준에 대한 인식임이 밝혀졌다.

자신의 계층보다 높은 계층의 소비가 이상적이고 바람직한 소비라고 생각하고 모방하려는 하류층은 부유층의 과시소비를 모방하려는 경향이 있다. 특히 진짜 부자들은 과시할 필요를 크게 느끼지 않기 때문에 오히려 과시소비를 적게 하는 경우도 있다. 미국 사회학 교수인 Rachel Sherman(2018)이 매년 소득이 25만 달러 이상이고 고학력에 높은 수준의 문화자본과 자유주의 정치 성향을 지닌 중년층 뉴욕시 거주민 50명을 심층인터뷰한 결과, 응답자들은 1년에 12만달러에서 80만달러를 소비하면서도 자신들은 자신들의 욕구가 정상 수준이라고 강조하고, 물질주의적이고 과시적인 소비자가 아니라고 주장하면서 자신들이 합리적이고 아끼는 신중한 소비자라고 규정했다.

한국은행 광주·전남본부가 발표한 '광주·전남지역 소비행태의 특징 및 시사점'에 따르면 2016년 기준 광주는 1인당 개인소득이 1,658만원으로 7개 특별·광역시 가운데 최하위였고, 전남 역시 1,497만원으로 9개도 가운데 가장 낮았다. 그러나 평균소비성향은 광주는 93%, 전남은 91%로 전국 평균 88%보다 높았다. 광주·전남은 다른 광역시·도에 비해 중·대형차 구입비율이 높고, 외제차 비중도 증가하고 있다. 백화점도 명품사업부 매출액 및 객단가는 상승추세이나, 일반품목 및 마트 사업부문은 정체를 보이고 있다(광주매일신문, 2018년 7월 31일).

인도의 자료를 분석한 연구에 의하면(Jaikumar, Singh, Sarin, 2017), 과시소비는 최하층 소비자로 하여금 자신들의 주관적 경제적 복지를 실제보다 높게 지각하게 하는 효과가 있다. 그러므로 자녀가 어릴 때부터 자녀에게 가계의 경제 상황에 대한 보다 객관적이고 정확한 정보를 알려주어야 하고,

미래에 필요한 다양한 자금에 관한 정보도 제시하여 자녀가 과시소비를 하지 않도록 소비자교육이 가정에서 이루어져야 한다.

〈표 8-4〉 과시소비에 영향을 미치는 변수

		자기지향적 과시소비성향		타자지향적 과시소비성향		과시소비성향	
		B	β	B	β	B	β
가계의 경제적 지위 인식		.305	.056	.363	.060	.647	.060
물질주의		.219	.201***	.253	.208***	.486	.226***
광고인식	정보제공광고	.257	.161**	−.010	−.006	.260	.083
	유희제공광고	.158	.093*	.180	.096*	.333	.100*
	부정적 영향 광고	.196	.115**	.246	.129**	.430	.128**
자기조절능력		−.031	−.030	−.058	−.049	−.091	−.044
충동구매행동		.449	.381***	.635	.483***	1.079	.465***
F		38.838***		44.925***		53.286***	
R2		.409		.441		.487	
Adjusted R2		.398		.431		.478	
Durbin−Watson		1.902		1.803		1.828	

*$p<.05$ **$p<.01$ ***$p<.001$

아동소비자의 과시소비성향에 영향을 미치는 관련 변수들의 상대적 영향력을 알아보기 위해 중회귀분석을 실시한 결과가 <표 8-4>에 제시되어 있다. 회귀분석에 투입되는 변수들간의 다중공선성을 확인한 결과 공차한계값은 .10보다 크고, VIF는 10보다 작기 때문에 공선성의 문제는 없었다. Durbin-Watson 값은 모두 2에 가까워 잔차에 대한 상관관계는 거의 없으므로 회귀모형에 적합하였다.

물질주의와 충동구매성향은 $p<.001$ 수준에서, 유용한 광고와 부정적 광고는 $p<.01$ 수준에서, 즐거운 광고는 $p<.05$ 수준에서 자기지향 과시소비성향에

의미있는 영향을 미쳤다. 자기지향 과시소비성향에 미치는 영향은 충동구매성향(β=.381)이 가장 컸고, 그 다음은 물질주의(β=.201), 유용한 광고(β=.161), 부정적 광고(β=.115), 즐거운 광고(β=.093,) 순이다. 즉, 물질주의가 강할수록, 광고를 유용한 광고, 즐거운 광고, 부정적 광고로 인식할수록, 충동구매성향이 높을수록 자기지향 과시소비성향이 높은 것으로 볼 수 있다. 이 회귀식의 설명력은 40.9%이다.

물질주의와 충동구매행동은 $p<.001$ 수준에서, 유용한 광고와 부정적 광고는 $p<.01$ 수준에서, 즐거운 광고는 $p<.05$ 수준에서 타인지향 과시소비성향에 의미있는 영향을 미쳤다. 타인지향 과시소비성향에 미치는 영향은 충동구매성향(β=.483)이 가장 컸고, 그 다음은 물질주의(β=.208), 부정적 광고(β=.129), 즐거운 광고(β=.096) 순이다. 따라서 물질주의성향이 강하고, 광고를 즐거운 광고와, 부정적 광고로 인식할수록, 충동구매성향이 높을수록 타인지향 과시소비성향이 높은 것으로 나타났으며, 회귀식의 설명력은 44.1%이었다.

마지막으로 물질주의와 충동구매성향은 $p<.001$ 수준에서, 유용한 광고와 부정적 광고는 $p<.01$ 수준에서, 즐거운 광고는 $p<.05$ 수준에서 과시소비성향에 의미있는 영향을 미쳤다. 과시소비성향에 미치는 영향은 충동구매성향(β=.465)이 가장 컸고, 그 다음은 물질주의(β=.226), 부정적 광고(β=.128), 즐거운 광고(β=.100) 순이다. 아동소비자들의 물질주의 성향이 강할수록, 광고를 즐거운 광고, 부정적 광고로 인식할수록, 충동구매성향이 높을수록 과시소비성향이 높은 것으로 나타났고, 이 회귀식의 설명력은 48.7%이다.

9

아동과 윤리적 소비[12]

소비사회에서 발생하는 다양한 환경, 경제, 인권 등과 관련된 소비문제들에 대해 기업의 사회적 책임과 역할을 강조하면서, 소비자 역시 소비자로서의 사회적 책임과 역할을 다하기 위하여 윤리적 소비행동을 해야 한다는 인식이 확산되고 있다. 윤리적 소비는 소비로 인해 발생하는 부정적인 결과를 경감시키고 소비의 질을 높인다는 점에서 바람직한 소비생활을 위한 소비윤리 및 가치관 함양을 목표로 하는 소비자교육과도 관련이 깊다.

아동소비자는 소비자로서 초기 사회화 경험이 중요한 아동기를 보내는 소비자로서 이 시기에 형성된 소비의식과 행동이 성인기의 소비자 행동에 영향을 미치기 때문에 중요한 소비자교육의 대상이 된다(이기춘, 1999). 현대사회에서 아동소비자는 과거에 비하여 자율적으로 결정할 수 있는 권리

12 이 장은 복미정과 서정희가 2018년에 한국컴퓨터정보학회논문지 23권 4호에 발표한 논문인 "아동소비자의 자기조절능력, 물질주의 및 이타주의가 윤리적 소비행동에 미치는 영향"을 수정한 것이다.

가 많이 증진되었고, 자신을 위한 소비뿐 만 아니라 가족을 위한 소비에서도 소비의사결정자로서의 영향력이 커지고 있다. 이처럼 아동소비자 역할의 중요성이 증가하면서 아동이 부모의 소비생활에 영향을 미치는 소비자역사회화 현상도 두드러지고 있다. 그러므로 아동소비자의 윤리적 소비를 다룬 이 장은 윤리적이고 바람직한 소비환경을 조성하기 위한 아동소비자교육에 중요한 투입요소가 되고, 미래사회에 필수적인 소비자능력을 개발하는데 기여할 수 있다.

1. 관련연구의 고찰

윤리적 소비는 일상생활에서 개인적으로 또는 경제적으로 부담이 되더라도 환경, 인권, 공동체, 정치, 종교 등과 같은 사회, 환경적 영향요인 중에서 하나 이상을 고려하여 소비생활을 실천하는 행위로 정의 될수 있다.(홍연금과 송인숙, 2008). 소비자가 거시적 측면에서 개별적, 도덕적 신념에 따라 사회적 책임을 실천하는 소비행동을 윤리적 소비 라고 할 수 있다(홍연금과 송인숙, 2008; 허은정, 2012). 현대 소비사회가 가지고 있는 다양한 문제들에 대해서 사업자의 책임과 윤리의식뿐 아니라 소비자 스스로의 윤리적 행동을 해야 한다는 논의들(송인숙과 제미경,2006; 제미경과 Weagley, 2007)이 활발해지고 있다. 특히 개인의 소비행동이 개인의 소비자복지 뿐 아니라 사회를 보다 바람직하게 변화시킬 수 있는 동인이 된다는 점에서 윤리적 소비행동을 어떻게 실천해야 하는가에 대한 논의도 활발해지고 있다.

윤리적 소비 실천행동은 상거래상 소비윤리, 적극적 구매운동, 불매운동, 녹색소비, 로컬소비, 공동체화폐, 공정무역, 절제와 간소한 삶, 기부와 나눔으로 구분될 수 있으며 영역에 따라 크게 5가지로 나누어 살펴볼 수 있다(천경희 외, 2010). 첫째, 윤리적 배분에 해당하는 윤리적 소비행동은 소득의 지출이나 자산 관리에서 사회적 책임을 고려한 행동으로 윤리적 투자, 나눔 및 기부행동을 들 수 있다. 둘째, 윤리적 구매행동은 구매 선택에서 사회적인 책임을 지는 것으로 환경친화적 상품 구매, 공정무역 상품 구매, 공정여행, 로컬구매, 긍정적 구매와 불매운동 등이 있다. 셋째, 윤리적 사용행동은 소유하고 있는 자원을 보다 효율적으로 사용하고 에너지 및 물과 같은 자원 등을 절약하는 행동이 포함된다. 넷째, 윤리적 처분행동은 쓰레기 분리수거, 재활용, 중고제품 이용과 같은 실천행동이 있으며 궁극적 목표는 쓰레기 감소라 할 수 있다. 마지막으로 자발적 간소화는 단순히 소비량을 줄이는 행동이 아니라 소비자가 생활양식 자체를 단순하게 하여 소비생활을 간소하게 변화시키는 실천행동이다.

허은정(2011)은 소비자의 윤리적 상품에 대한 태도와 구매의도에 영향을 미치는 요인을 분석하였는데, 이타주의는 윤리적 상품에 대한 태도와 구매의도에 정적 영향을 미치는 것으로 나타났다. 소비자의 윤리적 소비행동과 관련 변수를 고찰한 허은정(2012)의 연구에 의하면 이타주의는 효과성지각 다음으로 높은 정의 영향을 미치는 변수로 나타나 윤리적 소비행동을 증진시키기 위해서는 이타주의를 고양시켜야 한다.

송인숙과 제미경(2006)은 아줌마닷컴의 회원들을 대상으로 물질주의가 기혼여성들의 비윤리적 상거래 행동에 미치는 영향을 조사하였다. 기혼여성의 물질주의 성향은 높았으며, 기업의 물질주의 조장에 대한 인식정도도 높았다. 우리나라 기혼 여성은 재화의 소유나 소비를 중요하게 생각하며, 기업의 활동이 이러한 물질주의를 조장하고 있다고 강하게 인식하고 있었다. 비윤리적 상거래행동의 전체적인 수준 및 하위유형별 수준은 낮았으나 영역별로 차이가 났다, 능동적 불법행위 정도는 상대적으로 낮았고, 수동적 비양심행위와 사회화된 불법행동 정도는 상대적으로 높았다. 기혼여성의 비윤리적 상거래 행동에 영향을 미치는 변수들의 상대적 영향력은 물질주의 성향, 소득, 교육수준, 연령, 기업의 물질주의 조장 인식정도의 순이었다. 물질주의 성향이 높을수록, 소득이 낮을수록, 고졸집단에 비해 대졸집단이, 30대에 비해 20대와 40대인 경우, 기업의 물질주의 조장에 대한 인식정도가 낮을수록 비윤리적 상거래행동 수준이 높았다.

제미경과 Weagley(2007)는 한국과 미국의 대학생들을 대상으로 상거래에서 소비자 비윤리 지각과 행동수준 간에 차이가 있는가를 파악하고 소비자 비윤리 지각과 행동에 영향을 미치는 요인을 분석하였다. 소비자 비윤리 지각수준은 미국대학생이 한국대학생보다 높았으며, 소비자 비윤리 행동수준은 한국대학생이 미국대학생보다 높은 것으로 나타났다. 대학생의 상거래 소비자 비윤리 지각수준은 이상주의가 낮을수록, 물질주의 수준이 높을수록 한국대학생에 비해 미국대학생이, 기업에 대한 태도가 부정적일수록, 어릴수록 높은 것으로 나타났다. 대학생은 이상주의가 낮을수록, 미국대학생에 비해 한국대학생이, 물질주의 수준이 높을수록, 여학생에 비해 남학생이, 어릴수록 상거래에서 비윤리적 행동을 많이 하는 것으로 나타났다.

홍은실과 신효연(2011)은 대학생을 대상으로 하여 윤리적 소비행동의 실태를 조사한 후 세 차원의 윤리적 소비행동을 기준으로 군집분석을 하여, 군집의 윤리적 소비행동의 특성을 기술하고 군집별 인구통계학적 특성, 소비교육경험 특성, 사회·심리적 특성을 밝혔다. 대학생은 윤리적 소비행동을 하는데 있어 상거래에서의 윤리적 소비행동 점수는 높았으나 동시대 인류를 위한 윤리적 소비행동 점수는 상대적으로 낮았고, 기부와 나눔 점수가 매우 낮았다. 윤리적 소비행동 수준이 높은 순서대로 군집을 유형화하면 전영역 적극집단, 전영역 평균집단, 미래지향집단, 상거래윤리지향집단, 전영역 소극집단 순이며, 전영역 평균집단이 41.6%로 가장 많았으며, 전영역 소극집단이 18.7%, 전영역 적극집단이 16.7%, 미래지향 집단이 13.9%, 상거래윤리 지향집단이 9.1%를 차지하였다. 전영역 적극집단 대학생은 나이가 많고, 4학년이 많으며, 가계소득이 낮고, 종교가 없는 비율이 낮고, 기독교 비율이 높고, 신앙심이 높았다. 또한 이 집단은 소비교육경험과 소비윤리관련 매체에 자주 접했고, 사회적 책임의식과 이상주의 성향이 높았고 물질주의

가치성향과 상대주의 성향은 낮았다.

윤리적 소비행동과 관련하여 자기조절능력과의 관계를 살펴본 연구는 찾기 힘들지만, 윤리적 소비행동이 타인과의 관계를 고려하는 것에 초점을 두고 있다는 점에서, 자기조절능력과 대인관계 간의 영향을 분석한 노현미 외(2009)의 연구는 의미있다. 아동의 자기조절능력은 대인관계나 적응에 긍정적 영향을 미치며, 친구 및 또래관계와 학교생활을 보다 원만하게 할 수 있게 해준다. 그러므로 자기조절능력은 다른 소비자들에 대한 사회적 영향력을 고려하는 윤리적 소비행동에 정적 영향을 미칠 것이라고 유추할 수 있다.

김은혜(2011)는 서울, 경기 및 인천에 거주하는 10대부터 50대의 소비자를 대상으로 하여 사회적 책임의식과 의복쇼핑성향을 분석하였다. 사회적 책임의식은 환경적 책임의식과 노동문제의식으로 구분하였고, 의복쇼핑성향은 유행지향, 브랜드 지향, 품질지향, 가격지향 및 실용지향으로 세분화하였다. 환경적 책임의식은 유행지향 쇼핑성향을 제외한 나머지 쇼핑성향에 의미있는 영향을 미쳤고, 노동문제의식은 가격지향 쇼핑성향을 가진 소비자들에게 영향을 미쳤다.

고애란과 노지연(2009)은 국내 윤리적 패션 상품 소비자들의 특성을 파악하기 위하여 그들의 윤리적 상품 구매 행동에 영향을 미치는 요인을 분석하였다. 구매한 경험이 있는 윤리적 패션 아이템은 액세서리가 가장 많았고, 그 다음으로는 성인의류, 아동의류, 쥬얼리, 신발 순이었다. 윤리적 패션 상품을 구매하게 된 이유는 공정하게 거래된 제품이어서, 디자인, 기부할 수 있어서, 품질, 주변인의 권유 등이 있었다. 윤리적 패션 상품을 구매한 경험이 있는 소비자는 없는 소비자에 비해 윤리적 상품 구매 행동에 대한 태도와 향후 구매 의도, 체면 의식, 소비자 효과성 지각 요인, 사회적 책임감 요인이 높게 나타났다. 자기지향과 보편주의 가치를 자신의 삶에서 보다 중요한 가치로 인식하고 있는 사람들이 윤리적 패션상품을 더 많이 소비하고 있었다. 다중회귀 분석을 통해 윤리적 패션 상품 소비자의 윤리적 상품 구매행동에 대한 태도와 향후 일반적인 윤리적 상품 구매 의도에 영향을 미치는 요인을 알아본 결과, 윤리적 상품 구매 행동에 대한 태도에는 소비자 효과성 지각 요인이 가장 큰 영향을 미쳤고, 그 다음으로 benevolence 가치가 영향을 미치는 것으로 나타났다. 윤리적 상품의 향후 구매 의도에는 사회적 책임감, benevolence, 윤리적 상품 구매 행동에 대한 태도 순으로 영향을 미쳤으나, 집단 동조는 윤리적 상품 구매 의도에 부적인 영향을 미치는 것으로 나타났다.

소비자가치, 심리사회적 특성변수, 인구사회학적 변수가 윤리적 소비행동에 미치는 영향력을 분석한 허은정과 김우성(2012)에 의하면, 물질주의 성향이 낮을수록, 이타주의 성향이 높을수록, 자신의 행동이 사회에 영향을 준다고 생각할수록(효과성 지각), 윤리적 이슈가 자신의 정체성에 중요하다고 생각할수록(윤리적 정체성), 교육수준이 고졸집단에 비해 전문대졸 이상 집단이 윤리적 소비행동을 잘 실천하는 것으로 나타났다. 7개 하위영역에 영향을 미치는 설명변수는 상이하였지만, 전반적으로 심리사회적 특성변수가 소비자 가치와 인구사회학적 변수보다 상대적으로 소비자의 윤리적 소비행동에 중요한 영향을 미치고 있었으며, 특히 효과성 지각과 이타주의가 중요한 변수로 나타났다.

윤리적 소비행동 유형을 분석한 허은정과 김우성(2014)에 의하면 윤리적 소비행동의 하위영역들을 중간 수준으로 실천하는 집단(34.6%), 윤리적 소비행동을 가장 높은 수준으로 실천하는 집단(26.9%),윤리적 소비행동 수준이 가장 낮은 집단(10.3%), 사회적 책임을 고려한 소비행동 수준은 낮으나에 절제와 간소, 상거래 윤리와 같은 개인적인 소비를 강조하는 개인 및 거래 윤리 실천집단(28.2%)과 같이 4개 유형으로 나타났다. 윤리적 소비 동기는 윤리적 소비와 관련된 어려움, 불편함 등과 같은 부담을 극복하고 윤리적 소비를 하는 동기(윤리적 부담 극복 동기), 윤리적 소비를 통해 사회가 더 좋아지는데 기여하는 동기(사회적 동기), 개인적 동기로 분류되었다. 군집

분석을 한 결과, 높은 수준 실천집단은 3가지 윤리적 소비동기점수가 가장 높았고 중간 수준 실천집단은 3가지 소비동기 점수가 중간수준이었다. 개인 및 거래윤리 실천집단은 사회적 동기 점수는 중간수준이었으나 나머지 동기의 점수는 낮은 반면, 낮은 수준 실천집단은 3가지 소비동기 점수 모두가 가장 낮았다.

패션제품 소비자를 대상으로 한 문희강, 추호정, 박혜선, 백은수(2013)의 연구에 의하면, 윤리적 패션제품 소비와 관련된 혜택지각이 윤리적 패션소비 태도 및 행동의도에 영향을 미쳤다. 사회적 기여 혜택과 개인적 혜택이 윤리적 패션제품 구매에 대한 태도에 유의한 정적 영향을 미치는 것으로 나타났으나 사회적 이미지 혜택은 윤리적 태도에 영향을 미치지 않을 것으로 나타났다. 사회적 기여혜택과 사회적 이미지 혜택은 행동의도에 직접적으로 영향을 미쳤다. 사회적 기여 혜택은 윤리적 패션 소비태도와 행동의도에 모두 영향을 미쳤으며 그 영향력의 상대적 크기도 가장 큰 것으로 나타났다. 그러나 사회적 이미지 혜택은 윤리적 패션 소비태도와 무관하게 행동의도에 영향을 미쳤고, 개인적 혜택은 윤리적 패션제품 구매에 대한 긍정적인 태도를 매개로 하여 행동의도에 영향을 미쳤다.

송예진과 신상무(2017)는 소비자의 소비성향과 패션제품 소비태도가 공정무역 패션제품 구매의도에 미치는 영향을 분석하였다. 기부와 나눔 소비, 윤리적 소비, 녹색소비, 행동꾸밈, 모방성 순으로 슬로 패션 소비태도에 영향을 미치는 것으로 나타났다. 슬로와 패스트 패션 소비태도는 공정무역 패션제품 구매의도에 영향을 미쳤는데, 슬로 패션 소비태도의 영향이 더 컸다. 슬로 패션과 공정무역은 가치와 지속성에 있어서 서로 연결되기 때문이다.

박현지(2016)는 관광 소셜미디어 환경에서 관광객의 윤리적 소비 개념, 공정관광 태도, 공정관광 구매의도 간의 관계를 분석 하고 윤리적 소비에 대한 위험지각의 조절효과를 분석하였다. 관광객의 윤리적 소비개념은 공정관광에 대한 태도에 긍정적인 영향을 미쳤으나, 공정관광 구매의도에는 영향을 미치지 않았다. 공정관광에 대한 태도가 긍정적일수록 공정관광 구매의도가 높았다. 관광 소셜미디어를 통한 공정관광 태도와 공정관광 구매의도 간의 관계에 윤리적 소비에 대한 위험지각의 조절효과분석에서 재무적 위험지각의 효과는 유의미하지 않은 반면에 정보적 위험지각의 효과는 유의미한 것으로 나타났다.

송인숙, 천경희, 홍연금(2013)은 현상학적 연구방법 중 Giorgi의 분석방법[13]을 활용하여 윤리적 소비행동을 분석하였다. 윤리적 소비자들은 함께하는 삶, 나만 좋은 것이 아니라 주위 사람들과 나누는 공동체적인 삶, 본인이 의미 있다고 생각하는 일을 하는 삶, 내적으로 충만하고 소신 있는 삶을 행복한 삶이라고 인식하고 있었다. 또한 윤리적 소비자들은 관계를 맺는 소비, 누군가를 돕는 소비, 욕구를 조절하는 소비, 의심하지 않고 안심할 수 있는 소비, 소비환경을 변화시켜 나가는 능동적인 소비를 하면서 행복감을 경험하고 있었다. 윤리적 소비자들은 윤리적 소비를 실천하면서 윤리적 제품의 가격에 대한 부담, 윤리적 제품을 찾기 위한 의식적인 노력과 시간의 필요, 윤리적 소비 대상에 대한 신뢰성 문제, 시스템과 여건의 미비, 자신이 가지고 있는 윤리적 소비에 대한 가치관의 일관성을 지키지 못하는 점 등과 같은 문제에 관하여 갈등과 어려움을 경험하고 있었다.

오종철(2014)은 수정된 계획 행동이론에서 지각된 행동통제를 제외하고 정서적인 측면을 고려한 긍정적 예기정서를 포함한 수정된 합리적 행위 이

13 Giorgi에 의해 제시된 현상학적 분석은 연구대상자의 기술에 대한 심층 연구를 통해 살아있는 경험의 의미를 밝히는데 초점을 두고 있고 다음과 같은 절차로 이루어진다.
① 사고를 시작하고 끝내는 단위 즉, 대상자의 언어 그대로 자신의 경험을 표현한 본래의 의미단위(identifying natural meaning unit)를 규명한다.
② 대상자의 언어로 표현된, 대상자의 경험을 나타내는 주제(theme)를 규명한다.
③ 연구자의 언어로 주제를 구체화하여 대상자의 경험이 대상자에게 의미하는 중심의미(focal meaning) 을 규명한다.
④ 중심의미를 통합하여 연구대상자의 관점에서 파악된 경험의 의미인 상황적 구조적 기술(situated structural description)을 만든다.
⑤ 상황적 구조적 진술을 통해 전체 대상자의 관점에서 파악된 경험의 의미인 일반적 구조적 기술(general structural description)을 만든다(최영희, 1993).

론을 적용하여 윤리적 소비에 대한 태도, 주관적 규범, 윤리적 의무 및 자아동일시 변수 외에 보다 윤리적 소비를 잘 설명할 수 있는 이타주의와 긍정적 예기정서 변수를 추가하여 윤리적 소비모형을 제안하였다. 윤리적 의무는 윤리적 소비에 대한 태도와 윤리적 소비의도에 모두 유의한 영향을 미쳤고, 자아정체성은 윤리적 소비에 대한 태도에만 영향을 미쳤다. 이타주의는 윤리적 소비에 대한 태도와 윤리적 소비의도에 모두 유의한 영향을 미쳤고, 윤리적 소비에 대한 태도와 윤리적 소비에 대한 긍정적 예기정서는 윤리적 소비의도에 영향을 미쳤다. 윤리적 제품에 대한 신뢰 정도에 따라 윤리적 소비모형에 포함된 변수들 간의 관계가 다르게 나타났다는 점에서 신뢰는 조절효과를 나타낸다고 할 수 있다.

박희석, 김상덕, 안시연(2018)은 프랜차이즈 산업에서 윤리적 소비가치, 서비스공정성, 프랜차이즈 기업의 사회적 책임활동이 관계만족과 서비스의 가치를 통하여 고객시민행동에 어떠한 영향을 미치는지를 규명하였다. 윤리적 소비가치는 관계만족에 긍정적인 영향을 미쳤으나, 서비스 가치지각에는 영향을 미치지 못하였다. 서비스 공정성은 관계만족과 서비스 가치지각에 모두 긍정적인 영향을 미쳤다. 프랜차이즈 기업의 사회적 책임활동은 관계만족 및 서비스 가치지각에 긍정적 영향을 미쳤고, 관계만족은 감정적 고객시민행동 및 행동적 고객시민행동에 긍정적인 영향을 미쳤다. 서비스 가치지각은 감정적 고객시민행동에 영향을 미치지 못하였고 행동적 고객시민행동에 긍정적 영향을 미치는 것으로 나타났다.

박윤서, 김용식, 단빙양, 우교혜(2018)는 공익연계 마케팅 메시지 제시 여부가 소비자의 제품태도에 미치는 영향력을 분석하고, 소비자의 윤리적 소비성향 및 사회신뢰성향 및 제품유형(실용재 vs. 쾌락재)의 조절역할을 분석하였다. 소비자들은 공익연계 마케팅 메시지가 제시되지 않은 제품보다 공익연계 마케팅 메시지가 제시된 제품에 대하여 더 호의적인 태도를 보였다. 또한 소비자의 윤리적 소비성향과 사회적 신뢰성향이 높을 경우 공익연계 마케팅 메시지가 더 강한 영향을 미치는 것으로 나타났으나 제품유형의 조절효과는 유의하지 않았다.

조반석과 김재우(2017)는 20대-30대 청년층의 인터넷 커뮤니티 이용이 어떤 경로들을 통해 윤리적 소비의도에 영향을 미치는가를 분석하였다. 인터넷 커뮤니티에서 더 적극적으로 자신을 표현하고 타인의 글에 반응할수록 온라인상의 결속적 사회자본과 교량적 사회자본에 대한 지각 수준이 모두 높아졌고 온라인 공감 경험도 증가했다. 공감적 관심과 정서적 반응에 미치는 온라인 상호작용 효과는 두 유형의 사회자본 중에서 교량적 사회자본에 의해서만 매개된다. 온라인상에서 다양한 정보와 의견을 접하거나 다른 지역의 일들에 관심을 가질수록 공감 경험이 많아졌고, 그 결과 윤리적 소비 참여 의도가 높아졌다. 그러나 인터넷 커뮤니티가 제공하는 '우리'라는 결속감과 심리적 지지에 대한 지각은 공감 경험이나 참여 의도에 영향력을 미치지 않았다. 계획행동이론과 관련된 변수들 중에서는 과거 참여 경험과 행동의 실행 가능성에 대한 믿음의 효과가 특히 유의미하였다.

구혜경(2018)은 대학생들을 대상으로 윤리적 소비에 대한 자기결정성이 윤리적 소비행동에 미치는 영향을 파악하고, 윤리적 소비행동이 소비자행복에 영향을 미치는지를 분석하였다. 자기결정성의 세 가지 차원들 중에서 자율성과 관계성이 윤리적 소비행동에 영향을 주는 것으로 나타났지만 유능성은 윤리적 소비행동에 영향을 주지 못하는 것으로 나타났다. 그리고 윤리적 소비행동은 소비자행복을 증가시켰다.

홍나리와 김인신(2017)은 윤리적 소비의 대표적인 제품으로 대두되고 있는 공정무역커피를 대상으로 불확실성이 높은 상황에서 소비자들의 태도와 구매의도의 변화를 분석하였다. 불확실성의 4가지 요소 중 역선택, 도덕적 해이, 기능적 불확실성은 공정무역커피에 대한 부정적 태도를 형성했으나, 기술적 불확실성은 긍정적 태도를 형성했다. 개인적 규범은 구매의도에 유의한 영향을 미치지 않았으며, 사회적 규범과 태도는 구매의도에 강한 영향을 미치는 것으로 나타났다. 그리고 개인적 규범은 사회적 규범의 영향을 받는 것으로 나타났다.

2. 윤리적 소비행동의 실제

1) 윤리적 소비행동의 차원과 수준

<표 9-1>에는 윤리적 소비행동의 차원을 실증적으로 분석하기 위하여 요인분석을 한 결과가 제시되어 있다. 윤리적 소비행동의 하위영역을 추출하기 위하여 주성분분석을 통해 eigen값이 1이상이고, varimax 회전을 사용한 결과 최종 2개의 요인이 추출되었고, 총 설명력은 49.31%였다. 요인1은 소비생활 속에서 일상적인 습관이나 행위로 개인적 차원에서 행해지는 행동으로 구성되어 있기 때문에 일상적 실천행동이라고 명명했으며, 전체분산의 20.60%를 설명해준다. 요인2는 소비시장을 구성하는 다른 소비자에 대한 환경적, 경제적, 사회적 영향력을 고려하여 실천하는 내용들로 구성되어 있기 때문에 타인지향 실천행동이라고 명명했으며, 전체분산의 28.72%를 설명해준다.

아동소비자의 윤리적 소비행동 경향은 <표 9-2>에 제시되어 있다. 아동소비자의 윤리적 소비행동의 평균은 2.72로 아동소비자가 소비생활 속에서 윤리적 소비행동을 중간보다 약간 높게 행하고 있음을 알 수 있었다. "가까운 곳은 걸어가거나 자전거를 타고 간다"가 3.40으로 가장 많이 하고 있었으며, '휴지 대신 손수건을 사용한다'가 2.05로 가장 적게 하고 있었다. 소비생활 속에서 개인적인 습관과 노력으로 윤리적 소비행위를 실천할 수 있는 일상적 실천행동은 4점 환산평균 3.19로 다른 사람과의 관계와 사회적인 영향력을 고려하여 윤리적인 소비행동을 하는 타인지향 실천행동(2.26)보다 높게 나타났다.

〈표 9-1〉 윤리적 소비행동의 차원

측정항목 \ 요인	요인1	요인2
1. 환경을 생각하는 제품인지 확인하고 구입한다.	.745	.240
2. 초콜릿을 사먹을 때 공정 무역 마크가 부착된 제품을 선택한다.	.734	.187
3. TV프로그램에서 남을 돕는 내용이 나오면 기부하거나, 어려운 이를 돕는 모금할동에 참여한다.	.704	.088
4. 구매한 제품이나 서비스에 대한 구매후기를 적극적으로 알린다.	.682	.134
5. 휴지 대신 손수건을 사용한다.	.660	.048
6. 필요하지 않은 물건은 버리지 않고 재활용품 센터에 보내거나 친구와 교환해서 사용한다.	.635	.170
7. 환경이나 사회에 문제를 일으킨 기업 제품은 이용하지 않는다.	.634	.207
8. 가까운 곳은 걸어가거나 자전거를 타고 간다.	-.123	.782
9. 지금 가지고 있는 물건들을 잘 관리해 오래 사용하려고 노력한다.	.243	.764
10. 쓰레기를 버릴 때 반드시 분리수거를 한다.	.251	.595
11. 용돈을 아껴 쓰고 필요 없는 지출을 줄이려 노력한다.	.323	.574
아이겐값	3.536	2.070
분산(%)	32.144	18.821
누적분산(%)	32.144	50.965
요인명	일상적 실천행동	타인지향 실천행동

〈표 9-2〉 요인별, 문항별 아동소비자의 윤리적 소비행동 수준

구분	문 항	평균	표준편차
일상적 실천행동	1. 거스름돈을 더 받으면 돌려준다.	3.18	.98
	2. 쓰레기를 버릴 때 반드시 분리수거 한다.	3.27	.85
	3. 용돈을 아껴 쓰고 필요 없는 지출은 줄인다.	2.98	.92
	4. 가까운 곳은 걸어가거나 자전거를 타고 간다.	3.40	.82
	5. 지금 가지고 있는 물건들을 잘 관리해 오래 사용하려고 노력한다.	3.13	.86
	전체(4점 환산평균)	2.26	.68
타인지향 실천행동	6. 환경을 생각하는 제품인지 확인하고 구입한다.	2.37	.92
	7. 구매한 제품이나 서비스에 대한 구매후기를 적극적으로 전한다.	2.29	.92
	8. 휴지 대신 손수건을 사용한다.	2.05	.90
	9. 초콜릿을 사먹을 때 공정무역마크가 부착된 제품을 구입한다.	2.25	.94
	10. TV프로그램에서 남을 돕는 내용이 나오면 기부하거나, 어려운 이를 돕는 모금활동에 참여한다.	2.25	.96
	11. 필요하지 않은 물건은 재활용품센터에 보내거나 친구와 교환하여 사용한다.	2.34	1.01
	전체(4점 환산평균)	3.19	.60
윤리적 소비행동 전체(4점 환산평균)		2.72(.54)	

이러한 결과는 윤리적 소비행동이 일상 속에서 보편화된 형태로 실천되고 있음을 나타내는 것으로, 상대적으로 타인지향 소비행동에 비해서 개인이 가진 습관이나 태도 차원에서 이러한 행위를 꾸준히 유지될 수 있기 때문으로 볼 수 있다. 그러나 진정한 윤리적 소비행동의 실천은 소비자 개인 수준에서만 유지되는 행위를 넘어 다른 소비자와의 관계를 인식하고 소비자가 속한 공동체의 복지도 함께 고려하는 타인지향 실천행동에 보다 적극적으로 참여

해야 할 것이다. 따라서 상대적으로 실천정도가 낮았던 타인지향 실천행동의 수준을 높일 수 있도록 소비자를 교육하고 정보를 제공하기 위한 프로그램을 개발하여 보급하기 위한 체계적인 노력이 이루어져야 할 것이다. 특히 우리나라도 과거에는 선진국의 도움을 받았던 사실을 알려주고 이제는 우리도 도울 수 있는 위치에 있다는 점도 인식시켜줄 필요가 있다.

중국은 2015년 유엔개발정상회의에서 남남협력원조기금을 설립하고 먼저 20억달러(약 2조3,900억원)를 출연하겠다고 약속했다. 이 자금은 개발도상국이 2015년 이후의 개발 아젠다와 각종 프로젝트들을 실현하는 데 활용된다. 중국은 또 가장 발전이 더딘 후진국에 대한 투자를 증가시켜, 2030년엔 120억달러까지 늘릴 것이라고 밝혔다. 중국은 또한 최빈국과 내륙 개발도상국, 도서 국가 등이 2015년 연말까지 갚아야 하는 미상환 정부간 무이자 차관도 면제하겠다고 덧붙였다. 중국은 특히 국제개발지식센터를 설립하여 각국의 실정에 맞는 개발 발전 이론과 실천 방안 등에 대한 연구를 지원하겠다고 계획하고 있다(중앙일보, 2015년 9월 27일).

2) 아동소비자의 특성에 따른 윤리적 소비행동 차이

아동소비자의 특성에 따른 윤리적 소비행동을 살펴보면 <표 9-3>과 같다. 아동소비자의 성별, 어머니 교육수준, 어머니 취업여부에 따른 윤리적 소비행동은 차이가 없었으며, 주관적 경제지위 인식에 따른 윤리적 소비행동은 차이가 있는 것으로 나타났다. 즉 아동소비자가 가계의 경제지위를 중상층 이상으로 인식할 때 윤리적 소비행동을 더 많이 하는 것으로 나타났다. 윤리적 소비행동 중에서 일상적 실천행동은 주관적 가계경제 지위인식에 따라서는 유의한 차이가 없었다. 타인지향 실천행동은 가계의 경제 지위 인식에 따라 차이가 있었다. 가계의 경제지위를 중상층 이상으로 인식하는 집단이 다른 소비자와의 관계 및 사회적 영향력을 고려한 타인지향적 윤리적 소비행동을 실천하고 있는 것으로 나타났다. 윤리적 소비행동을 실천하기 위해서 소비자가 부담해야 하는 경제적 부담 때문에 이러한 결과가 나왔다고 볼 수 있다. 경제수준이 낮은 소비자는 다른 사람들의 복지도 함께 고려하여 더 많은 경제적 비경제적 비용을 감당할 수 있는 여유가 아직은 부족하다고 해석할 수 있다.

〈표 9-3〉 아동소비자의 사회인구학적 특성에 따른 윤리적 소비행동 차이

변수		빈도	일상적 실천행동	타인지향 실천행동	윤리적 소비행동
성별	남학생	225	15.83(3.01)	13.69(4.07)	29.5(6.07)
	여학생	196	16.10(2.89)	13.44(4.04)	29.5(5.99)
	합/t-value	431	.970	.620	.022
모 교육수준	고졸 이하	231	16.06(2.97)	13.94(4.30)	29.98(6.38)
	대졸 이상	168	16.08(2.80)	13.32(3.68)	29.38(5.27)
	합/t-value	399	.056	1.497	1.002
모 취업여부	취업	240	16.14(2.79)	13.69(3.96)	29.85(5.83)
	미취업	186	15.73(3.15)	13.43(4.19)	29.10(6.23)
	합/t-value	426	1.375	.652	1.267
주관적 가계경제 지위인식	중층 이하	235	15.83(2.88)	12.89(3.61)	28.71(5.43)
	중상층 이상	192	16.15(3.02)	14.42(4.35)	30.50(6.49)
	합/t-value	427	−1.135	−3.863***	−3.046**

*** p〈.001

3. 아동소비자의 윤리적 소비행동에 영향을 미치는 변수

아동소비자의 윤리적 소비행동에 영향을 미치는 변수를 알아보기 위하여 중회귀분석을 실시한 결과가 <표 9-4>에 제시되어 있다. 중회귀분석을 하기 전에 독립변수들 간의 상관관계를 살펴보고 다중공선성을 검토하기 위하여 Durbin-Watson 계수를 구했다. Durbin-Watson 계수가 일상적 실천행동은

1.65, 타인지향 실천행동은 1.85, 윤리적 소비행동은 1.80으로 나타나 중회귀분석을 하는데 무리가 없다는 점을 확인할 수 있었다. 중회귀분석 결과, 아동소비자의 윤리적 소비행동은 아동의 일반적 특성인 성별, 어머니 교육수준, 어머니 취업여부, 주관적 가계경제 지위인식의 영향력은 없었으며, 자기조절능력, 물질주의, 이타주의가 영향을 미치는 주요변수임을 알 수 있었다.

〈표 9-4〉 윤리적 소비행동에 영향을 미치는 변수

종속변인 / 독립변인		일상적 실천행동		타인지향 실천행동		윤리적 소비행동	
		b	β	b	β	b	β
일반적 특성	성별(1=남학생)	-.50	-.09	.08	.01	-.43	-.04
	모교육수준(1=대졸 이상)	.02	.02	.29	.04	.29	.02
	모취업여부(1=취업)	.14	.00	-.24	-.03	-.04	-.00
	주관적 가계경제 지위인식 (1=중상이상/중이하)	-.16	-.04	.49	.09	.34	.04
자기조절능력		.06	.09	.24	.27***	.30	.22***
물질주의		-.18	-.23***	-.25	-.23***	-.42	-.26***
이타주의		.27	.32***	.37	.31***	.65	.37***
상수		14.37		5.38		19.61	
F값		7.76***		14.77***		15.00***	
Durbin-Watson		1.65		1.85		1.80	
수정된 R2		.12		.22		.22	

*** p〈.001

아동소비자의 윤리적 소비행동에 가장 큰 영향을 미치는 변수는 이타주의(β=.37)이고, 두 번째로 영향을 주는 변수는 물질주의(β=-.26)이고, 세 번째는 자기조절능력(β=.22)인데, 모형의 설명력은 22.0%로 나타났다. 즉, 아동소비자는 이타주의가 높을수록, 물질주의가 낮을수록, 자기조절능력이 높을수록 윤리적 소비행동을 많이 하고 있음을 알 수 있다. 윤리적 소비행동의 하위차원을 살펴보면 일상적 실천행동에는 이타주의(β=.32)와 물질주의(β=-.23)만 영향을 미쳤고 자기조절능력은 영향을 미치지 않았다. 이 모형의 설명력은 12%인데, 이타주의가 높을수록, 물질주의가 낮을수록 일상 소비생활 속에서 윤리적 소비행동을 많이 하는 것으로 나타났다. 타인지향 실천행동에는 이타주의(β=.31), 자기조절능력(β=.27), 물질주의(β=-.23)의 순으로 영향을 미치는 것으로 나타났으며, 모형의 설명력은 22%로 나타났다. 즉, 아동소비자는 이타주의가 높을수록, 자기조절능력이 높을수록, 물질주의가 낮을수록 다른 소비자와 사회에 대한 영향력을 고려한 윤리적 소비행동을 많이 하는 것을 알 수 있다.

이러한 결과는 이타주의가 윤리적 소비행동에 영향을 미친다는 허은정(2012)의 연구와 물질주의가 윤리적 소비행동에 영향을 미친다는 허은정(2012)의 연구를 지지하는 결과이다. 타인지향 실천행동에 있어서 자기조절능력의 영향력이 상대적으로 높게 나타난 것은 다른 사람과의 관계에 대한 인식과 의식이 반영되어 합리적인 소비성향 실천하고자 함이 반영된 것으로 보인다.

자기조절능력은 합리적인 소비를 실천하고자 하는 소비자의 의식적인 활동이 포함되는 것으로 소비자 개인의 신념을 실천하는데 있어 주요한 요인이 되고 있음을 알 수 있다. 따라서 아동소비자로의 윤리적 소비행동을 장려하고 바람직한 성인소비자로 성장하게 하기 위해서는 소비윤리에 대한 가치관과 의식을 바로 심어줄 수 있는 소비자교육프로그램이 필요하다. 예를들면 소비자가 자신의 선택이 사회적인 변화를 가져올 수 있다는 점을 강조하거나, 자신만의 이익이 아닌 타인이나 제 3세계의 사회적 약자에게 관심을 가질 수 있도록 하는 내용을 담은 교육자료(허은정, 2012) 등을 준비할 수 있을 것이다.

참고문헌

강란혜(2003). 기독교 세계관에서 본 아동관. 한국일본교육학연구, 7(1), 159-174.

강봉희(2012). 마케팅자극이 충동구매성향에 미치는 영향: 소비자의 쾌락성·혁신성·물질주의적 성향의 조절효과. 한국엔터테인먼트산업학회논문지, 6(4), 110-120.

강수영, 김효진(2014). 시간한정 메시지의 시간적 거리, 충동구매성향, 조절초점 메시지가 구매의도에 미치는 영향. 한국광고홍보학보, 16(1), 5-28.

강지현, 천혜정(2010). 초등학생의 돈에 대한 가치관 및 금융 지식이 용돈소비행동에 미치는 영향. 소비자정책교육연구, 6(4), 51-71.

강효민(1999). 스포츠 사업조직의 심리적 소유감과 조직몰입 및 역할 외 행동의 관계. 한국체육학회지, 38(4), 113-120.

강효민(2013). 브랜드 스포츠용품 소비에 따른 청소년의 준거집단과 또래 동조성 및 과시소비행동의 관계. 한국체육학회지, 52(3), 285-297.

계선자, 전미영, 이민주, 박다정(2013). 초등학생의 과시소비성향 및 자원절약행동에 관한 연구. 한국가정관리학회 2013년도 제53차 공동춘계학술대회.

고애란, 노지연(2009). 한국에서의 윤리적 패션 소비자 행동 : 윤리적 패션 소비에 영향을 미치는 요인을 중심으로. 한국의류학회지, 33(12), 1956-1964.

고유경(2009). 샤르댕의 아동 교육 장르화: 18세기 프랑스 부르조아의 계몽주의적 아동관. 미술이론과 현장 8, 33-58.

곽보선, 윤관호(2008). 정보원 속성에 따른 아동소비자의 상표태도와 구매의도에 관한 연구. 경영교육저널, 13, 1-23.

곽현정, 이승신(2003). 아동소비자의 소비자합리성에 관한 연구: 초등학교 고학년 학생을 중심으로. 대한가정학회지, 41(5), 71-87.

관세청(2011). 유아용품 수입동향.

교육부(2014). 유치원 2014 8월 정기정보공시. 유치원 교육비 현황.

구승회(2011). 소비자의 소비성향과 명품브랜드 모조품(짝퉁) 구매 간의 관계에 관한 연구 : 자아존중감의 조절효과를 중심으로. 광고PR실학연구, 4(1), 85～107.

구혜경(2018). 소비자의 자기결정성이 윤리적 소비행동과 소비자행복에 미치는 영향.

사회적 경제와 정책연구, 8(1), 113-142.
국성하(2010). 어린이 개념의 변화에 관한 연구: 1920년대 신문기사를 중심으로. 한국교육사학, 32(1), 25-51.
권기환, 김진홍(2017). 선량한 마음은 사회적 기업 창업 의도에 영향을 미치는가?. 기업경영연구 (구 동림경영연구), 76, 101-121.
권민균, 최명숙(2004). 아동의 인터넷 활동 및 선호에 대한 조사: 연령과 성 차이를 중심으로. 아동교육, 13(2), 137-150.
권수경, 장은영(2010). 정신과 방문 아동들의 인터넷 사용문제. 한국심리학회지: 임상, 29(4), 1067-1086.
권숙인(1998). 소비사회와 세계체제 확산 속에서의 한국문화론. 비교문화연구, 4, 181-214.
권오숙, 문성호(2007). 청소년의 스트레스 및 자기통제력과 충동구매 경향성과의 관계. 청소년학연구, 14(1), 31-46.
권유진, 유태순(2005). 프리틴세대의 라이프스타일과 역할모델에 따른 패션상품 구매행동. 한국의류산업학회지, 7(3), 291-300.
길수영(2011). 청소년의 명품 복제품 구매태도에 미치는 영향 요인 : 동조성, 물질주의, 과시소비성향, 브랜드 선호도를 중심으로. 이화여자대학교 석사학위논문.
김경숙(2017). 스마트폰 중독과 학교생활적응 관계에서 아동의 자기조절력과 부모-자녀간 의사소통의 매개효과. 학습자중심교과교육연구, 17, 945-971.
김경은, 조성도(2016). 중국 브랜드의 글로벌성과 현지성이 지각된 브랜드 가치와 브랜드 충성도에 미치는 영향: 세계주의와 과시적 소비성향의 조절효과를 중심으로. 소비문화연구, 19, 135-155.
김경란(2014). 청소년 정체성 확립을 위한 프리틴 프로그램 설계. 기독교교육정보, 41, 93-128.
김경철, 채미영(2001). 한국 전래동화에 나타난 아동관 분석. 열린유아교육연구, 11(6), 203-218.
김광수(2013). 소비사회에 대한 불교의 역할. 한국교수불자연합학회지, 19(2), 173-198.
김나연, 이기춘(2005). 아동·청소년 소비자교육의 연구동향 연구주제, 연구방법 및 교육대상을 중심으로. 한국가정과교육학회지, 17(4), 26-40.
김나영(2017). 영유아가구의 양육비용 분석. 한국가정관리학회 학술발표대회 자료집, 15-18.
김난도, 전미영, 이향은, 이준영, 김서영(2012). 트렌드코리아 2013. 미래의 창.
김난도, 전미영, 이향은, 이준영, 김서영, 최지혜(2013). 트렌드코리아 2014. 미래의 창.
김미정(2012). 청소년의 인터넷 쇼핑몰을 통한 의복구매행동과 의복쇼핑성향에 관한 연구. 공주대학교 석사학위논문.
김병수(2013). 소셜커머스 환경에서 인지된 밀집과 소비자 쇼핑 성향이 충동구매에 미치는 영향. 인터넷전자상거래연구, 13(2), 237-256.
김성민, 황희정, 이훈(2018). 사회관계망(SNS)을 통한 과시적 여가 활동의 현상학적

연구 : 20대 여성을 중심으로. 관광학연구, 42(3), 11-31.
김성숙, 장애경(2005). 청소년의 인터넷 이용 패턴과 과시소비성향과의 관계에 관한 연구, 소비문화연구, 8(3), 21-42.
김성진(2008). 인간의 뇌는 왜 이타적인가? 이타적 뇌를 선택하라. 브레인, 8, 44-47.
김수영(2007). 소비자 연령별 명품 이미테이션 선호도와 구매실태에 관한 연구. 경희대학교 석사학위논문.
김승권(2006). 2006년 전국 출산력 및 가족보건·복지실태 조사. 한국보건사회연구원.
김시월, 노영래(2007). 청소년 소비자의 합리적 소비생활과 상표지향성에 관한 연구, 대한가정학회지, 45(8), 25-38.
김연아, 최영래, 조은영(2018). 골프 참여자들의 미디어에 대한 수용요인과 외모의 사회문화적 태도 및 과시소비성향과의 관계. 한국여성체육학회지, 32(2), 59-76.
김연우(2013). 가구유형별 양육비 지출의 격차와 정책과제. 보건복지포럼 2013년 6월, 57-68.
김영미, 이형주, 윤성준(2014). 점포이미지에 대한 소비자 성격특성별 감성 반응이 충동구매에 미치는 영향. 문화산업연구, 14(4), 13-23.
김영신, 박지영(2006). 소비자소외감, 물질주의가 충동구매에 미치는 영향. 한국가정관리학회지, 24(3), 27-41.
김영혜, 손현미, 양영옥, 조영란, 이내영(2007). 초등학생의 인터넷 게임중독과 아동이 지각한 부모-자녀 애착과의 관계. 아동간호학회지, 13(4), 383-389.
김영화, 박현정, 이인효(1993). 한국인의 교육열 연구. 한국교육개발원.
김오남, 곽수란, 노명희(2000). 아동복지의 이해. 형설출판사.
김완석, 유연재(2015). 역기능적 소비행동에 대한 마음챙김 소비의 영향 연구. 한국심리학회지: 소비자· 광고, 16(1), 125-145.
김 유, 신승원(2002). 2002 소비자 트랜드 보고서 ‘어린이 시장을 다시 본다’. 제일기획.
김유겸, 황선환(2017). 등산객의 과시적 여가소비가 여가만족을 향상시키는가?. 한국체육학회지, 56(3), 377-387.
김은규, 김성택(2008). 초등학교 아동의 가정 내 미디어교육 교재개발을 위한 기초조사 연구 : 아동의 미디어 이용 실태에 따른 학년별, 성별 차이 분석. 한국출판학연구, 34(1), 93-127.
김은설(2014). 유치원교육비 부모부담 현황과 정책적 시사점. 육아정책연구소 이슈페이퍼.
김은설, 도남희, 왕영희, 송요현, 이예진, 정영혜, 김영원(2012). 한국아동패널. 육아정책연구소.
김은설, 유해미, 엄지원(2012). 5세 누리과정 운영 현황과 개선 방안. 육아정책연구소.
김은영, 김근진, 윤지연(2017). 영유아 사교육 실태와 개선 방안 3 : 국제비교를 중심으로. 육아정책연구소.
김은주, 서영희, 임재택(2006). 한국 속담에 나타난 전통 아동교육관 연구. 아동교육,

15(4), 37-55.

김은주, 이상은(2011). 조선후기 아동복식에 대한 고찰. 한국의상디자인학회 학술대회 자료집, 78-86.

김은혜(2011). 사회적 책임의식과 의복쇼핑성향이 의복쇼핑행동에 미치는 영향. 한양대학교 석사학위논문.

김은희(2005). 근대 서구의 아동관과 육아방식의 수용: 1950년대와 1960년대의 중상류층을 중심으로. 한국생활과학회 2005년 하계학술대회 자료집, 15-35.

김인숙, 김도연(2017). 어머니의 스마트폰 중독경향성이 학령전 아동의 스마트폰 과몰입에 미치는 영향. 아시아교육연구, 18(2), 221-244.

김인회(1979). 기독교의 아동관과 교육관. 교육사교육철학, 3, 42-46.

김재숙, 이미숙(2007). 아동복의 시대적 변천에 관한 연구: 1960-2000년의 결혼사진에 나타난 아동복을 중심으로. 복식문화연구, 15(4), 661-676.

김정숙, 권정원(2003). 한일 여자대학생의 물질주의 성향. 한국가정관리학회지, 1(6), 27～41.

김정운(2000), 붕어빵과 아동. 문화와 사람, 1(2), 223-246.

김정운(2001), 아동의 생산과 소비. 한국심리학회지: 여성, 6(2), 59-79.

김정희(2017). 물질주의가 충동구매와 쇼핑 후 행복에 미치는 영향. 한국물류학회지, 27(1), 181-192.

김정희, 김미경(2004). 아동소비자의 소비자정보 이용에 관한 연구. 소비문화연구, 7(2), 23-45.

김지아, 양윤(2015). 조절초점, 자기조절, 감정이 충동구매의도에 미치는 영향. 한국심리학회지: 소비자·광고, 16(3), 455-475.

김찬주, 김용주(2006). 트윈세대의 외모와 스타일에 대한 의식. 한국의류학회지, 30(6), 928-938.

김충현, 이지윤(2014). 신제품 수용에 대한 심적 시뮬레이션 효과: 혁신 저항성과 과시소비 성향을 중심으로. 광고학연구, 25(3), 223-246.

김태오(1992). 아정의 아동관과 그 교육방안. 한국의 철학, 20, 183-198.

김태오(2000). 소파의 아동관의 교육철학적 검토. 교육철학, 18, 21-42.

김하나, 전봉희(2006). 근대적 어린이 개념의 형성과 주거의 변화. 건축역사연구 15(2), 185-194.

김현진, 김미혜(2014). 학년에 따라 증가하는 중학생의 사교육비 지출 잠재성장모형 (LGM) 분석. 교육행정학연구, 32, 85-106.

김현철, 서은경(2018). 소득계층별 사교육비 지출격차 추이분석. 교육학연구, 56, 133-153.

김혜경(1998). 일제하 어린이기와 근대가족의 형성. 한국사회학회 사회학대회 발표논문집, 327-332.

김혜금(2012). 신문광고 내 아동의 사회적 이미지: 1960 년대부터 1990 년대까지 동아일보 광고 분석. 한국보육지원학회지, 8(3), 25-51.

김혜인, 이승신(2003). 청소년소비자의 과시소비성향에 관한 연구. 대한가정학회지, 41(7) 145-156.
김효정(2007), 아동의 소비행동 유형에 따른 아동이 지각한 부모의 소비자사회화 기능 차이에 관한 연구. 한국생활과학회지, 10(2), 273-283.
김홍렬(2018). 체면민감성과 자아존중감이 과시소비성향과 대학생활만족에 미치는 영향 연구. 관광연구저널, 32(8), 193-204.
김희정(2003). 어린이 TV 광고에 나타나는 소비자 정보에 관한 연구. 한국방송학보, 17(1), 39-74.
나영미, 윤정혜(2011). 어머니의 자녀교육열과 가계 특성이 사교육비 지출에 미치는 영향. 한국생활과학회지, 20(6), 1199-1212.
나홍규, 최우성, 김현덕(2015). 커피전문점의 서비스스케이프와 충동구매의 관계에 있어 관계감정의 조절효과. Tourism Research, 40(3), 217-240.
남수정(2006). 소비에 대한 자기조절이 소비생활 만족도에 미치는 영향. 한국가정관리학회지, 24(5), 175-189.
남수정(2007). 소비에 대한 자기조절이 소비생활 만족도에 미치는 영향. 소비자학연구, 18(3), 1-18.
남수정, 박상미, 이은희(2009). 성별에 따른 아동소비자의 자아개념이 비합리적 소비성향에 미치는 영향 : 온라인 아이템 구매를 중심으로. 한국생활과학연구, 18(2), 381-395.
남승규(2005a). 소비자 자기조절 모형과 충동구매행동. 한국심리학회지 : 소비자, 광고, 16(3), 61-77.
남승규(2005b). 자기조절모형. 한국심리학회지 : 소비자, 광고, 16(5), 145-157.
노현미, 최외선, 박인전(2009). 아동의 자기조절능력이 친구관계 및 학교적응에 미치는 영향. 한국가정관리학회지, 27(2), 281-292.
류점숙(1994). 전통사회의 아동교육. 대구: 중문.
명운화(2007). 디지털 신권력자 프리틴세대. 시사저널, 930호.
문소정(1990). 1920-30 년대 소작농가 자녀들의 생활과 교육. 사회와 역사 , 20, 72-120.
문숙재, 김성희(1995). 자녀교육 및 양육비용의 관련변수에 관한 연구. 대한가정학회지, 33(4), 301-313.
문숙재, 여윤경(2001). 소비자트렌드 21세기. 시그마프레스.
문영주(2010). 어린이 색조화장품 사용실태 및 구매에 관한 연구. 건국대학교 석사학위논문.
문지영, 김현철, 박혜연(2018). 사교육비 및 사교육참여율에 대한 방과후 학교의 효과. 교육행정학연구, 36(1), 329-354.
문희강, 추호정, 박혜선, 백은수(2013). 윤리적 패션소비에 대한 혜택 및 위험지각이 소비자 태도와 행동의도에 미치는 영향. 한국의류학회지, 37(2), 159-173.
민승기, 강정석(2013). 도덕적 자기조절이 연속되는 이타적 소비행동에 미치는 영향. 한국심리학회 학술대회 자료집, 2013(1), 419-419.

박경준(1993). 생산과 소비에 대한 불교의 기본입장. 한국불교학, 18, 139-159.
박경준(1999). 불교적 관점에서 본 소비대중문화. 불교학보, 36, 151-168.
박명숙(2012). 청소년 소비자의 돈에 대한 태도와 과시소비성향이 비윤리적 소비행동에 미치는 영향. 한국지역사회생활과학회지, 23(4), 509-522.
박배진(2008). 광고와 물질주의에 관한 연구: 소비자감정과 물질주의가 구매영향력에 미치는 영향. 소비자학연구, 19(2), 1-22.
박선아(2008). 프리틴 소비성향과 관련변인에 관한 연구. 계명대학교 석사학위 논문.
박선영, 마강래(2015). 지역의 교육환경이 사교육비 지출에 미치는 영향에 관한 연구. 지역연구, 31(3), 3-17.
박세경(2006). 저출산시대의 자녀양육 부담과 정책과제. 보건복지포럼, 111, 33-49.
박세훈, 이나래(2018). 소비 목표와 조절 초점이 브랜드 우위 대안과 속성 우위 대안 간 선호에 미치는 효과. 경영학연구, 47(3), 577-600.
박송춘(2011). 초등학생의 합리적 소비습관과 경제이해력과의 관계분석. 상업교육연구, 25(4), 25-46.
박연호(1998). 인성론으로 풀어본 유가 아동관. 초등우리교육, 5, 106-111.
박윤서, 김용식, 단빙양, 우교혜(2018). 소비자의 윤리적 소비성향과 사회신뢰수준이 기업의 공익연계 마케팅 성과에 미치는 영향. 한국콘텐츠학회논문지, 18(8), 544-560.
박은아(2004). 한국인 소비심리분석: 희생적인 자녀 사랑 힘입어 고성장하는 키즈마켓. 광고정보, 277호, 81-86.
박은주(2011). 의복충동구매와 쇼핑감정: 한국과 미국간의 차이가 있는가?. 한국생활과학회지, 20(2), 401-412.
박은주(2018). 모바일 시장에서 마케팅 요인이 패션제품 충동구매에 미치는 영향. 한국의상디자인학회 학술대회자료집, 80.
박은희, 구양숙(2014). 대학생의 과시소비성향과 청바지 착용태도 및 구매행동. 한국의상디자인학회지, 16(1), 65-76.
박재환, 일상성·일상생활연구회(2006). 2006 현대 울산인의 삶과 문화. 울산발전연구원 울산학연구센터.
박재흥, 강수택(2012). 한국의 세대 변화와 탈물질주의. 한국사회학, 46(4), 69-95.
박정현(2005). 리틀파워 프리틴을 잡아라. LG주간경제 2005년 7월 20일, 16-20.
박종민, 김혜원(2004). 충동구매 성향관련 소비자 특성 관계 연구. 한국광고홍보학보, 6(1), 39-74.
박주희(2014). 중고등학생 자녀에 대한 사교육비 지출 및 어머니의 사교육 스트레스와 역할갈등에 관한 연구. 한국가정관리학회지, 32(4), 41-56.
박지영, 류점숙(2008). 청소년의 인터넷 사용과 과시소비 성향에 관한 연구. 한국가정과학회지, 11(1), 16-30.
박진영(2007). 자산계층별 사교육비지출과 재무성과의 관련성. 한국가정관리학회지, 24(6), 61-77.

박진영, 최혜원, 서은국(2012). 물질주의와 인간관계 경시의 심리적 원인 : 낮은 일반적 신뢰. 한국심리학회지 : 사회 및 성격, 26(1), 23-36.
박진표, 김재영(2013). 쇼핑가치와 POP 광고가 충동구매에 미치는 영향: 쇼핑관여의 조절효과를 중심으로, 광고연구, 8, 184-219.
박찬옥, 최순덕(2012). 유치원 기본과정 내실화를 위한 경제, 소비자교육 프로그램이 유아의 경제기본개념과 자기조절력에 미치는 영향. 유아교육학논집, 16(6), 265-290.
박철(1996). 청소년의 충동구매 실태 및 관련요인에 관한 연구. 한국청소년연구, 25, 103-120.
박철, 김인규(2014). 모바일 쇼핑에서 충동구매와 후회감에 영향을 미치는 요인: 정보통제력, 가격민감도, 과잉확신을 중심으로. 인터넷전자상거래연구, 14(6), 201-217.
박철, 이상혁(2012). 경쟁적 이타주의에 근거한 온라인 모금 캠페인의 효과에 관한 연구. 소비문화연구, 15, 21-44.
박한내, 남인우(2011). 소비자의 조절 초점 성향과 귀인 방향이 충동구매 후의 후회감에 미치는 영향에 대한 연구. 생산성논집, 25(4), 267-293.
박해미, 정종원(2006). 인형에 담긴 사회문화적 의미에 대한 고찰. 어린이미디어연구, 6(1), 109-129.
박향아(1997). 사소설 동규편의 어휘적 연구로 본 아동관 및 놀이관. 교율이론과 실천, 7(2), 139-153.
박향아(2004). 영화 닥터 코르작을 통해본 코르작의 아동관 및 아동의 권리관. 인문논총 18, 225-238.
박현지(2016). 소셜미디어 이용 관광객의 윤리적 소비개념이 공정관광의 태도와 구매의도에 미치는 영향:윤리소비에 대한 위험지각을 조절변수로 하여. 디지털융복합연구, 14(1), 83-90.
박희석, 김상덕, 안시연(2018). 고객의 윤리적 소비가치, 가맹점의 서비스 공정성, 본부의 사회적 책임활동이 프랜차이즈 고객시민행동에 미치는 영향. 마케팅논집, 26(2), 64-84.
배병룡(2014). 조직시민행동의 원인과 결과:참여와 성과를 중심으로. 한국자치행정학보, 28(3), 1-23.
배영, 박소라, 이동형(2009). 인터넷 미디어 확산과 소비에서의 네트워크 효과. 사이버커뮤니케이션학보, 26(1), 159-189.
백경임(1981). 불타의 재가아동관. 아동학회지, 2, 55-66.
백승헌, 김기탁(2017). 골프 참여자의 관여정도에 따른 체면민감성이 과시소비성향 및 교체구매결정에 미치는 영향. 골프연구, 11(4), 33-51.
백지숙, 박성연(2004). 어머니의 물질주의 가치관 및 양육태도가 청소년의 물질주의 가치관에 미치는 영향. 대한가정학회지, 42(7), 119.
백지은(2009). 부모의 양육태도, 아동의 자기통제 및 문제행동이 초등학생의 인터넷

게임중독에 미치는 영향. 한국놀이치료학회지 (놀이치료연구), 12(2), 111-127.
백혜리(2001). 조선중기 양아록 (養兒錄) 을 통해 본 아동 인식. 아동학회지, 22(2), 205-218.
백혜리(2006). 해방전 한국인의 아동관 변천: 1876-1945. 열린유아교육연구, 11(2), 391-417.
백혜리, 이은화(1997). 조선시대 성리학, 실학, 동학의 아동관 연구. 아동권리연구, 1(1), 47-63.
복미정, 서정희(2016). 프리틴 소비자의 충동소비성향과 관련 변수. 소비자문제연구, 47(1), 149-169.
복미정, 서정희(2017). 아동소비자의 과시소비성향. 한국컴퓨터정보학회논문지, 22(4), 123-130.
복미정, 서정희(2018). 아동소비자의 자기조절능력, 물질주의 및 이타주의가 윤리적 소비행동에 미치는 영향. 한국컴퓨터정보학회논문지, 23(4), 167-173.
삼성생명은퇴연구소(2018). 2018년 실천해야 할 자산관리 습관.
서은경, 김현철, 황수진, 이철원(2018). 특목고 진학계획의 사교육비 지출에 대한 인과효과 분석. 교육학연구, 56, 161-190.
서정복(2005). 소르본 대학: 프랑스 지성의 산실, 살림출판사.
서정주(2013). 엔젤 산업의 발전 현황. KB daily 지식 비타민 13-104호. KB금융지주연구소.
서정희, 김성숙(2013). 기독교 개인재무 관리와 교육. 울산대학교 출판부.
서정희, 석봉화(1998a). 청소년 소비자의 물질주의 가치와 소비지향적 태도가 과시소비성향에 미치는 영향. 대한가정학회지, 36(3), 131-143.
서정희, 석봉화(1998b)청소년소비자의 물질주의 가치유형과 과시소비성향, 울산대학교 자연과학연구논문집 7(1,2), 151-180.
서정희, 허은정(2004). 대학생 소비자의 물질주의와 쾌락적·효용적 쇼핑가치 비교연구 :한국, 미국, 일본 대학생을 대상으로. 한국생활과학회지, 13(5), 765-776.
서정희, 조영희(1997). 청소년소비자의 물질주의 성향과 준거집단이 의복동조에 미치는 영향. 광고연구, 34. 113-136.
서한솔, 김태영(2015). 영어 조기어학연수의 효과성 검증 : 전라북도 초·중·고등학교를 중심으로, 한국교육문제연구, 33(1), 101-125.
서희정, 김류원, 정세훈(2018). 온라인 동영상 광고의 강제노출이 광고태도에 미치는 영향: 맥락일치성에 따른 심리적 반발의 조절된 매개효과. 광고학연구, 29(4), 73-93.
성영신(1994). 한국인의 그릇된 물질주의와 과시소비 유형. 한국 심리학회 학술대회 발표논문, 1(1), 69-82.
성영신, 이웅천, 최현덕, 김지연, 민승기(2012). 충동구매 심리: 구매 전 제품가치경험과 충동/절제 활성화의 역할. 한국심리학회지: 소비자·광고, 13(1), 1-23.
성형석, 한상린(2010). 고객의 자기조절성향이 서비스 실패에 따른 부정적 감정과 고객반응에 미치는 영향. Asia Marketing Journal, 12(2), 83-110.
소영하, 한유진(2013). 대중매체, 또래영향과 또래동조성이 청소년소비자의 소비지향적 태도와 과시소비성향에 미치는 영향. 한국가정관리학회지, 31(5), 173-184.
소현진, 박범순(2011). 텔레비전 광고에 대한 소비자 인식구조 탐색. 광고연구, 88, 248-272.
손상희(1997). 소비사회와 청소년 소비문화. 한국가정관리학회지, 15(4), 341-353.
손인주(1979). 동학사상의 아동관. 교육사교육철학, 3, 37-41.
손준상(2011). 자아개념이 휴대폰 충동구매와 감정반응에 미치는 영향. 한국컴퓨터정보학회논문지, 16(7), 173-181.
송미애, 이승신(2004). 아동 소비자의 소비생활문제에 관한 연구, 대한가정학회지, 42(1), 81-97.
송순(1993). 원불교 아동교화 이념의 현대적 의의. 원불교사상과 종교문화, 16, 325-349.
송예진, 신상무(2017). 소비자의 소비성향과 패션제품 소비태도가 공정무역 패션제품 구매의도에 미치는 영향. 복식문화연구, 25(5), 656-669.
송인숙(1993). 소비자의 구매중독 성향 및 영향요인. 서울대학교 박사학위논문.
송인숙, 제미경(2006). 기혼 여성의 물질주의 성향과 비윤리적상거래행동. 소비문화연구, 9(3), 185-206.
송인숙, 천경희, 홍연금(2013). 윤리적 소비자가 경험하는 행복한 소비의 특성에 관한 현상학적 연구. 소비문화연구, 16(4), 1-27.
송호준, 김남희, 천성용(2017). 사회적 배제와 과시적소비 성향이 기부연계제품 구매의도에 미치는 영향. 한국심리학회지: 소비자· 광고, 18(3), 487-510.
신성철, 신연희, 송희원(2018). 초등학생의 스마트폰 과다사용이 학교부적응과 스트레스에 미치는 영향에 대한 자아존중감의 조절효과. 아동교육, 27(2), 85-97.
신수아, 김용중, 이해영(2015). 소셜커머스 여행상품 구매자의 이용동기와 충동구매 성향에 따른 이용행태 비교. 동북아관광연구, 11(2), 149-163.
신양재(1994a). 삼국사기· 삼국유사에 나타난 아동기 고찰. 대한가정학회지, 32(5), 125-134.
신양재(1994b). 고려시대 아동양육 연구:고려사를 중심으로. 대한가정학회지, 32(4), 149-162.
신양재(1994c). 조선시대 풍속지에 나타난 아동양육 고찰: 동국세시기· 열양세시기· 경향잡지를 중심으로. 한국가정관리학회지, 12(2), 219-228.
신양재(1995a). 고려시대 문집에 나타난 아동양육 고찰 (I). 한국가정관리학회지, 13(1), 133-144.
신양재(1995b). 조선시대 교훈서에 나타난 아동 연령 기대에 관한 연구. 아동학회지, 16(1), 183-197.
신양재(2004a). 소학에 나타난 자아의 개념적 표상에 관한 연구. 대한가정학회지, 42(1), 207-227.
신양재(2004b). 조선시대 아동교육용 문헌에 나타난 정서과정에 대한 규범적 기대 (1).

대한가정학회지, 42(8), 147-167.
신양재(2004c). 조선시대 아동교육용 문헌에 나타난 정서과정에 대한 규범적 기대 (2). 대한가정학회지, 42(11), 17-30.
신양재, 권은주(2005). 고려 말 문집에 나타난 아동교육. 유아교육연구, 25(6), 35-58.
신양재(2005a). 고려 말 신흥사대부의 개인문집에 나타난 아동양육 (1):아동기 개념화와 일상생활을 중심으로. 대한가정학회지, 43(12), 79-96.
신양재(2005b). 고려 말 신흥사대부의 개인문집에 나타난 아동양육 (2). 대한가정학회지, 44(2), 37-48.
신양재(2006). 고려 말 신흥사대부의 개인문집에 나타난 아동양육 (2). 대한가정학회지, 44(2), 37-48.
신양재, 김영주(1992). 한국신문에 실린 아동양육에 관한 기사내용분석 (1)-1920 년대와 1930 년대의 동아 조선일보를 중심으로. 대한가정학회지, 30(4), 249-260.
신양재, 김영주(1992). 한국신문에 실린 아동양육에 관한 기사내용분석 (1)-1920 년대부터 1970 년대의 동아, 조선일보를 중심으로. 대한가정학회지, 30(4), 249-260.
신양재, 김영주(1993). 한국신문에 실린 아동양육에 관한 기사내용분석 (2)-1920년대부터 1970년대의 동아, 조선일보를 중심으로. 대한가정학회지, 31(2), 159-175.
신윤정, 김지연(2010). 자녀양육비용 추계와 정책방안 연구. 한국보건사회연구원.
신종락(2009). 어린이책 출판동향에 관한 연구: 출판 유통과 마케팅을 중심으로. 한국출판학연구, 35(1), 215-235.
신하나, 정세훈(2018). 아동· 청소년의 스마트폰 중독 수준에 영향을 미치는 개인적 및 사회환경적 예측요인에 관한 연구. 사이버커뮤니케이션학보, 35(3), 5-50.
심경호(2007). 전근대 시기의 아동관과 아동의 문학. 창비어린이, 2007년 겨울호, 198-222.
심미영(2006). 청소년 소비자의 비합리적 소비성향과 소비자문제 유형분석. 사회과학연구, 22(2), 455-479.
IBK경제연구소(2018). 불황을 모르고 성장하는 엔젤산업, 542호, 1-2.
안대천, 왕진, 전민아(2017). 소비자 라이프스타일에 따른 CSR 활동의 진정성 인식과 효과. 상품학연구, 35(6), 1-10.
안보섭, 최승연(2010). 키즈마켓에서 아동의 구매유형에 따른 Marketing PR(MPR)의 효과 연구. 한국광고홍보학보, 12(2), 143-181.
안영희, 박명숙(2000). 청소년의 과시소비성향과 관련변수. 한국가정과교육학회지, 12(1), 21-32.
안은미, 이병관, 김성은(2015). 소비자의 자기자비성향이 충동구매에 미치는 영향. 한국심리학회 학술대회 자료집, 414-414.
안지혜, 서영숙(2006). 아동소비자의 정보탐색활동과 소비자 영향력에 관한 연구. 방과후 아동지도 연구, 3(1), 51-70.
안차수(2008). 초등 청소년의 자기통제력과 자아존중감이 인터넷 중독과 예방프로그램의 효능에 미치는 영향. 언론과학연구, 8(3), 347-380.

양문희(2016). 인터넷 쇼핑 충동구매성향과 개인성향의 관계연구. 한국콘텐츠학회논문지, 16(5), 710-719.
양윤, 박민지(2014). 충동구매 경향성과 예기된 죄책감에 따른 쾌락재와 실용재의 선택. 한국심리학회지: 소비자·광고, 15(1), 41-56.
양재장, 김수옥, 함기영, 이용기(2013). 친환경 제품 구매자의 환경 가치, 신념 그리고 개인적 규범이 친환경 행동에 미치는 영향. 환경정책, 21(3), 53-80.
양희, 이기춘(1994). 청소년 소비생활문제에 관한 연구. 청소년학연구, 2(1), 1-22.
엄윤섭, 최은실(2018). 초등학생의 스마트폰 중독이 행복감에 미치는 영향에서 학교적응의 매개효과와 자기통제력의 조절된 매개효과 검증. 예술인문사회융합멀티미디어논문지, 8(2), 297-307.
오수연(2002). 키즈마케팅으로 시장을 선점하라. 마케팅, 36(10), 65-68.
오수연(2003). 프리틴 시장이 뜨고 있다. 마케팅, 37(6), 69-71.
오수연(2005). 프리틴족을 잡아라. 마케팅 39(12), 68-71.
오종철(2014). 윤리적 제품 소비에 미치는 소비자 가치요인에 관한 연구: 제품신뢰의 조절효과를 중심으로. 기업경영연구,21(2)1-26.
오지현(2005). 대학생의 소비지향적 태도에 따른 과시소비 성향에 관한 연구. 숙명여자대학교 석사학위논문.
오지현, 계선자(2006). 대학생의 소비지향적 태도에 따른 과시소비 성향, 한국가족자원경영학회지, 10(2), 43-59.
우영효(1999). Rousseau의 아동관 연구: Emile을 중심으로. 아동교육, 8(1), 12-16.
우원재, 김현진(2017). 중· 고등학생의 학업성취 유형에 따른 가구소득, 학교만족, 그리고 사교육비의 효과 분석. 중등교육연구, 65(1), 65-89.
원성두, 김임렬, 이민규(2015). 자기조절 연구 현황 및 발전 방향. 한국심리학회지: 일반, 34(1), 279-303.
유경희(1999). 청소년의 과시소비성향에 관한 실증적 연구: 서울 지역 중·고등학생을 중심으로. 홍익대학교 석사학위논문.
유안진(1986). 육아방식. 서울대학교 출판부.
유현정, 김수진, 안영림, 안보름, 전현진(2012). 무엇이 소비를 후회스럽게 하는가? - 자기조절능력과 비이성적 소비행동을 중심으로. 소비자정책교육연구, 8(2), 103-129.
윤성식(2010). 불교경제윤리의 원칙에 대한 연구. 한국불교학, 58, 281-314.
윤성준(2011). 소비자 경험에 기반한 충동적 구매에 대한 실증적 연구. 경영경제, 44(2), 107-135.
윤성준, 김영미, 이형주(2012). 화장품 제품의 구매동기, 구매체험, 충동구매에 있어서 성별차이와 관여도의 조절효과. 문화산업연구, 12(1), 1-26.
윤소연, 정구철(2017). 인터넷 쇼핑유형, 충동구매성향, 쇼핑정서 및 쇼핑중독 간의 관계. 한국심리학회 학술대회 자료집, 410-410.
윤소정, 김남조(2015). 캠핑객의 과시적 소비성향과 고급 캠핑 브랜드 태도, 브랜드 이미지 및 브랜드 충성도에 관한 연구. 관광학연구, 39(8), 337-354.
윤원경(2008). 영 마켓 세분화에 따른 프리틴 타겟 패키지디자인 개발전략. 이화여자대학교 석사학위논문.
윤택림(1996). 생활문화속의 일상성의 의미: 도시 중산층 전업주부의 일상생활과 모성 이데올리기. 한국여성학, 12(2), 79-117.
윤팔중(1967). 속담에서 본 한국인의 아동관: 자녀관을 중심으로. 교육학연구, 5(1), 36-46.
윤형오, 김성준(2009). 부의 대물림? 가계소득과 사교육이 자녀소득에 미치는 영향. 한국행정논집, 21(1), 49-67.
윤혜진(2011). 초등학생의 연예인 패션 동조 경향과 외모·신체만족도에 관한 연구. 건국대학교 석사학위논문.
은난순(2005). 근대화시기 주거공간을 통해 본 아동관과 아동공간의 고찰: 1920년대-1960년대까지. 한국가정관리학회지, 239(5), 63-77.
이경민(2009). 전시되는 어린이 또는 아동의 탄생. 황해문화, 62, 321-333.
이경혜(2018). 빈곤, 자율적 학습행동역량, 스마트폰 의존이 아동청소년의 정서행동문제 형성에 미치는 영향: 초등학생 및 중고등학생의 비교분석. 아동교육, 27(1), 5-21.
이경희, 김연희, 신은영, 이종숙, 정명희(2005). 복식의 아이템, 경춘사.
이광현, 권용재(2015). 유아 사교육비 지출 규모 · 실태 및 지출 요인 분석. 교육정치학연구, 22(3), 83-107.
이귀옥(2010). 어린이 대상 텔레비전 식품 광고의 특성. 방송통신연구, 72, 41-69.
이금붕, 유현정(2017). 중국의 지우링허우 (九零後) 세대의 금전태도 및 과시소비성향. 소비문화연구, 20(4), 237-265.
이동철(1998). 어린이 소비자 시장의 특성. 마케팅, 32(5), 35-43.
이동철(1999). 어린이 소비자 시장의 전망과 마케팅 전략. 마케팅, 33(5), 32-35.
이동철(1999). 어린이 소비자들을 대상으로 한 PR 활동들. 마케팅, 33(6), 47-53.
이동철(2000), 어린이 쇼핑중독 현상과 바람직한 소비문화. 마케팅, 34(11), 52-58.
이미용(1991). 과시소비영향요인 분석. 숙명여자대학교 석사학위논문.
이미정, 이수형, 송종호, 홍성헌(2011). 물질주의 가치관이 재활용 신념과 태도, 그리고 재활용품 구매행동에 미치는 영향. 마케팅논집, 19(4), 171-187.
이민아, 송리라(2014). 소득, 물질주의와 행복의 관계. 한국인구학, 37(4), 89-114.
이민희, 홍은실(2009a). 고등학생의 소비지향적 태도와 충동구매에 관한 연구. 한국가정관리학회지, 27(3), 15-30.
이민희, 홍은실(2009b). 청소년의 충동구매 행동에 영향을 미치는 변인: 물질주의와 소비자사회화 영향변인을 중심으로. 소비자정책교육연구, 5(4), 19-36.
이상록, 조은미(2016). 아동 보육 지원의 확충과 소득계층간 양육 불평등. 사회과학연구, 32(1), 141-169.
이상영(2012). 프리틴 세대를 위한 온라인 게임 캐릭터 의상 디자인 개발. 이화여자대학교 박사학위논문.
이상익(2014). 서구 근대 사회운영론의 한계와 유교의 명분론에 대한 재조명. 한국철학논집, 40, 329-362.
이상희, 김일호(2013). 웨딩소비자의 체면민감성과 과시소비성향의 영향관계에 관한 연구. 외식경영학회, 16(2), 163-186.
이선민(2003). 아동관을 통해 본 아동복 변화에 관한 연구:조선 후기부터 현재까지. 가톨릭대학교 석사학위논문.
이선희(1996). 18세기 후기 영국에서의 활동적인 어린이 의복 출현에 관한 연구: 루소의 자연주의 교육사상과 관련하여. 중앙대학교 박사학위논문.
이성림(2005). 사교육비 부담과 가계의 소비지출. 한국가정관리학회지, 23(3), 63-76.
이성림(2007). 우리나라 가계의 자녀양육 비용과 추정방법. 대한가정학회지, 45(2), 77-90.
이성림(2010a). 가계의 영유아 자녀양육비. 성균관대학교 생활과학연구소 논문집, 13, 1-24.
이성림(2010b). 자녀양육비와 둘째 자녀 출산의도. 대한가정학회지, 48(10), 105-119.
이성림(2018). 부모의 양육유형이 사교육비지출과 자녀의 학업성적에 미치는 영향: 사교육비지출의 매개효과를 중심으로. Family and Environment Research, 56(5), 461-472.
이성림, 한윤선(2016). 가계의 사교육비 지출과 자녀의 학업성취: 중학생 자녀를 중심으로. 소비자학연구, 27(2), 85-100.
이성림, 한윤선(2018). 사교육비 지출이 자녀의 학업성취도에 미치는 영향: 자녀양육유형의 조절효과를 중심으로. 소비자학연구, 29(4), 119-138.
이선민(2003). 아동관을 통해 본 아동복 변화에 관현 연구: 조선 후기부터 현재까지. 가톨릭대학교 석사학위논문.
이성수(2008). 충동구매에서 성차: 물질주의와 인지적 종결욕구를 중심으로. 한국심리학회지: 소비자, 광고, 9(3), pp. 475-495.
이승신, 류미현, 정승은(1998). 청소년 소비자의 소비자능력이 과시소비에 미치는 영향. 한국가정관리학회지, 16(2), 1-10.
이영희, 계선자(2001). 청소년소비자의 과시소비성향 및 관련변인. 한국가족자원경영학회지, 5(1), 111-122.
이윤금, 이남숙(1999). 대학생의 과시소비성향과 관련요인 연구. 대한가정학회지, 37(5), 19-29.
이윤영, 김진구(1985). 18C 어린이 복식에 대한 연구. 대한가정학회 제 38차 총회 및 추계학술대회 보고서, 187-188.
이윤정(2009). 서양 아동복의 역사적 변천에 관한 연구. 복식문화연구, 17(6), 1034-1046.
이은우(2006). 중학생 가정의 소득 및 사교육이 성적에 미치는 영향. 청소년학연구, 13(6), 247-274.

이은희(1999). 청소년 소비자의 과시소비 성향과 관련요인: 인천광역시를 중심으로. 한국가정관리학회지, 17(1), 15-31.

이은희, 김성숙(2000). 인천지역 청소년소비자의 물질주의 가치 성향과 관련요인. 한국지역사회생활과학회지, 11(2), 43-59.

이은희, 남수정(2004). 소비성향에 따른 청소년 소비자 유형별 소비와 용돈관리 실태 비교. 한국가정관리학회지, 22(4), 157-171.

이재은, 강지원, 이승희(2017). 유·무형적 한류 경험과 한국산 제품 구매의도 간 관계에서 과시소비성향의 조절효과 검증. 경영교육연구, 32, 41-61.

이정은(1999). 캐릭터를 활용한 패션상품 개발에 관한 연구. 홍익대학교 석사학위논문.

이정학, 장용석, 이재문, 안정훈(2015). 아웃도어 스포츠용품 소비자의 과시소비성향과 체면민감성이 상표충성도에 미치는 영향. 전국체육대회기념자료집, 202.

이정희, 박규원(2011). 어린이에 대한 사회적 표상 및 어린이이미지 표현방식에 관한 연구. 브랜드디자인학연구, 9(2), 327-338.

이준호, 황혜선(2016). 사교육목적과 방과후학교 참여에 따른 사교육비지출. 한국가정관리학회지, 34(2), 1-14.

이지연(2001). 청소년상담에서 이타주의 이해의 중요성. 청소년상담연구 9, 158-188.

이지연, 구자명(2007). 프리틴(Preteen) 세대의 화장에 대한 태도 및 화장품 구매행동에 관한 연구. 한국패션뷰티학회지, 5(2), 56-67.

이지연, 박성희, 이동렬(2002). 한국 전래동화와 현대동화에 나타난 이타주의 내용분석. 교육학연구, 40(3), 89-110.

이지연, 이항심(2007). 이타주의와 청소년의 주관적 행복감, 또래 수용도. 한국홀리스틱교육학회지, 11(2), 15-29.

이지은, 최자영(2008). 쾌락적 쇼핑동기와 충동구매행동 간의 관계에서 쇼핑관여도의 조절 효과 분석. 한국심리학회지 : 소비자, 광고, 9(3), 497-521.

이지혜, 김정숙(1997). 제주도 청소년 소비자의 과시소비성향에 관한 연구. 한국가정과교육학회지, 9(2), 161-174.

이진경(2007). 근대적 주거공간의 탄생, 그린비.

이진용, 전담(2011). 자아조절자원이 감정에 대한 대응전략에 미치는 영향. 마케팅연구, 26(1), 99-125.

이채정(2018). 무상보육정책의 영유아 연령별 자녀양육비용 경감 효과 분석. 한국정책학회보, 27(2), 109-133.

이채정, 권혁주(2017). 무상보육정책이 영유아 자녀 양육비용 지출에 미친 영향 분석. 한국사회와 행정연구, 28(3), 175-198.

이천일(2012). 양명학에서의 아동관 고찰. 한국양명학회 논문집, 32, 5-46.

이철성, 김장현(2016). 식료품 쇼핑에 있어 일반가구와 1 인가구의 충동구매 차이. 한국물류학회지, 26(1), 111-125.

이태호(1994). 청소년의 충동구매에 미치는 영향요인에 관한 연구. 홍익대학교 석사학위논문.
이형룡, 이덕원, 강재완(2015). 체면민감성이 과시소비성향에 미치는 영향:한국, 중국 관광객의 비교를 중심으로. 관광학연구, 39(4), 149-164.
이형실, 이은정(2004). 남녀 중학생의 과시소비성향에 관한 연구. 한국가정과교육학회지, 16(4), 167-176.
이혜미(2010). 초등학생의 어린이 전용 포털 사이트 소비경험: 주니어 네이버를 중심으로, 소비문화연구 13(4), 1-19.
이효재, 김쾌상(1979). 전통적 아동관과 기독교적 아동관. 기독교사상, 23(5), 76-85.
이희정(2016). 모바일 쇼핑에서 항공 및 여행 패키지 상품의 충동구매 및 후회감에 영향을 미치는 요인:모바일 능숙도, 가격민감도, 조절초점을 중심으로. 한국항공경영학회지, 14(5), 29-45.
이희준, 조창환(2016). 매체 속성 평가에 따른 매체가치 비교 연구: 매체 광고 영향력 지수 (MAIX: Media Advertising Impact Index) 개발을 중심으로. 광고학연구, 27(3), 113-139.
임미주(2013). 체면상황이 소비행동의도에 미치는 영향 : 물질주의성향과 개인주의성향의 조절효과를 중심으로. 동아대학교 박사학위논문.
임용택(2013). 인터넷 소비자 특성이 충동구매와 계획구매에 미치는 영향. 인터넷전자상거래연구, 13(3), 257-273.
임정, 이기춘(1988). 주부의 가계복지 인지 및 관련요인에 관한 연구. 한국가정관리학회지, 12, 67-81.
임정은, 조효순(1999). 아동복의 디자인 변천 연구: 17-18세기의 소년복을 중심으로. 한복문화학회지, 2(1), 135-144.
장서윤, 하규수(2015). 주거용부동산의 거주유형에 따른 베블런효과에 관한 연구 : 과시소비성향을 중심으로. 벤처창업연구, 10(6), 107-119.
장세진, 강문선, 나혜진, 남연경, 박민경, 김수영(2016). 대학생의 물질주의와 대인관계 문제의 상관관계 연구. 한국심리학회 학술대회 자료집, 384.
장영애, 박정희(2007). 아동의 인터넷 사용 정도에 영향을 미치는 부모의 양육행동 및 부모-자녀간 의사소통. 한국생활과학회지, 16(6), 1131-1140.
장우성, 박윤서, 이승인(2014). 친환경인증마크가 제품에 대한 소비자의 태도와 구매의도에 미치는 영향에 관한 연구: 환경의식 수준과 이타주의 성향의 조절효과를 중심으로. 상품학연구, 32, 27-46.
장현선, 허경옥(2009). 청소년 소비자의 과시소비성향 측정을 위한 척도개발. 소비자정책교육연구, 5(3) 55-74.
장흥섭, 안승철(2000). 현대소비자론. 삼영사.
전상택, 이형주(2012). 인터넷쇼핑몰에서 서비스품질 및 쇼핑흥미도와 충동구매 간에 소비감정의 매개역할에 관한 연구. 인터넷전자상거래연구, 12(2), 205-230.
전성희, 양윤(2008). 소비자의 자기통제와 접촉욕구가 충동구매에 미치는 영향. 한국심리학회연차 학술발표논문집, 1.

전연준(2006). 초등학생의 소비행동 요인에 대한 고찰. 초등교육학연구, 13(1), 265-283.

전종근, 이태민, 박철(2013). 모바일 상거래 서비스 특성이 충동구매와 후회에 미치는 영향: 소비자 지식의 조절효과를 중심으로. 소비자학연구, 24(1), 179-196.

전춘애, 박철옥, 이은경(2008). 아동, 청소년 상담: 청소년의 인터넷 중독 관련 변인 탐색 연구. 상담학연구, 9(2), 709-726.

정구철, 윤소연(2016). 감각추구성향과 충동구매성향이 인터넷 쇼핑 중독 및 쇼핑 중 정서에 미치는 영향. 한국심리학회 학술대회 자료집, 315.

정미경(2009). 동서양의 아동관에 따른 아동복 변화에 관한 연구. 한국실과교육학회지, 22(4), 199-224.

정미실(2014). 의류구매위험지각, 통제, 충동구매 간의 관계 연구: 인터넷쇼핑몰 소비자를 중심으로. 한국생활과학회지, 23(5), 873-890.

정미재(2006). 역기능적 의사소통 및 자아 존중감이 청소년의 의복 충동구매행동에 미치는 영향. 한국가정과교육학회지, 18(1), 65-76.

정순희 (1996). 가족구성원간 소득분배: 위자료 및 자녀양육비 측정에 미치는 효과. 소비자학연구, 7(2), 193-206.

정연근(2002). 루소와 개혁교육학의 아동기 이해와 인격으로서의 어린이. 한국영유아보육학, 30, 117-134.

정연승(2014). 키덜트족, 동심에서 동심하라: 키덜트 시장에서 찾은 비즈니스 시사점. 디지에코 보고서.

정원진(2011). 온라인 쇼핑몰 환경에서 상품광고와 판촉이 고객 감성과 충동구매에 미치는 영향. e-비즈니스연구, 12(3), 223-250.

정정숙, 현우(1985). 불교교육에서 살펴본 아동과 그 교육에 대하여:불타사상을 중심으로. 석림, 19, 690-700.

정지원, 정순희, 차경욱(2003). 물질주의성향과 과시소비성향이 수입명품선호도에 미치는 영향: 대학생 소비자를 중심으로. 한국가정관리학회지, 21(5), 181-192.

정진, 백혜리(2001). 조선 후기 풍속화를 통해 본 아동인식. 아동학회지, 22(1), 109-124.

정태연, 최상진, 김효창(2002). 아동과 어른 그리고 청소년에 대한 사회적 표상: 성격적, 관계적 및 과업적 특성을 중심으로. 한국심리학회지: 사회문제, 8(2), 51-76.

제미경, Weagley, R. O.(2007). 한국대학생과 미국대학생의 상거래 소비자 비윤리와 영향요인 비교분석. 소비자정책교육연구, 3(2), 83-99.

제미경, 나순옥(2005). 청소년소비자의 과시소비성향에 영향을 미치는 변인 연구 : 사회화대행변인을 중심으로. 한국가정과학학회지, 8(3), 61-73.

조기제(2011). 조선에서 유교적 아동관과 아동도덕. 초등도덕교육, 35, 359-388.

조문현, 박현주(2005). TV 광고에 나타난 어린이 이미지 분석. 어린이미디어연구, 4, 21-39.

조민자, 이종한(2009). 청소년의 자기조절 프로그램 개발과 효과 검증. 한국심리학회

지: 학교, 6(1), 31-46.
조연순(2003). 아동관과 초등교육 목적의 변천: 개화기에서 일제강점기까지. 2003년도 한국초등교육학회 연차학술대회, 37-70.
조염, 김세범(2018). 온라인구전광고의 방향성과 유형이 구매의도에 미치는 영향과 조절초점의 조절효과. 예술인문사회융합멀티미디어논문지, 8, 121-131.
조영희(1996). 청소년 소비자의 물질주의 성향과 준거집단이 의복동조에 미치는 영향: 울산지역을 중심으로. 울산대학교 석사학위논문.
조윤실(2014). 인터넷 쇼핑의 충동구매 지출 결정요인에 관한 연구. e-비즈니스연구, 15(3), 433-450.
조주은(2012). 항공기내 면세품 충동구매시 상황요인과 감정요인의 역할. 관광·레저연구, 24(6), 215-237.
조형근(2010), 어린이기의 탄생과 근대적 가족모델의 등장, 서울사회과학연구소 편, 근대성의 경계를 찾아서. 도서출판 중원문화, 133-164.
조희정(2007), 근대계몽기 초기 교육에 나타난 아동의 형상: 국어 교과를 중심으로.아동청소년문학연구, 1, 139-169.
존 로크 저, 임채식, 강진영 역(1993). 존 로크의 미래를 위한 자녀교육, 서원.
주동범, 이원석, 이현철, 김광석(2018). 사교육비 경감 정책 효과 분석:부산광역시 중·고등학생을 중심으로. 한국자치행정학보, 32(1), 69-91.
주소현(2018). 국민연금의 필요성에 대한 태도, 양가감정 및 개혁에 대한 의견과 관련 요인 탐색. 소비자학연구, 29(2), 123-150.
주영효, 김상철(2017). 학생부종합전형 정책 분석 및 개선 방안. 교육행정연구, 35(1), 141-168.
주지혁(2012). 성별에 따른 명품브랜드 구매행동의 차이: 과시소비성향과 준거집단의 영향력을 중심으로. 광고연구, 94, 70-93.
주형준, 서현석(2014). 온라인쇼핑 환경에서 소비자 의사결정 성향이 쇼핑가치와 관계유지의도에 미치는 영향. e-비즈니스연구, 15(1), 143-164.
지혜경(2013). 소비자의 쇼핑성향과 충동구매성향이 인터넷 패션제품 쇼핑중독에 미치는 영향. 한국의상디자인학회지, 15(2), 27-41.
진대건, 유소이(2017). 소비자들의 체면민감성과 과시소비성향이 아웃도어웨어의 구매행동과 재구매의도에 미치는 영향. 한국지역사회생활과학회 학술대회 자료집, 73.
진만, 이수형, 전상택(2017). 중국 인터넷쇼핑몰 사용자특성이 충동구매행동 및 재구매의도에 미치는 영향에 관한 연구. 경영교육연구, 32, 335-355.
진환주(2011). 한국교회와 돈의 유착관계: 짐멜의 돈의 철학과 영화 2012의 상호비교를 통하여. 신앙과 학문, 16(1), 203-220.
차경욱, 최민영(2010). 청소년의 의류구매행동에서 나타난 과시소비성향과 동조소비성향 분석. 소비자정책교육연구, 6(1), 27-45.
차동석(2017). 초등학생의 부정적 스마트폰 사용행태가 건강에 미치는 영향: 부모양육태도의 조절효과를 중심으로. 학교사회복지, 38, 99-124.
차성현, 김순남, 김지경, 박선욱, 전경원, 민병철, 최보윤(2010). 유아사교육 실태 및 영향 분석. 한국교육개발연구원.
채명수, 김미정(2013). 패스트 패션 매장의 서비스 품질이 고객의 감정적 반응과 충동구매에 미치는 영향. 유통연구, 18(3), 29-54
천경희, 홍연금, 윤명애, 송인숙(2010). 착한 소비 윤리적 소비. 서울, 시그마프레스.
천미경(1979). 어린이 의복의 역사적 고찰 및 분석. 숙명여자대학교 석사학위논문.
최기숙(2001). 새 세대의 문화기호, 해리 포터 읽는 아이들. 생각의 나무. 당대비평, 16, 396-406.
최낙환, 이충화, 임아영(2017). 의인화된 쾌락제품에서 갈등과 충동구매의도를 유도하는 파트너 역할지각과 장기목적의식 경로. 소비문화연구, 20(1), 109-130.
최숙(2012). 어린이 텔레비전의 에듀테인먼트 텍스트에 대한 비판적 담론분석. 한국외국어대학교 박사학위논문.
최영미(2010). 청소년 자녀의 상품관심도와 가족구매의사결정 단계에 미치는 영향. 고려대학교 석사학위논문.
최영희(1993). 질적 간호연구, 수문사.
최우열(1999). 뉴밀레니엄의 마케팅트렌드. LG주간경제 1999년 7월 21일, 46-51.
최은섭(2005). 아동층 인쇄매체 광고 내용분석: 소비자 정보 및 성유형화를 중심으로. 언론과학연구, 5(1), 380-414.
최은섭(2006). 광고의 성유형화 표현이 아동소비자의 성별과 연령에 따라 광고효과에 미치는 영향. 한국광고홍보학보, 8(4), 94-127.
최정은(2017). 영유아 무상보육 지원정책의 효과성:부모의 자녀양육비 부담 경감 효과를 중심으로. 한국사회보장학회 정기학술발표논문집, 2017(1), 181-203.
최효선(1978). 각 계층별로 본 아파트 아동주거공간에 대한 연구. 숙명여대 석사학위논문.
통계청(2017). 2016년 초·중·고 사교육비 조사 보고서.
하상효(2000). 전통 어린이 복식에 관한 연구: 조선 후기의 복식을 중심으로. 중앙대학교 석사학위논문.
하선정(2001). 초등학교 아동의 자아개념과 성별 및 학년에 따른 의복행동에 관한 연구. 대구대학교 석사학위논문.
하환호, 변충규(2018). 긍정적 환상이 충동구매를 자극하는가?: 소비자의 긍정적 인지편향과 위험태도 및 충동구매 간의 관계. 마케팅논집, 26(1), 35-56.
한국교육개발원(2012). 통계로 본 한국과 세계 교육.
한국소비자원(1988). 어린이 소비실태 조사.
한국역사연구회(2002). 우리는 지난 100년 동안 어떻게 살았을까 2. 역사비평사.
한국정보화진흥원(2018). 2017년 인터넷 과의존 실태조사.
한국통계청(2018). 2017년 초중고 사교육비조사.
한성희, 강이주(2009). 청소년소비자의 소비주의성향 및 과시소비성향에 관한 연구.

한국가정관리학회지, 27(2), 139-153.
한영혜(2005). 두 개의 어린이날: 선택된 이야기와 묻혀진 이야기. 한국사회학, 39(5), 26-54.
한윤선, 이성림(2018). 가정의 사교육비지출과 청소년 학업성적 간의 관계에서 부모양육 유형의 조절효과. 청소년복지연구, 20(3), 69-95.
한희진, 양정호(2018). 대학생 사교육비 실태 분석. 학습자중심교과교육연구, 18, 61-78.
허경옥(1997). 가계의 자녀양육에의 지출액 측정-출생부터 18세까지의 양육비. 소비자학연구, 8(2), 1-19.
허경옥(2016). 소비자의 구매행동유형과 과시성향이 소비자의 구매 가격과 구매 장소의 거짓구전행동에 미치는 영향 분석. 소비자문제연구, 47(1), 91-115.
허영란(1999). 근대적 소비생활과 식민지적 소외. 20세기 한국 전통과 서구의 충돌. 역사비평, 370-380.
허은정(2011). 소비자의 윤리적 상품에 대한 태도 및 구매의도의 관련요인 분석. 소비자학연구, 22(2), 89-111.
허은정(2012). 소비자의 윤리적 소비행동과 관련요인 분석. 소비자학연구, 23(4), 105-130.
허은정, 김우성(2012). 소비자의 윤리적 소비행동과 관련요인 분석. 소비자학연구, 23(4), 105-130.
허은정, 김우성(2014). 윤리적 소비행동에 따른 소비자 유형분류와 윤리적 소비동기 분석. 소비자정책교육연구, 10(4), 95-114.
허흥식(1986). 고려불교사연구. 일조각.
현대경제연구원(2015). 광복70년, '삶의 질' 변화와 시사점: 특히 '가족/공동체'가 문제. VIP 리포트, 600.
홍경화(2014). The High Price of Korean Materialism on Chronic and Momentary Happiness. 서울대학교 박사학위논문.
홍기원, 김연우(2015). 물질주의에 관련된 심리적 변인의 실험적 탐색. 로고스경영연구, 13(1), 1-8.
홍나리, 김인신(2017). 공정무역커피에 대한 불확실성에 따른 소비자 태도 형성과 규범 및 구매의도 간 구조 관계 분석. 관광학연구, 41(3), 31-49.
홍연금, 송인숙(2008). 친환경농산물 소비자의 구매동기분석을 통한 윤리적 소비행동 사례연구. 소비문화연구, 11(3), 23-42.
홍연금, 송인숙(2010). 우리나라 윤리적 소비자에 대한 사례연구. 소비문화연구, 13(2), 1-25.
홍은실(2008). 청소년이 지각한 부모의 물질주의 성향과 그에 따른 유형 분류 및 재정적 특성 분석. 한국가정관리학회지, 26(5), 377-390.
홍은실, 신효연(2010). 대학생 소비자의 윤리적 소비와 관련변인. 한국가정관리학회지, 28(5), 131-149.

홍형옥(1992). 한국 주거사. 민음사.

황상민, 유상원, 김지연, 김리진(2006). 소비행동으로 구분되는 한국 사회의 소비자 유형과 소비문화적 특성. 주관성연구, 13, 25-39.

황선정(2005). 영국 빅토리아 시기의 어린이책 삽화에 나타난 시대성. 이화여자대학교 석사학위논문.

황선환, 김송희(2017). 자전거 동호인의 레크리에이션 전문화와 과시적여가소비의 상호작용에 따른 여가만족의 차이. 한국체육학회지, 56(2), 419-428.

황중원, 김진숙(2017). 아동의 외로움이 스마트폰 중독현상에 미치는 영향-학업스트레스의 매개효과를 중심으로. 인문사회 21, 8(4), 693-706.

황혜자(2003). 청소년 소비문화에 관한 조사연구. 지방교육경영, 8, 211-232.

MBN(2015). 충동조절장애 급증, 땅콩 회항+백화점 모녀까지... 원인보니? '깜짝'. 2015년 1월 15일자.

Aries, P.(1965). Centuries of Childhood: A Social History of Family Life, New York: Vintage, 1965.

Aries, P.(1973). L' enfant et la vie familiale sous l' ancient regime. Seuil. 문지영 역(2003). 아동의 탄생. 새물결.

Baker, A. M., Moschis, G. P., Ong, F. S., & Pattanapanyasat, R. P.(2013). Materialism and life satisfaction: The role of stress and religiosity. Journal of Consumer Affairs, 47(3), 548-563.

Baumerister, R. F.(2002). Yielding to temptation: self-control failure, impulsive purchasing, and consumer behavior. Journal of Consumer Research, 28(4), 670-676.

Belk, R.(1983). Worldy possessions: issues and criticisms. Advances in Consumer Research, 10, 514-519.

Belk, R.(1985). Materialism: Traits aspects of living in the material world. Journal of Consumer Research, 12, 265-280.

Belk, R. W.(1984). Three scales to measure constructs related tp materialism: Reliability, validity and relationships to measure of happiness. Advances in Consumer Research, 11. 291-297.

Bredmeier, H. C. & Toby, J.(1960). Social Problems in America: Costs and Causalities in an Acquisitive Society. New York:Wiley.

Coffey, T., Siegel, D. & Livington, G.(2006). Marketing to the New Super Consumer Mom & Kid. Ithaca, NY: Paramount Market Publishing.

Csikszentmihalyi, M. & Rochenberg-halton, E.(1978). Reflections on materialism. The University of Chicago Magazine, 70(3). 6-15.

Daun, A.(1983). The materialistic life-style: Some socio-psychological aspects. in Consumer Behavior and Environmental Quality ed. Usitalo, L.. New York: St. Martin's Press, 6-16.

Du Bois, C.(1955). The dominant value profile of America culture. American

Anthropologist, 57. 1232-1239.

Eisenberg, N., & Miller, P. A.(1987). The relation of empathy to pro-social and related behaviors. Psychological Bulletin, 101, 91-119.

Erffmeyer, R. C., Keillor, B. D., & LeClair, D. T.(1999). An empirical investigation of Japanese consumer ethics. Journal of Business Ethics, 18(1), 35-50.

Heilbroner, R. L.(1956). The Quest for Wealth: A Study of Acquisition Man. New York: Simon & Schuster.

Hoch, S. J. & Loewenstein, G. F.(1991). Time-inconsistent preferences and consumer self-control. Journal of Consumer Research, 17, 492-507.

Jaikumar, S., Singh, R., & Sarin, A.(2018). 'I show off, so I am well off': Subjective economic well-being and conspicuous consumption in an emerging economy. Journal of Business Research, 86, 386-393.

Jones, T. M., & Gautschi, F. H.(1988). Will the ethics of business change? A survey of future executives. Journal of Business Ethics, 7(4), 231-248.

Kennedy, G., & Bolat, E.(2017). Meet the HENRYs: A hybrid focus group study of conspicuous luxury consumption in the social media context.

Lurie, A.(992). The Language of Clothe. London: Bloomsbury.

Martin, L. (Ed.)(1978). The Way We Wore: Fashion Illustrations of Children's Wear, 1870-1970. Encore Editions.

Mills, C. W.(1951). White Collar. London: Oxford University Press.

McGhee, P. E., & Frueh, T.(1980). Television viewing and the learning of sex-role stereotypes. Sex Roles, 6(2), 179-188.

Moran, B., Bryant, L. & Kwak, L. E. (2015). Effect of stress, materialism and external stimuli on online impulse buying. Journal of Research for Consumers, (27), 26-51.

Moschins, G. P. & Churchill, G. A. Jr.(1978). Consumer Socialization: A Theoretical Analysis. Journal of Marketing Research, 15, 343-356.

Muncy, J. A., & Vitell, S. J.(1992). Consumer ethics: An investigation of the ethical beliefs of the final consumer. Journal of business Research.

Pratt, C. B.(1991). Multinational corporate social policy process for ethical responsibility in sub-Saharan Africa. Journal of Business Ethics, 10(7), 527-541.

Rassuli, K. & Hollander, S. C.(1986). Desire-induced, innate, insatiable. Journal of Macro Marketing, 6. 4-24.

Rawwas, M. Y. A., Strutton, D., & Johnson, L. W.(1996). An exploratory investigation of the ethical values of American and Australian consumers: Direct marketing implications. Journal of Direct Marketing, 10(4), 52-63.

Richins, M. L. & Dawson, S.(1992). A Consumer Values Orientation for Materialism and Its Measurement: Scale Development and Validation. Journal of Consumer Research, 19(3), 303-316.

Riczkzkdhins, M. L. & Najjar, D.(1992). An exploration of materialism and consumption-related affect. Advances in Consumer Research, 19, 229-236.

Ruvio, A., Somer, E., & Rindfleisch, A.(2014). When bad gets worse: The amplifying effect of materialism on traumatic stress and maladaptive consumption. Journal of the Academy of Marketing Science, 42(1), 90-101.

Ruegger, D., & King, E. W.(1992). A study of the effect of age and gender upon student business ethics. Journal of Business Ethics, 11(3), 179-186.

Sherman, R.(2018). 'A very expensive ordinary life': consumption, symbolic boundaries and moral legitimacy among New York elites. Socio-Economic Review, 16(2), 411-433.

Shimada, A.(2011). The Role of Altruism in Sending and Spending Remittances. Journal of East Asian Economic Integration, 15(2), 61-83.

Signorielli, N., & Lears, M.(1992). Children, television, and conceptions about chores: Attitudes and behaviors. Sex Roles, 27(3-4), 157-170.

Townsend, J. R.(1996), Written for Children: An Putline of English Language Children's Literature, Scarecrow Press. 강무홍 역(1996). 어린이 책의 역사 1. 시공사.

Ward, S., & Wackman, D.(1971). Family and media influences on adolescent consumer learning. American Behavioral Scientist, 14(3), 415-427.